한국종교를 컨설팅하다

이찬수 최준식 박영대 김진호 이병두 김경일 김용휘 | 지음

대화문화아카데미, KCRP종교간대화위원회, 종교문화연구원 | 공동기획

도서출판 모시는사람들

신앙을 상실한 종교
-종교를 종교답게 하기 위한 애정어린 비판들

사회가 종교를 구원해서야

이 시대 종교란 무엇인가. 종교는 제대로 제 길을 가고 있는가. 예수처럼, 붓다처럼 살려 애쓰는 이들도 물론 적지 않겠지만, 종교 현상의 속내를 들여다보면, 반대되는 모습이 '다운 모습' 못지않게 보인다. 아니 못지않게 보이는 정도가 아니라 훨씬 더하다고 말하는 것이 옳겠다. 안타깝고 답답한 노릇이지만, 전혀 종교적이지 않은 일들이 종교의 이름으로 버젓이 유통되는 경우가 제법 많다. 이 시대 종교에 대한 일반적인 평가는 대체로 부정적이다. 개별 종단에 대한 선입견에는 사람에 따라 호불호의 차이가 있겠지만, 전반적으로 종교에 문제가 많다는 사실은 인지상정처럼 느낀다. 사회를 구원하겠다는 종교가 사회에 의해 구원되어야 할 지경에까지 이르렀다 해도 과언이 아니다. 종교 내지 종단의 실상이 어떻기에 그런 평가들이 나오게 된 것일까.

이 책에 들어있는 내용들이지만, 위 질문에 요지만 정리하여 답하면 대체로 다음과 같다. "수행이나 영성마저 상업화하고, 말로는 '성직'이라면서 실상은 '비지니스맨'에 가깝고, 너 나 할 것 없이 외형적 성장에 강박적으로 매달리고, 조직이나 질서는 자본과 경영의 논리로 돌아가고, 경계해야 할 권력을 실제로는 추구하거나 독려하고, 개인의 솔직한 신앙은 굳은 제도 안에 함몰되고, 욕망과 신앙이 의식·무의식적으로 혼동되고, 이웃을 무시한 배타적 선교 언어만 난무하고…" 이런 식으로 제도화한 종교들이 보여 주는 교단 안팎의 문제는 심각한 정도를 넘어서 있다. 사회를 구원해야 할 종교가 사회적 지탄의 대상이 되는 사례는 말할 다할 수 없을 만큼 많다. 도대체 어찌 해야 할까.

이 책이 나오기까지

종교의 이름으로 벌어지는 이런 반 종교적 사례들에 답답해 하던 종교문화연구원의 연구자들이 종교 본연의 자세에도 어긋나고 시대정신과도 호흡하지 못하는 종단의 현실을 비판적으로 진단하고 성찰하는 공개 행사를 갖자는 데 진작부터 이구동성으로 의견을 모았다. 종교 연구자에게는 종교가 정말 종교다워지도록 방향을 제시해야 할 의무가 있는 것 아니냐는 취지에서였다. 그러다가 한국 종교 대화의 산실이자 증인이나 다름없는 대화문화아카데미와 KCRP한국종교인평화회의에서 이러한 취지가 구체화될 수 있도록 실질적으로 힘을 주고 결합하면서 행사가 좀 더 공식성을 띠고 이루어지게 되었다. 2010년 5~6월, KCRP가 주최하고, KCRP종교대화위원회와 종교문화연구원이 공동주관하며, 대화문화아카데미와 문화체육관광부가 후원하는 형식의 '종교대화콜로키움'이 총 여섯 차례에 걸쳐 열리게 된 것이다. 의도적으로 소규모 행사로 진행했지만, 한국 종교 전반 및 가톨릭, 개신교, 불교, 원불교, 천도교 연구자들이 참여하여, 오늘의 한국 종교가 초심에서 멀어져 갈 뿐만 아니라, 시대정신과 조화하지 못한 채 사회와 불화하는 현실을 비판적으로 진단하고, 문제의식을 구체화시켜 이들 종단이 종교 본연의 자리를 찾도록 방향을 제시하는, 발표 및 토론회로 진행되었다.

비평적 진단의 균형감과 공정성을 위해 발표자는 각 종단에 소속되어 있으되 자기 종교 현실을 비판적이면서도 객관적인 언어로 제시할 수 있는 전문 연구자들로 하고, 역시 그에 부응하는 전문가들이 논평과 토론을 맡았다. 그렇게 열린 콜로키움은 비록 요란하지는 않았지만, 한국 종교 전반 및 다섯 종단의 현실, 당면한 문제, 실상 등을 솔직하고 적나라하게 정리하고 파악할 수 있었던 알찬 기회였다.

그때 발표된 내용들을 일부 참가자들의 정보 교환 차원으로 끝내지 말고, 문제의식을 공론화해 각 종단이 종교 본연의 모습을 회복할 수 있도록 하는 데 힘을 보태자는 의견이 모이면서, 수정·보완을 거쳐 한 권의 책으로 나오게 되었다. 종교에 대한 비판적 문헌들이야 왕왕 구경할 수 있고, 종단의 현실에 대한 비판도 개개 종단 안에서 가끔 시도되기는 한다. 그러나 이렇게 다양한 종단들의 내부적 현실을 균형감 있게 반영하며 구체적 사례들을 통해 한편으로는 숨기고도 싶지만 솔직하게 드러냄으로써 도리어 종교적 성숙을 도모할 수 있다고 판단된 일들을 함께 나누게 된 것은 한국 종교사에 참으로 의미 있는 일이 아닐 수 없다.

콜로키움의 요지들

한국 종교 현실의 근본 문제들

콜로키움 당시 뜨겁게 제기되었던 문제의식은, 간단히 요약하자면, 한국 종교는 지금 어떤 자리에 처해 있는가 하는 것이었다. 이 책에서 다양한 연구자들이 내내 하고 있는 이야기들이기도 하지만, 그 내용과 분위기를 단번에 파악할 수 있도록 하기 위해 발표문과 논평문, 그리고 토론 내용의 요지를 추려 보고자 한다. 첫 번째 발표자 최준식 교수(이화여대 한국학과)의 다음과 같은 지적은 한국 종교의 전반적인 현실을 비판적으로 잘 보여 준다.

현대 한국의 종교들이 물신(物神, Mammon)을 섬기고 있다는 사실은 어제 오늘의 일이 아니다.… 규모가 조금씩 다를 뿐 거의 대부분의 종교 기관은 끊임없이 돈과 자기팽창 등, 진정한 종교에서 가르치는 이타주의의 정반대 개념인 배타적 이기주의에 빠져 있다. … 사회가 그러는 것은… 이해할 만하다. 문제가 되는 것은 종교이다. 종교는 … 욕망을 극복하고 자아팽창이 아니라 자기를 소멸 혹은 초월하라고 가르치면서 정작 구성원들이 실제로 하는 행동은 사회의 것을 그대로 따라하고 있다. '과연 한국 종교계에 종교성영성이 존재하는 것일까.' 이 질문에 대한 단도직입적인 대답으로 나는 한국 종교계는 영성이 대단히 빈약하다고 판단한다. 왜냐하면 영성이 강하다면 한국 종교계가 이렇게 물질 중심혹은 유일주의로 갈 수가 없기 때문이다. 영성이 약하면 물성은 강해지는 법이고 이것은 만고의 진리이다. … 한국 종교의 미래는 어떻게 되는 것일까? 한국 종교는 이대로 제 기능을 못하면서 비틀거리며 앞으로도 그저 종교 장사만 하면서 가게 될까? 이 점은 예측하기 대단히 힘든 문제이다. 그러나 아마도 제도 종교는 분명 약화될 것으로 생각된다.

물론 이런 식의 주장에 대해 다른 차원의 문제들도 제기되었다. 어떤 이는 종교 문제라는 것이 과연 종교 자체의 문제인가, 자본주의나 신자유주의의 문제인지 구분해야 하지 않겠는가, 자본주의 같은 사회적 흐름에 영향을 받지 않은 제도 종교라는 것이 과연 가능하겠는가, 종교 역사상 정말 사회와 인류에 귀감이 될 만한 이상적인 모델이 구체적으로 존재해 본 적이 있는가.' 등도 따져 물어야 한다는 것이었다. 굳이 해설하자면 종교라는 게 원래 그런 거 아니냐는 체념적이거나 자조적인 성격의 발언인 셈이다. 어떤 이는 종교의 권력화가 주는 폐해가 좀 더 구체적으로 폭로될 필요가 있다며 강한 제안을 하기도 했으며, 어떤 이는 암울한 세상에 제대로 된 희망을 줄 수 있는 것이 그나마 종교 외에 무엇이 있겠느냐며, 종교가 비판의 대상이 되기만 하는 현실에 안타까움을 표현하기도 했다.

한국 천주교의 근본 문제들

그럼에도 불구하고 당시 대부분의 참석자들은 종교의 현실에 대한 비판적 분석에 거의 동의했다. 제도화한 현실 종교 속으로 들어가면, 최준식 교수의 이러한 비판적 분석은 고스란히 확인된다는 사실을 알 수 있는데, 가령 가톨릭의 실상에 대한 박영대 선생(우리신학연구소 소장)의 분석 중 일부를 읽어 보자.

천주교의 내부 여건을 살펴보면, 전반적으로 신자수가 크게 늘었지만 실제 신앙 활동 인구는 늘지 않고 계속 그 수준에 머물고 있다. 군종교구의 활동으로 20대 남성 신자가 크게 늘었지만 사실 제대로 된 교리 교육이나 회심의 과정 없이 세례를 받은 '초코파이 신자'라, 한국 천주교회의 내적 성장에 어떤 영향을 줄지는 상당히 회의적이다. 반면 교회 내 여성 신자들은 크게 증가하지 않고 오히려 이탈 현상이 감지된다. 연령별로 50대 이상의 신자들이 크게 늘었지만, 군종교구를 제외하고 새 영세자는 전반적으로 감소하고 75세 이상만 늘어서 향후 전반적인 고령화가 더욱 심각해질 것으로 우려된다. … 현재 한국 천주교회는 가정 중심의 사목 활동이 미흡한 실정이다. 게다가 자녀의 신앙생활도 적극적으로 돌보지 않아 유아세례나 주일학교 참여 등이 매우 큰 폭으로 하락하고 있다. 신자 구성에서 고학력, 고소득층, 인구가 많은 대도시 지역에 신자가 많지만 점점 중상층화하면서 가진 자의 종교가 되어 가난한 이들은 소외될 우려가 크고, 또 고학력·고소득층의 경우 실질적인 종교 활동이 약하다는 측면에서 오히려 교회의 활력은 약화될 우려가 있다. 실제로 현재 한국 천주교회에서 드러나는 사목 관련 지표는 모두 하락세를 면치 못하고 있고, 대사회 활동마저 상당히 위축되고 있는 측면이 강하다.

한국 천주교와 관련해서 가장 많이 논의되었던 것은 교회 조직의 문제였다. 특히 주교의 권력이 지나치게 크다 보니, 거기서 오는 일방적 명령 체계는 한편에서는 천주교회의 질서의 원천일 수도 있지만, 주교들의 리더십이 부족하거나 세계관이 편협하면 교회를 후퇴시키는 결정적인 계기가 될 수 있다는 것이었다.

이와 함께 한국 천주교회가 중상층화하면서 민중운동은 사라지고 진보

성도 퇴색된 채 점점 더 현실에 안주하는 경향이 생겨나고 있으니, 아래로부터의 운동, 교도권에 휘둘리지 않는 다양한 평신도 운동을 통해 교회를 쇄신해야 한다는 지적이 나오기도 했다. 다른 나라에 비해 로마 교황청에 지나치게 순응적이며, 사제와 평신도 간 격차는 물론 신부와 수녀 간 차이가 외부인이 보는 것 이상으로 크다는 사실도 한국 천주교회의 현실이자 당면한 문제거리들이다. 개개 신자들의 자율성이 확보되어 있지 못하며, 수녀는 그저 교회 조직을 위한 단순 봉사자 수준으로 머물러 있을 때가 많다는 사실과, 교회가 외적으로는 토착화를 지향하지만, 일반 신자들은 서구적 분위기의 교회를 더 누리려는 경향이 있다는 모순된 현실도 천주교회가 해결해야 할 과제들이라는 토론들이 오갔다.

한국 개신교의 근본 문제들

내친 김에 당시 발표문들의 표현을 고스란히 살리면서 핵심이 될 만한 요지들을 간단히 추려 보도록 하겠다. 한국 개신교의 전개 과정과 현 상황에 대해 김진호 목사(제3시대그리스도교연구소 연구실장)는 아래와 같이 비판적으로 진단했다. 발표문의 일부를 인용한다.

> 한국 교회의 성공은 광범위한 이농민을 흡수한 도시교회의 성공이라고 해도 과언이 아니다. 국가의 이농정책은 발전 동원 체제로 사회를 재편하는 하나의 과정이었는데, 이농에 따른 사회적 보호 시스템이 갖추어지지 않았기에 도시빈민의 삶의 조건은 대단히 열악했다. 시공간적인 마음의 연대를 해체하고 파괴의 공간인 저개발 빈민지역을 전전하는 삶은 일종의 정신적 외상이라고 할 수 있다. 바로 그런 이들이 교회를 찾았다. … 교회가 근대성

의 공간으로 상징화되었기에, 도시로 이주하는 것 속에 들어 있는 잘 살고 싶다는 꿈으로의 이동은 교회로의 신앙적 전향과 맥을 같이 한다. 교회는 바로 이런 이들을 유입하기 위해 성공주의를 고도로 활성화한다. … 1990년 대 이후 한국 사회의 성장은 현저히 둔화된다. 하지만 교회의 신앙적 제도 는 성장주의에 맞추어져 있었다. … 게다가 교회와 그리스도교도들의 '무 례한 태도'에 대해 사람들이 공공연히 싫증을 내기 시작했다. 근대성과 식 민성, 배타성이 모두 문제적인 것으로 비판을 받게 된 것이다. 한데 이 시기 에 급부상한 교회들이 있다. 우리가 '후발대형교회'라고 부르는 이념형은 바로 이러한 변화를 함축하기 위해 사용된 것이다. 이 새로운 이념형의 특 징은 배타성, 즉 무례함의 태도를 숨기는 것, 그리고 친미주의를 견지하되 맹목적 친미보다는 세련된 친미를 추구하는 것, 하여 근대성을 성장주의적 으로 체현하기보다는 성숙주의적으로 체현하고자 하는 것으로 요약할 수 있다.

개신교와 관련해 주로 논의된 내용은 차이를 용납하지 못하는 한국 개신 교의 근본주의적 자세와 관련된 것이었다. 가령 한국의 무속, 불교, 유교적 요소들 내지 전통적 신명들을 악마로 간주하는 자세는 초창기 외국 선교사 들의 기록에서부터 등장하며, 한국 전쟁 뒤 미국의 영향력이 커지면서 강화 되었다는 것이다. 특히 대다수의 근본주의 개신교도들은 다른 종교와 대화 하는 개신교인들이 신앙적 정체성을 약화시키거나 파괴한다고 보고서 대 화주의자들을 경계하거나 정죄하는 경향이 강하다. 그러다 보니 개신교 안 에서 종교 간 대화를 하는 이들은 어느 정도 위험을 감수해야 하는 상황이 라고도 해야 할 정도이다. 현실적으로 근본주의나 배타성 자체야 어느 정도 필연적인 것일 수 있지만, 근본주의 자체가 문제가 아니라 그러한 자세가 사람들에게 고통을 가져다준다는 데 있다는 사실도 중요하게 부각되었다.

이와 함께 한국 개신교의 감성적 성령 운동을 긍정적으로 보느냐 부정적으로 보느냐의 문제도 제기되었다. 한편에서는 그것이 한국 개신교를 성장시켜 온 역동적 힘이기에 살려 나갔으면 좋겠다는 주장이 있었지만, 다른 한편으로는 성령 체험이 설명되는 과정과 방식이 다른 종교 현상에 대한 배타적 자세로 이어진다는 것이 문제라는 응답이 나왔다. 종교들 사이에, 종교와 사회 사이에 벽이 있는 것이 문제가 아니라, 그 벽을 부조리하다고 생각하는 이들로 인해 사회적 고통이 발생하는 것이 문제이니, 고통을 줄이는 실질적인 일에 초점을 두어야 한다는 것이다.

한국 불교의 근본 문제들

그렇다면 한국 불교의 상황은 어떤가. 콜로키움 당시 이병두 선생(〈불교평론〉 편집위원)은 발제에서 다음과 같은 문제점들을 제시한 바 있다.

특정 종단을 가릴 것 없이 현재 한국 불교계 전반에 상업화와 세속화 추세가 매우 빠르게 진행되고 있으며, '불사'佛事라는 이름을 내걸고 이루어지는 대형 불상 조성 및 불필요한 전각殿閣 건립 등이 우려할 만한 수준에 이르렀는데, 스스로 문제를 자각해서 이 움직임을 멈출 가능성은 거의 없어 보인다. 따라서 교단 외부에서 제동을 걸지 않을 수 없는 절박한 상황이 되었다. … 필요하지도 않은 건물을 지어대고, 과거에 없었던 다양한 제사와 재齋를 등장시키며 과거에는 1년에 한 번 '부처님 오신 날'에만 달던 연등을 '음력 7월 15일 백중[우란분절]' · 붓다가 '깨달음을 이룬 성도재일'이나

'세상을 떠난 열반재일'에 이르기까지 몇 차례씩 연등을 달도록 강권하는 데에는 '돈' 말고 다른 이유를 찾기 어렵다. … 각 종단 내의 차별이 매우 심각하다. 명분으로는 '사부대중'四部大衆이라고 하지만 재가 신도를 '함께 붓다의 가르침을 공부하고 수행하는 도반'이 아니라 함부로 다루어도 되는 도구나 아랫사람으로 여기는 풍토가 팽배해 있다. 이 문제를 진지하게 고민하고 풀어나가지 않는다면 출-재가 사이의 갈등이 깊어질 뿐만 아니라 한국 불교 자체에 심각한 위협이 될 것이다. … 종단 내의 심각한 성 차별 문제도 거론하지 않을 수 없다. 같은 출가 대중 안에서 비구와 비구니의 차별 구조가 해결될 기미가 보이지 않고, 여자 신도에 대한 차별도 심각하다.

물론 다른 종교 전통들에서도 적용되고 또 드러나는 문제들이기는 하지만, 발제문과 관련해 주로 논의된 내용들을 정리하자면, 스님들의 권위성, 출가자와 재가자 간의 위계성, 사찰의 소유 지향성, 공찰의 사유화 등이었다. 도덕적으로 청정할 것이라거나 청정해야 한다는 사회적 기대와 요청에 비해 출가자들의 수준은 천차만별이며, 도덕성에서도 의심스러운 부분들이 많다는 것이다. 그 사례로 사찰의 사유화 문제, 은처 문제, 문중주의 문제 등이 거론되었다. 물론 출가자에 대해 이중적 잣대를 지닌 사회적 분위기도 감안해야 한다는 온건한 옹호론도 있었다. 계율을 철저하게 지키면 지나치게 엘리트적이라 비판하고 민중의 눈높이로 내려가 민중적으로 살면 스님답지 않거나 청정하지 않다는 비판이 제기될 가능성이 큰 양가적 분위기도 있는데다가, 일반 재가자들이 출가자를 떠받드는 경향이 크다는 점에서 보면 스님들이 대접받는 위치에 머물러 있다는 비판에도 지나친 측면이 있다는 반론들인 것이다. 불교의 문제는 출가자만의 문제가 아니라 재가자의 문제이기도 하다는 것이다.

물론 스님에게 엄격한 고행주의만 요구할 수는 없는 노릇이지만, 스님들이 너무 고급차를 타거나 골프를 치거나 하는 일 정도만 사양해도 불교계의 부작용이 많이 정화되지 않겠느냐는 의견도 있었다. 아울러 돈 혹은 자본 자체가 문제라고 할 수는 없는 만큼, 사찰의 재산을 가능한 투명하게 운영해야 하며, 그런 것을 주체적으로 이끌고 관리 감독할 수 있도록 재가자 교육이 강화되어야 한다는 사실도 거론되었다. 아울러 지나친 깨달음 중심주의에 담긴 비합리성, 깨달음을 인가하는 권위의 정당성 등의 문제도 거론되었다. 하지만 무엇보다 중요한 것은 불교인으로 산다는 것은 무엇인지, 왜 출가를 했는지 끝임없이 묻는 일이 필요하다는 사실이다. 종교적 권위라는 것은 자기를 낮출 때 남에게서 부여되는 권위인 만큼 스스로를 낮추고 비우는 자세가 기본에 놓여 있어야 하기 때문이다.

원불교의 근본 문제들

이상과 같은 기성 종교들에 비해 원불교는 적어도 외형적으로는 상대적으로 건실한 이미지를 지닌다는 평가들이 있다. 종교 간 대화에 가장 성실하게 참여하는 종단이라는 점에는 관계자들이 이구동성으로 동의한다. 그럼에도 불구하고 교단의 내부로 들어가면 기성 종교들이 겪어 온 문제를 비슷하게 겪고 있는 것이 원불교의 현실이기도 하다. 이 문제는 발제자인 김경일 교무(원불교 100년성업회 사무총장)의 다음과 같은 글에 반영되고 있다.

원불교 역시도 자본주의 사회에서 경영 중심의 논리가 내부 조직의 주요한 갈등 의제가 되고 있다. 교당의 영세성, 교무의 후생복지(급여, 건강, 노후생활)

의 어려움 등으로 인하여 경제 안정의 현실적 필요가 점증하고 있다. … 교무를 지망하는 지원자가 감소하고 있는 것도 최근 원불교가 안고 있는 큰 고민 중에 하나다. 지원자 감소는 단순한 인원 감소에 그치는 것이 아니라 성직자의 전반적인 자질 부족의 원인으로 작용되고 있다는 지적도 있다. … 원불교는 '한국불교종단협의회' 에 가입되어 있지 않다. 원불교는 종파 불교가 아니라는 원칙에 의해서다. 국가적으로도 불교재산관리법의 적용을 받지 않으며, 별개의 교단으로 간주되고 있다. 그러나 해외에서의 원불교는 불교로서 활동을 한다. 원불교는 해외에서 Won Buddhism으로 표기된다. 이 점은 불교와 원불교 간의 갈등 요소가 되고 있다. … 원불교는 출가와 재가의 차별 없는 혁신을 지향했음에도 불구하고 여전히 이 문제에 관하여 자유롭지 못하다. 결혼도 포기하고(?) 급여도 거의 받지 않는(?) 출가교무들의 자부심은 재가교도들 앞에서 독선獨善이 되고 이런 분위기가 재가교도들의 분위기를 위축시켜 미묘한 종속관계를 낳고 있다. 원불교는 지금까지 대부분 남녀 차별이 있었다고 할 만한 사례가 거의 없다. 하지만 교무들의 결혼 제도를 두고 세간의 문제 지적이 많다. 남녀를 불문하고 법으로 결혼을 제한한 경우는 없으나 사실상… 여성 교무의 결혼 문호가 막혀 있는 것이 현실이다.

이러한 내용에 대해 이찬수(종교문화연구원장)는 예외적으로 원불교 외부자로 논평에 참여하면서 아래와 같이 원불교의 현 상황을 진단한 바 있다.

원불교는 문중이 파벌을 이루다시피하는 불교에 비하면 파벌 싸움은 상대적으로 약해 보이지만, 제도가 점점 더 경직되어가는 것도 분명하다. 종교 경험이 사회화 또는 제도화되는 것은 필연적이지만, 그 과정에 자칫 내면은 사라지고 오히려 제도가 사람을 굴러가게 만드는 순간이 오는데, 그 지점이 바로 종교의 타락과 성숙의 분기점이다. … 형식과 제도를 유지하기 위해서 주로 에너지를 쓰게 되는 순간 더 이상의 성숙과 성장은 없다. 현재 원불교가 그런 분기점에 있다고 생각된다. 제도적 측면에 있어서는 매우 유연하고 느슨하되 개인의 독창성과 에너지를 존중할 수 있어야 한다. 경직성이 더 확고해지기 전에 돌파구가 필요하다.

아울러 '원불교학'을 한다지만 사실상은 불교학과 크게 다르지 않은 데서 오는 학문적 정체성의 문제, 교무들의 경제적 열악함과 그에 따른 교무 지원자 감소 현상, 남녀 교무의 결혼 관례상의 불평등성, 전통적이지도 현대적이지도 않은, 다소 구시대적인 듯한 교무 복장 문제 등이 거론되었다. 흔히 원불교를 한국 내 '4대 종교'의 하나로 규정하기도 하지만, 전반적으로 과분한 평가이니 행여라도 자만하지 말고, 원불교 안팎에서 들려오는 요구와 기대를 실제로 구체화시킬 수 있게 되기를 바란다는 조언들도 나왔다.

천도교의 근본 문제들

동학은 한국 민족종교의 원조이다. 한국 내 오랜 사상과 문화가 시대사적 위기 상황을 반영하며 농축되어 등장한 것이 동학이다. 천도교는 이 동학의 창조적 계승자임에도 불구하고 오늘날 천도교의 상황은 질과 양 모두에서 열악하다. 천도교의 구체적인 현실과 상황에 대해서는 발제자 김용휘 교수 (고려대 민족문화연구원)의 아래와 같이 문장으로 일단 파악해볼 수 있겠다.

현재 천도교의 가장 큰 문제는 끝없는 쇠락이다. 천도교인의 숫자는 갈수록 줄어들고 있다. … 최덕신 교령의 월북과 이후의 가속된 서구화의 물결 속에서 시대정신에 부응하지 못하고, 교역자 양성에도 소홀하고 포덕 교화에 실패하면서 끝없는 추락을 면치 못하고 있다. 그나마도 이들 모두가 교회 활동을 하는 것이 아니기 때문에 문제는 더욱 심각하다. 이는 젊은 사람들일수록 심하다. 교회에 와도 어울릴 사람이 없고 재미가 없기 때문에 시일식 참여가 매우 저조하다. 지방의 농촌 교구는 아예 시일식이 안 되는 경우도 적지 않다. 이는 교리적으로 '시천주' '인내천'이라고 하여 내 안에 한울님을 모셨는데 굳이 교구를 나가야 하느냐는 인식 때문이기도 하지만 무엇보다도 지금의 젊은이들을 끌어들일 만한 매력을 상실하고 있다는 점이 가장 큰 이유일 것이다.… 또 신앙 활동과 수도 생활의 괴리 문제도 있다. 일 년에 몇 차례 수도원에는 가도 교구 시일은 거의 참석 안 하는 사람도 제법 있다. 이런 천도교의 현상은 기성종단의 성장주의와는 반대의 현상이지만, 그렇다고 성장주의를 극복해서 그런 게 아니기 때문에 성장에 대한 열망과 조급증은 더 강렬할 수도 있다. … 지방교구의 쇠락과 노쇠화는 더욱 심각한 실정이다. … 교육이나 교화는 물론 연구에서도 역시 많은 문제점을 안고 있다. … (최근) 수련 문화가 일어나고 있는 것은 환영할 만한 일이다. 그런데 이 경우에도 문제는 있는데, 수련에 관심이 있는 사람들은 사회 현실에는 무관심하고 모든 문제를 마음의 문제로 환원함으로써 사회적 실천이나 제도 개선에는 소극적이라는 점이다.

천도교의 현실을 적절히 드러내주는 글이라고 생각된다. 천도교 관련 콜로키움 당시 오늘날 교단이 당면한 현실적 문제보다는 반공 민족주의를 대

변해 온 천도교의 사상사적 위치 내지는 천도교가 한국 내 역사적 상황 속에서 어떻게 움직여 왔는지와 관련한 논의가 주로 오간 데다가, 공교롭게도 천도교와 관련한 토론 기록도 미처 남겨 두질 못했다. 토론 당시 상황을 추측하여 정리할 수 없었던 것은 아니지만, 자칫 현장을 왜곡할 우려도 있고 해서, 천도교의 실상에 대한 개략적인 소개는 일단 이 정도로 마무리한다. 물론 실상과 문제에 대한 이해는 본문에서 충분히 이루어질 수 있을 것이다.

상호 이해를 위한 진정한 첫 걸음

이상, 여섯 발제문의 문투를 살려 몇 군데 주요 단락들을 추리고 토론문을 포함하여 토론 당시의 요지를 가능한 평이한 언어로 정리해 보았다. 간단한 인용문들이지만, 각 종단의 현실과 내부 분위기는 적절히 반영되어 있다고 생각된다. 물론 보기에 따라 각종 문제점의 정도에도 종단 간 차이가 있을 수 있다. 어떤 종단은 더 문제가 많은 듯 하고, 어떤 종단은 상대적으로 건실한 모양새를 하고 있기도 하다.

그럼에도 불구하고 스스로 선포해 온 종교적 진리의 세계로부터 스스로 멀어져 가고 있기는 매한가지이다. 오십보백보인 것이다. 발표와 토론의 과정에 여러 차례 대안과 전망 등도 제시되었고 이 책에도 곳곳에 반영되어 있지만, 이 책에서 대안이나 정책과 같은 것을 체계적으로 다루지는 않았다. 그렇더라도 이 책에 담긴 각종 비평적 언어들을 따라가노라면 누구든지 종교의 방향과 자세가 어떠해야 하는지 충분히 느낄 수 있을 것이다.

잠깐만 읽어봐도 대번에 느낄 수 있지만, 이러한 비판적 글이나 주장은 종교 내지 종단에 대한 관심과 애정이 없고서는 결코 나올 수 없는 내용들이다. 그저 종교 비판을 위한 비판이 아니다. 특정 종단 내부의 현실에 대한 반 종교적, 비인간적 폭로도 아니다. 전부 종교가 정말 종교다워지기를 바라며 제기한 고언들이다. 종교가 새로워지거나 초심으로 돌아가게 되기를 바라는 마음의 표현들이다. 이번 콜로키움과 책으로 인해 한국의 종교적 현실이 건강하게 폭로될 수 있었고, 진정한 의미에서 상호 이해의 첫 걸음을 떼었다고 생각된다.

아무쪼록 더 많은 사람이 이 책을 읽고 한국 내 대표적인 종단들의 실상과 속내에 대한 균형잡힌 비판적 안목을 선물로 얻은 뒤, 한국의 종교들이 종교 본연의 사명에 충실할 수 있도록 건강한 압력을 행사할 수 있게 된다면 좋겠다. 또 각 종단 소속 신자들의 마음속에 자기 종교의 실상이 충분히 파악되고 본연의 자세가 다시 수용되어, 한국의 종교문화가 더욱 성숙해지는 계기로 작용할 수 있게 된다면 좋겠다. 그리고 발표자들의 마음 깊은 곳에서 종교적 세계에 대한 희망과 애정까지 함께 읽어 준다면 이 프로그램에 참여한 이들로서는 더할 나위 없는 보람이겠다.

이찬수(종교문화연구원장, 강남대 교수)

차 례

최준식 | 종교문화연구원 이사장

| 한국 종교, 어디까지 왔나? |

프롤로그

－현대 한국의 기독교와 불교의 실상을 담은 두 개의 기사

개신교의 경우

교회는 조금만 부흥하고 성장하면 다투어 건축하고 개축하느라 바쁘다. 그 돈만 수억 원에서 수십억 원씩 들어간다. 심지어 교인들은 집까지 담보로 잡힌다. 그러다 보면 교인들 허리가 휜다. 가뜩이나 경제도 어려운데다 아이들 사교육비 부담하느라 허드렛일까지 하는 판인데, 교회 건축으로 인한 부담으로 교인들은 고혈을 짜낸다.

예배당 건축이 끝나면 관행처럼 교육관과 기도원 건축, 장지 확보로 이어

진다. 이러다 보니 교회는 끊임없이 빚더미에 올라앉아 사회를 구제하고 봉사하기는커녕 되레 구제를 받아야 할 판이다. 자체적으로는 교회를 유지하기도 힘들기 때문이다. 이 밖에도 교회가 조금만 안정되면 수십억 원씩 드는 파이프 오르간 사들이기, 금싸라기 땅 주차장 확보하기, 땅 투기 등 사치가 끊이지 않는다.

교인 수가 1천 명 이상만 돼도 목회자는 판공비라든가 잡다한 수입을 합쳐 실생활비가 연 1억을 상회하고, 외제차를 타고 다니며, 외국을 제 집 드나들 듯 오간다. 아마 국회의원들보다 더 자주 나갈 게다. 그런데도 대형교회 목사들은 세금 한 푼 내지 않고 자식들에게 모든 것을 세습하려 든다. 교인들은 그 앞에서 거의 맹목적인 존재로 전락했다. 그들에겐 권리 하나 없고 의무만 가득하다. 헌금 낼 의무, 봉사할 의무, 기도할 의무 기타 등등.

불교의 경우

어느 시사고발 프로그램MBC '뉴스후' 에서 1년에 수백억 원의 문화재 관람료를 받으면서도 사용처를 공개하지 않고, 문화재 보수비 명목으로 국고를 지원받아 사찰 건물을 짓는 불교계의 문제점을 고발했다. 그 프로그램에서는 이해하기 힘든 문화재 관람료 징수에 대해 조목조목 따졌다.

그날 방송에서는 또 스님들이 고급 외제 승용차를 타고 다니는 것에 대해서도 꼬집었다. 벤츠, BMW, 혼다, 아우디, 렉서스 등. 1억 6천 7백만 원에 판매되는 포르셰를 타고 있던 한 주지승은 "차 타고 다니는 것까지 취재 나오면 어떻게 하느냐." 며 언짢은 심기를 드러냈다.

그는 "한국에서만 외제에 대한 거부반응이 있다. 의식구조를 고쳐야 된다.”고 말했다. 1억 3천만 원짜리 아우디 Q7을 타고 다니는 다른 승려도 당당하기는 마찬가지. 뿐만 아니라 수천만 원짜리 골프장 회원권을 가지고 골프를 즐기는 승려들도 있었다.[1]

1. 들어가며

위의 두 기사가 보여 주고 있듯이 현대 한국의 종교들이 물신物神, Mammon을 섬기고 있다는 사실은 어제 오늘의 일이 아니다. 위와 같은 이야기는 더 인용할 필요도 없다. 한국 종교계에 횡행하는 거개의 실상이 위와 같기 때문이다. 규모가 조금씩 다를 뿐 거의 대부분의 종교 기관은 끊임없이 돈과 자기 팽창 등, 참된 종교에서 가르치는 이타주의의 정반대 개념인 배타적 이기주의에 빠져 있다. 이런 현상이 한국의 종교계에만 나타나는 것은 아닐 테지만 이 작은 글에서 다루려는 대상은 한국 종교계이니 한국에만 한정해 보기로 한다.

기실 돈을 숭배하고 자아 중심혹은 팽창주의에 빠져 있는 것은 종교계만이 아니라 한국의 사회 전반이 그러하다. 종교계는 다만 그런 추세를 좇고 있을 뿐이다. 그러나 사회가 그러한 것은 이 사회라는 공동체가 돌아가는 근본적인 힘이 원래 욕망 혹은 무목적적인 충동이라 능히 이해할 만하다.* 문

---

*이 인간 세상이 굴러갈 수 있는 근본적인 힘은 인간의 마음속에 깊이 도사리고 있는 욕망이다. 이것을 불교에서는 갈애 혹은 무명이라고 보았고 프로이드는 리비도로 보았다. 이런 힘의 특징은 그것을 추구하는 데에 아무 목적이 없다는 것이다. 이 힘이 가진 방향성이

제가 되는 것은 종교이다. 종교란 인간의 이러한 끝이 안 보이는 욕망을 극복하고 자아 팽창이 아니라 자기를 소멸 혹은 초월하라고 가르치는데, 정작 구성원들이 실제 행동은 사회의 것을 그대로 따라하고 있으니 말이다.

이 글은, 이렇게 세속에서 말하는 것과 정반대가 되는 가르침을 전하는 종교에서, 왜 사회에서 벌어지는 작태가 반복되고 있느냐에 대한 물음에 답하기 위해 씌어졌다. 이 주제에 대해서 우리는 다양한 시각으로 접근할 수 있다. 사회학적인 접근도 가능할 터이고 심리학적인 관점도 있을 것이다. 그러나 이 글에서는 순수하게 종교철학적인 시각으로 분석하려고 한다. 종교학적인 접근이라는 것은 우리의 주제에 대해 종교 외적인 요인이 아니라 종교 안에서 통용되는 요인을 가지고 분석하겠다는 것이다. 따라서 이 글에서는 한국 사회의 구조나 계층 분석과 같이 종교 외적인 요인에 대해서는 언급하지 않을 것이다. 아울러 설문지 조사법이나 통계 조사법 같은 현장 조사법도 사용하지 않을 것이다.

사정이 이렇다면 이 글의 진행을 위해서 우선 보아야 할 것은 '종교란 무엇인가' 라는 근본적인 물음에 대한 것일 것이다. 종교에 대한 정의는 다양한 방법으로 부단히 있어 왔지만 여기서는 종교의 가장 핵심적인 부분을 소개할 것이다. 다시 말해 그 다양한 종교 현상 가운데 거의 대부분의 종교들이 공유하고 있는 핵심 중의 핵심을 추출해 보겠다는 것이다. 그리고 그것을 통해 한국 종교의 현실을 진단하게 될 것이다. 만일 이 작업이 성공적으로 수행된다면 우리는 결론 부분에서 한국 종교계가 왜 이렇게 물질주의에

있다면 그저 '더 많이, 더 크게, 더 높게, 더 빠르게' 등등 외연적으로 팽창하는 것뿐이다. 그래서 불교에서는 인간의 욕심이란 그 어떤 것으로도 충족될 수 없다고 주장한다.

지배당하고 있는가를 알 수 있게 될 것이다.

2. 서설 : 종교를 정의하는 문제 – 영원철학을 중심으로

인류 역사 속에서 종교는 말로 표현할 수 없을 정도로 다양하게 표출되어 왔다. 이것을 크게 나누어 보면, 인격적인 신을 절대적 실재로 생각하는 종교가 있는가 하면 비인격적인 원리를 궁극적 실재로 간주하는 종교가 있다. 그런가 하면 종교 의례와 같이 밖으로 표출되는 부분의 다양함을 생각해 보면 종교에서 보이는 다양성은 상상을 절한다. 그 다양한 면만 보면 지구상에 있는 종교들은 공통점이 없어 보인다. 다시 말해 인류 사회에는 기독교나 불교, 그리고 수많은 신종교 같은 개별적인 종교만이 있을 뿐 이 종교들이 공유하고 있는 어떤 부분은 그리 확연하게 눈에 띄지 않는다는 것이다.

과연 그럴까? 이렇게 다양한 종교들 사이에는 공통점이 전혀 없는 것일까? 이 시점에서 우리는 '왜 인류가 종교라는 현상을 창안했을까.' 하는 질문을 던질 수 있다. 인간 사회에 존재하는 것은 그것이 어떤 것이 되든 인간에게 필요하기 때문에 창안된 것이라는 주장은 큰 설득력을 가진다. 인간 생활의 각 부분은 각각의 영역에서 제 역할을 하고 있다. 정치 같은 분야는 인간 사회에 질서를 부여하기 위해 필요한 것일 터이고 경제나 경영은 인간의 경제 행위, 즉 물질적인 생활을 가능하게 해 주는 부분이라고 할 수 있다. 그런 시각에서 볼 때 종교는 대관절 인류의 어떤 욕구와 연관되어 창안된 것일까? 이 점은 종교의 정의에 관한 질문과 직결되어 있는 질문이기도 하다.

위의 질문은 종교가 삶의 다른 부분들과 구분되는 것이 있다면 그것이 무엇이냐는 질문과 같다. 종교는 과연 인간의 어떤 문제를 해결하기 위해 만들어진 것일까? 간단하게 말해서 종교란 인간의 궁극적인 문제를 해결하기 위해 만들어진 것이라고 할 수 있다. 인간 사회에 존재하는 삶의 많은 부문 중에 종교와 같이 인간의 궁극적인 문제를 해결하기 위해 존재하는 것은 없다. 이때 말하는 '궁극적인 문제' 란 무엇을 말하는 것일까? 일차적으로 이 문제는 인간이 죽는다는 사실과 관계된다. 인간은 죽음 앞에서 무력하게 되며 그것에서 벗어나기를 희구하면서 불멸과 영생을 꿈꾼다. 또한 인간의 죽음이란 주제는 삶에서 의미를 모색하는 문제와도 직결된다. 만일 인간이 죽어서 아무 것도 남지 않는다면 현생의 삶이라는 것은 아무 의미도 없게 될 수 있다. 이것은 인생의 궁극적인 의미를 모색하는 일과도 관계된다. 인간은 자신의 삶이 궁극적으로 자기에게 어떤 의미가 있는지에 대해 끊임없이 생각한다. 정치나 경제와 같은 다른 삶의 분야에서는-철학이나 예술을 어느 정도 제외하면-이런 질문을 좀처럼 던지지 않는다.

그 다음으로 종교만이 던지는 궁극적인 질문은 악과 고통의 문제이다. 인간은 일생 동안 수많은 악과 고통에 직면하게 되는데 이런 것들 가운데에는 설명을 할 수 없는 것들이 많다. 예를 들어 예기치 않은 사고를 당해 장애인이 된다거나 사랑하는 부모나 배우자 혹은 자식이 죽는 경우, 혹은 본인이 어이 없이 불치병에 걸리는 경우처럼 도저히 설명이 불가능한 사건들이 그것이다. 인간은 이런 고통이 왜 생기느냐에 대해서도 설명을 듣고 싶어 하지만 그것과 동시에 그 고통에서 빠져 나가는 방법에 대해서도 관심을 갖는다. 이런 관점에서 보면 인간의 삶은 수많은 고통을 극복하고 행복을 찾아가는 과정이라고 할 수 있을 것이다. 악과 고통과 같은 인간의 궁극적인 문제를 분석하고 해결을 도모하는 것은 종교 고유의 영역이라 종교를 제외한 삶의 다른 부분에서는 이 문제를 다루지 않는다.

영원철학이란 무엇인가?

종교는 바로 인간이 당면하는 궁극적인 문제를 다루고 그에 대한 해결책을 제시하기 위해 만들어진 것이라고 할 수 있는데, 문제는 각 종교마다 제시하는 분석과 해결책이 너무 달라 계통을 잡기 힘들다는 데에 있다. 그런데 이 문제를 직격으로 확실하게 분석한 것이 있어 우리의 관심을 끈다. 이것을 검토해 보면 우리가 찾는 답이 나올 것으로 생각되는데 이것은 종교학적 용어로 영원철학perennial philosophy라고 불린다. 영원철학이라는 용어는 『훌륭한 신세계』의 작가로 유명한 올더스 헉슬리Aldous Huxley가 만든 것인데, 원조는 그가 아니라 라이프니츠Leibniz이다. 라이프니츠는 이것을 라틴어식의 용어인 'philosophia perennis'로 불렀고 헉슬리는 같은 뜻의 영어로 옮긴 것이다. 헉슬리는 이 철학을 중시한 나머지 이것을 제목으로 해서 책을 쓰기도 했다.[2] 그는 이 책의 서문에서 이 철학은 "세계에 존재하는 사물과 생명과 마음에 실재하는 신적인 실재Reality를 인정하는 형이상학이며, 동시에 인간의 영혼에서 이 신적인 실재와 비슷한 혹은 동일한 무엇인가를 발견하는 심리학이며, 사람의 궁극적인 목적이 모든 존재를 초월하면서 동시에 내재하는 근원Ground을 알게 해 주는 윤리학"이라고 정의했다. 그는 이어서 이 철학은 세계 도처에서 발견되는 '원시적인' 사람들의 종교 전통에서도 발견되지만 그보다는 세계의 고등종교에서 완벽하게 발현되었다고 주장했다.

이 철학은 이른바 신비주의의 골격을 이루는데 이 신비주의야말로 종교의 핵이라 할 수 있다. 앞에서도 언급한 것처럼 세계의 종교들은 그 현상이 너무나 다양해 서로 교통하지 못하는 경우가 많다. 가장 비근한 예로 신을 인정하는 기독교 같은 유신론적인 종교와 신을 인정하지 않거나 그런 존재에 무관심한 불교는 이 면에서는 근본부터 다르기 때문에 상호간에 공통점을 찾아보기가 힘들 것이라고 생각하기 쉽다. 이 두 종교뿐만 아니라 지금까지 인류가 신봉해 왔던 종교들은 밖으로 드러난 모습만 보면 아무 공통점이 없다고 할 정도로 서로 무척 다르다. 그런데 종교들의 외양이 아무리 다양하다 해도 이들이 같이 만날 수 있는, 혹은 모두가 공유하는 그런 부분이 있다. 신비주의가 바로 그것이다. 각 종교들은 현교顯教로서 만날 수 있는 부분은 극히 제한되어 있지만, 밀교라고 할 수 있는 신비주의에서는 모두가 만날 수 있을 뿐만 아니라 이 안에서는 거의 비슷한 주장을 하고 있는 것을 알 수 있다. 세계의 거대 전통을 보면 신비주의 전통은 전체에서 차지하는 비중이 각 종교마다 다르긴 하지만 거의 예외 없이 발견된다. 이슬람의 수피즘이나 유대교의 카발라 전통, 기독교의 신비주의 전통* 등이 모두 신비주의 전통에 속하는데, 특이한 것은 이 전통들이 기성 종단으로부터 엄중한 박해를 받았든가 인정을 받지 못한 상태에서 비밀리에 전승되었다는 것이다. 반면에 불교나 힌두교 같은 동양 종교들은 아예 그 중심 전통이 신비주의와 같은 노선을 걸었다.** 각 종교의 신비주의 전통을 보면 세계의 종교

---

*기독교의 신비주의 전통은 주류에서 전혀 받아들여지지 않았기 때문에 이슬람의 수피즘처럼 특정한 이름을 가진 집단으로서는 발견되지 않는다. 대신에 신비 체험을 한 극소수의 수도자들에 의해 명맥을 유지하게 된다. 그러나 지하의 흐름은 만만치 않다. 기독교의 신비주의 전통은 영지주의가 그 효시를 이룬다고 할 수 있는데 이 전통은 면면히 이어져 20세기에는 신지학(神智學, theosophy)이라는 대단히 독특한—동양의 힌두교나 불교의 교리를 받아들여 융합했다는 의미에서 독특한—사상 체계가 나타나게 된다.

들은 이 신비주의 안에서는 모두 하나가 될 수 있다는 인상을 받는다. 종교가 다르기 때문에 쓰는 용어나 표현되는 방법은 다르지만 말하고자 하는 내용은 같은 것으로 보이기 때문이다.***

인간 의식의 발달 과정

이 신비주의 전통의 근간이 되는 사상이 바로 영원철학이다. 그러면 이 영원철학의 핵심을 이루는 기본 사상은 무엇일까? 영원철학에서는 인간 의식의 진화 과정을 소상히 설명하고 있다.[3] 인간의 의식이 어디서부터 출발하여 어떤 과정을 거쳐 궁극적으로 어떤 목표를 지향해서 나아가야 하는지에 대한 설명이 그것이다. 이 철학에 의하면 인간은 세 단계를 거쳐서 진화되

**이때 말하는 신비주의의 가장 큰 특징은 헉슬리가 말한 것처럼 세상의 모든 것은 절대적 실재의 현현이고 인간은 어떤 종교의 교리나 제도에 의존하지 않고 독자적으로 그 실재와 하나가 될 수 있다고 주장하는 것이다. 인간의 궁극적인 행복은 천당이나 극락에 가는 것이 아니라 이 절대 실재와 하나가 되는 것이라고 신비가들은 한결같이 주장한다. 같은 것을 두고 윌리암 제임스는 자신의 저서인 『종교적 경험의 다양성』에서 논리적인 추론(logical reasoning)이 아닌 직관에 의해서만 얻을 수 있는 종교적 체험을 신비 체험이라고 명명했다. 인간이 지식을 습득하고 어떤 것을 체험할 때 이것이 논리적 추론이 아니라 직관으로서도 가능하다는 것은 기존 철학에서는 인정하지 않는 것이다.

***이 가운데 대표적인 것이 '절대적 실재와 내가 다르지 않다는 불이성(不二性) 혹은 동일함'이다. 신비 체험을 한 사람들은 한결같이 '신과 같은 절대적 실재는 결코 나와 다르지 않다 혹은 더 나아가서 같다.'고 주장한다. 이들이 기독교나 이슬람 같은 유신론 전통에서 박해를 받은 이유는 여기에서 찾아볼 수 있다. 그 다음으로는 '절대적 실재의 공성'을 들 수 있다. 신비가들은 절대적 실재를 묘사할 때 종종 (절대적) 공으로 표현하는 경우가 있다. 이것은 궁극적 실재는 하도 궁극적이라 어떤 용어로도 표현할 수 없다는 의미로 해석될 수 있겠다.

초개인적 의식 transpersonal consciousness
↑
개인적 의식 personal consciousness
↑
전개인적 의식 prepersonal consciousness

어 간다. 이것을 일단 도표로 그려 놓고 설명해 보자.

위의 그림에 대한 설명은 단행본이 필요할 정도로 복잡한 것이지만 여기서는 지면상 아주 간단하게 보자.

우선 인간은 태어날 때 진정한 의미의 인간으로 태어나는 것은 아니다. 위 그림에서 보는 것처럼 인간은 전의식 상태로 태어난다. 전의식 상태란 아직 자아 개념이 형성되기 이전의 상태이다. 나이로 따지면 태어나서 약 두 살 때까지가 여기에 해당한다. 이때에는 아직 자기가 존재한다는 생각이 없다. 자기가 없으니까 타자도 없다. 이 상태의 아기는 자신과 엄마가 두 개의 다른 개체라는 것을 전혀 인지하지 못한다. 아니 타자가 없는 정도가 아니라 외부 세계가 존재하는지 그렇지 않은지에 대해서도 알지 못한다. 모든 인식은 자아라는 주체가 있는 다음에야 가능하게 되는 것인데 주체가 없기 때문에 어떤 인식도 가능하지 않은 것이다. 나와 외계가 분리되지 않은 채로 단지 하나로만 있을 뿐이다.

이 상태로 있다가 두 살경이 되면 인간은 어느 날 파천황의 변화를 겪는다. 느닷없이 세계가 바깥에 존재하고 있는 것을 발견하게 되기 때문이다. 우리는 모두 이 과정을 겪는다. 그런데 언제 이 과정을 겪었는지 모르게 이 순간은 극히 조용히 다가온다. 그러나 이 순간은 엄청난 순간이다. 이 시점으로부터 인간이 되기 때문이다. 우리가 이때부터 외계를 인식하게 된다는 것은 인식의 주체인 자의식이 생기기 때문에 가능한 것이다. 인간은 동물 가운데 유일하게 자신이 존재한다는 것을 아는 동물이다.[4] 자의식의 유무, 혹은 존재의 가능성은 바로 인간과 동물을 구별해 주는 거의 유일한 기준이다.[5] 동물은 자의식이 없기 때문에, 다시 말해 자신이 존재한다는 것을 알지 못하기 때문에 외계가 존재한다는 것도 모른다.

인간의 이러한 상황을 가장 잘 설명해 주는 신화가 있다. 그 유명한 아담과 이브의 신화가 그것이다. 아마도 인류가 만들어 낸 신화 가운데 아담과 이브의 신화만큼 인간의 상황을 잘 설명해 주는 신화는 없을 것이다. 단도직입적으로 말해서 먹지 말라는 사과를 먹기 전까지 두 사람은 아직 자아의식을 갖기 전의 상태에 있었다.[6] 인간 발달 단계로 말하면 아기의 상태이다. 이 신화에서는 두 사람이 사과를 먹자 가장 먼저 일어난 일이 서로가 벗고 있었다는 것을 안 것이라고 묘사하고 있지만, 이 단계가 가능하려면 선결 조건으로 그들이 먼저 자아(기)의식self-consciousness을 가져야 한다. 앞에서 누누이 밝힌 것처럼 자아의식이 생겨야 다른 사람을 인식할 수 있기 때문이다. 사실 이 신화에서 말하는 수치감은 자아의식이 생긴 다음에도 한참 뒤에 생기는 매우 사회적인 관념이다.* 어떻든 이렇게 자아의식이 생긴 다음

---

*여기서 중요한 것은 아담과 이브의 상황이 결코 타락이 아니라는 것이다. 기존 기독교에서는 이 사건을 인류가 신에게 불복종함으로써 최초로 죄를 짓는 사건으로 간주하는데 이것은 명백한 오류이다. 죄라는 것은 자아의식이 생긴 다음에, 많은 사회화 과정을 거친 다음에나 가능한 것이지 이렇게 자의식이 생기기 전이나 그 최초의 시기에 생긴다는 것은 있을 수 없는 일이기 때문이다. 그래서 윌버는 책의 제목을 'Fall from Eden'이 아니라 'Up from

그들에게 닥친 일은 꿈의 낙원인 에덴 동산에서 쫓겨나는 일이었다. 동산에서 쫓겨난다는 것은 한없는 고통으로 빠지는 것을 의미한다. 이 신화에서는 이러한 상황을 '남자는 일을 해야 하고 여자는 산고의 고통을 겪어야 한다.' 는 것으로 묘사했다. 동산에서 쫓겨난 이들이 뒤를 돌아다보니 동산의 문에는 천사들이 불칼을 들고 있다. 이것은 이들이 다시는 동산으로 되돌아갈 수 없다는 것을 뜻한다. 이것은 무슨 의미일까? 이는 인간에게 한번 자의식이 생기면 그 전의 상태로는 돌아갈 수 없다는 것을 뜻한다. 이것은 인간의 상태에서 동물의 상태로 돌아가는 것이 가능하지 않다는 것을 뜻하는 것일 게다.

가장 문제인 인격적 단계

이렇게 해서 인간이 되었지만 문제는 인간의 모든 문제가 이곳에서부터 시작된다는 데에 있다. 인간은 이제 본격적인 고통의 세계로 들어가는 것이다. 붓다가 '인생은 고苦' 라고 했을 때가 바로 이 단계의 인간의 상황을 말한다. 이 단계에 있는 인간은 왜 고통스러울까? 우선 어떤 식으로도 채울 길이 없는 욕망이 그 가장 큰 원인일 것이다. 인간은 크고 작은 욕망 속에서 평생을 이 욕망에 끄달리면서 고생한다. 아무리 돈을 많이 벌고 지위나 명예가 높아져도 궁극적인 행복감은 생기지 않는다. 항상 더 많은 것을 요구할 뿐이다. 그리고 그 욕망을 채우기 위해 얼마나 많은 고통을 겪어야 하는가?

Eden' 이라고 한 것이다. 다시 말해 우리는 에덴동산에서 타락한 것이 아니라 인간으로 도약한 것이라는 것이다. 이 책은 '에덴을 넘어' 라는 제목으로 조옥경·윤상일 씨에 의해 2009년 한언출판사에서 번역되었다.

인간은 일평생을 이 욕망에 질질 끌려다니며 살다가 부질없이 어느 날 죽는 것으로 삶을 마감한다.

그런데 도대체 이 욕망은 어디서 생겨나는 것일까? 그리고 왜 충족시킬 수 없을까? 욕망이라는 것은 내가 주체가 되어 대상이 돈이 되든 명예가 되든 그 대상을 내 것으로 만들려고 할 때 생겨나는 것이다. 따라서 자아 개념이 생기기 전에는 내 것이라는 개념이 생길 수 없다. 내가 있고 난 다음에야 내 것이라는 개념이 생기기 때문이다. 이렇게 볼 때 모든 욕망과 그로 인해 생기는 고통은 두 살 즈음에 나타난 자아 개념부터 시작된 것을 알 수 있다. 그런데 문제는 앞에서 말한 바와 같이 이 욕망이 끝을 모른다는 데에 있다. 가질수록 더 갖고 싶고 높을수록 더 높아지고 싶어 한다. 갈구했던 게 충족된다 하더라도 충만감은 그때 잠깐뿐이고 다시 허기에 빠져 더 많은 것을 욕구하게 되는 게 우리의 욕망이다. 우리는 왜 이렇게 욕망의 덫에 걸려 고통 속에서 허우적대는 걸까?

이 문제는 인간의 유한성과 관계된다. 우리 인간은 자기 자신이 존재한다고 느끼는 순간 자신과 외부 사이에 있는 엄청난 공간을 발견하고 소스라치게 놀라게 된다. 아울러 이 공간은 어떤 것으로든 절대로 메울 수 없다는 것을 깨닫게 된다. 그리고 그런 인식은 자신이 죽음으로써 생을 끝맺게 될 한시적인 존재라는 것을 알게 한다. 기실 자신이 죽는다는 것을 아는 것은 자신이 존재한다는 것을 아는 것과 동시에 일어나는 사건이다. 이런 속에서 인간은 이 광활한 우주에 자신이 혼자 존재한다는, 말로 설명하기 힘든 엄청난 고독감에 빠진다. 인간은 이 고독과 유한성에서 비롯되는 공포에서 벗어나기 위해 처절한 사투를 벌인다. 자신은 외롭지 않고 불멸할 수 있다는 것을 스스로에게 증명하기 위해 이성을 찾아 격렬한 사랑을 한다거나 알코

올이나 담배, 마약 같은 것에 빠짐으로써 잠정적이나마 그 공포에서 벗어나려고 한다. 그러나 이런 시도는 어느 것도 성공하지 못한다. 이와 같이 모든 인간은 하릴없는 외로움에 빠져 있고 자신의 유한성에 치를 떨며 산다. 어떤 인간이든 이런 감정을 느끼고 있을 터인데 그렇지 않은 것처럼 보이는 사람들은 그런 감정이 의식의 심연으로부터 솟구쳐 오는 것을 교묘하게 막거나 관심의 방향을 틀어 놓았기 때문일 것이다.

사람들이 고독과 유한성을 극복하기 위해 가장 많이 택하는 방법은 물질을 더 많이 소유하는 것이다. 이성과 격렬한 연애를 한다거나 마약을 하는 것은 많은 사람들이 일반적으로 택하는 방법은 아니다. 그리고 이런 체험은 대단히 강렬하긴 하지만 오래 지속되지 못하는 단점이 있다. 이에 비해 물질에 대한 욕심은 그 강렬함이 매우 낮은 수준이긴 하지만 지속적으로 추구할 수 있어 많은 사람들이 택하는 방법이다. 앞에서 우리는 인간의 욕심은 한이 없다고 했다. 왜 그럴까? 왜 인간들은 자신이 다 쓰지도 못할 돈을 벌겠다고 발광을 할까? 그 돈 많다는 재벌들 정도면 더 안 벌어도 될 것 같은데 왜 회사를 더 크게 만들고 그게 안 되면 괴로워하고 절망에 빠져들까? 다시 말해 인간들이 끝도 없이 가지려고 하는 욕심을 어떻게 설명할 수 있을까?

인간이 이렇게 끊임없는 욕심을 부리는 것은 절대 고독에서 벗어나려 하고, 유한한 자신을 불멸의 존재로 만들려고 노력하는 것의 변질된 형태인 것으로 보인다. 앞에서 말한 바와 같이 인간은 자신과 외부 사이에 엄청난 공간이 있는 것을 발견하고 자신은 전체의 입장에서 볼 때 극히 미약한 부분이라는 것을 깨닫게 된다. 이를 통해 자신의 유한성을 깨닫게 되는데 그는 이 공간을 메우면 자신이 극히 작은 부분이라는 사실에서 벗어나 전체가 될 것이라는 착각을 한다. 이 공간을 다 메우고 전체가 되면 자신은 고독에서 벗어남은 물론 유한성에서 탈피할 수 있다고 생각하기 때문이다. 그렇게 만 된다면 그는 불멸의 존재가 되어 영원히 생존할 수 있게 된다. 그래서 더 이상 필요없는 데도 돈을 자꾸 벌어댄다. 돈이 많아질수록 자신의 유한성이 그만큼 극복된다고 생각하는 것이다. 그래서 돈은—혹은 황금은—불멸에 대한 세속적인 상징으로 보인다. 기실 헉슬리도 인간이 금을 좋아하는 것은 영원성에 대한 세속적인 추구라고 갈파했다. 자신의 유한성을 깨닫고 불멸하는 것을 찾다가 금을 발견한 것이다. 금이란 광물은 그 찬란한 빛과 더불어 변하지 않는 성질 때문에 영원한 것으로 간주되어 인간들이 자신도 모르게 좋아하게 된 것이리라.[7]

그런데 문제는 인간의 이러한 세속적인 시도가 한 번도 성공한 적이 없다는 것이다. 자기 자신과 세상 사이에 놓여 있는 공간은 심리적 공간이기에 이것을 물질로 메울 수 없기 때문이다. 정신이나 영혼의 문제를 물질로 해결하려는 것은 어리석기 짝이 없는 일이다. 인간이 돈을 아무리 많이 벌고, 아무리 큰 회사를 갖고 있으며, 조직을 아무리 크게 갖고 있은들, 그가 고독하고 유한한 존재라는 사실은 전혀 변하지 않는다. 그러나 이런 사정을 모르는 거개의 사람들은 무조건 돈을 더 벌려 하고 조직을 키워 나가는 등 '더 많이, 더 크게, 더 높이' 라는 공식에 걸려 자신과 주위를 괴롭게 만든다. 자신의 유한성을 극복할 수 있는 방법은 모르겠고 유한성 속에서 허전함뿐만 아니라 허무에 직면해 있는 자신을 구원할 방법이 없으니 무작정 물질에만 매달리는 것이다. 이와 같이 인간들은 이 제2단계에서 자신이 느끼는 궁극적인 문제를 풀어 보려고 하지만 인간들이 하는 시도는 그것이 물질적인 것이라면 모두 실패하게 되어 있다. 그러면 우리 인간들은 이 난국에서 어떻게 벗어날 수 있을까?

이른바 구원의 영역 – 제3단계

　인간이 창안한 모든 종교들이 다 마찬가지이지만 특히 불교나 기독교 같은 '세계종교'는 인간이 처한 실존의 곤혹을 풀 수 있는 구체적인 방법을 제시했다. 이른바 구원의 영역, 즉 3단계로 가는 방법이다. 2단계에서 생겼던 문제의 근원에는 자아 혹은 자아의식이 있었다. 모든 문제의 근원은 이 자아에 있었던 것이다. 그런데 거개의 인류들은 앞에서 본 것처럼 이 자아를 확대해서 자아의 유한성을 극복하려 했고 지금도 대부분의 인류는 그렇게 하고 있다. 이와 같은 자아 중심적인 시도가 모두 실패로 돌아갈 것이라고 인류에게 본격적으로 알린 것은 불교나 기독교 같은 세계종교였다. 이 종교들은 우리 인류에게 유한을 모아 무한을 만들려는 모든 자아 중심적인 시도를 단념하고, 이 문제 많은 이원론적인 자아를 초월혹은 소멸하라고 가르쳤다.

　다시 말해 자아를 넘어서라는 것이다. 그렇지 않고서는 어떤 해결도 있을 수 없다고 주장했다. 우리가 불멸의 존재가 되려면 필멸의 현재 자아를 없애거나 초월해야 한다는 것이다. 그러면 원래부터 있는 궁극의 절대 실재와 하나가 될 수 있다. 이것이야말로 진정한 구원의 길인데, 그 절대 실재가 신이든 도이든 하늘이든 이것과 하나가 되어야 인간의 진화가 완성되는 것이다. 따라서 인간은 자신을 완성시키려면 2단계를 넘어서서 3단계로 가지 않으면 안 된다. 그런데 거개의 인류는 이 3단계로 가는 길이 너무 어렵다고 생각하거나 정확한 지식이 없어 가지 못하고 그냥 2단계에 머물면서 앞에서 본 것처럼 성공할 수 없는 시도만 되풀이하고 있는 실정이다.

　이 3단계로 가는 길에 대해서 이 지면에서 상세하게 전체를 볼 수는 없지만, 논지의 전개를 위해 극히 간략하게나마 살펴보기로 한다. 자아를 초월하는 법에 대해 세계종교들이 제시한 것은 신기하게도 일치한다_{그래서 종교는 하나라고 할 수 있다!}. 자기 아닌 이웃에 대한 무조건적인 사랑_{그리고 용서}과 지혜의 연마_{혹은 명상 수련}가 그것이다. _{예수 등이 설하는} 진정한 사랑은 자아 혹은 자아의 식이 털끝이라도 남아 있으면 가능하지 않는 법이다. 기독교의 사랑은 신에 대한 완전한 복종을 통해 자기가 갖고 있는 모든 것을 남에게 내어주는 것이다. 이때 자의식이 남아 있으면 제동이 걸리는데 이렇게 해서는 진정한 사랑을 할 수 없다. 그것은 아직 신에게 완전 조복調伏을 하지 않았다는 표시이다.

불교도 다르지 않다. 붓다의 『전생록_{Jataka}』을 보면 그가 얼마나 자신을 포기하고 보시하는 데에 철저했는지 알 수 있다. 불교에서 말하는 자비는 동물에게까지 확장하니 그 강도는 상상을 절한다. 불교에서는 자비와 더불어 지혜의 연마를 매우 중시한다. 명상 수련이나 경전의 학습을 통해 깨닫고자 하는 것은 자아 소멸 방법이나 이 우주가 생긴 이치 혹은 운용되는 법칙과 같은 것이다. 그래서 이 문제 많은 자아란 집착할 대상이 아니라 넘어서야 한다는 것을 지적으로 깨닫게 만드는 것이다. 불교나 힌두교 같은 인도 종교에서는 우리가 생각하는 자아가 사실은 허상이라고 보고, 명상을 통해 이것을 깨달으면 해탈할 수 있다고 가르친다.

이 주제에 대한 설명은 에서 마치고,[8] 이 3단계가 우리 인류가 지향해야 할 목표라면 왜 인류는 이 문제 많은 2단계를 거쳐야만 할까? 그것은 3단계라는 궁극적인 단계가 2단계를 통하지 않고서는 도달할 수 없는 단계이기 때문이다. 이것은 절대로 바뀔 수 없는 법칙이다. 1단계, 즉 동물의 상태에서 초월의 상태인 3단계로 가는 것은 아예 불가능하다. 반드시 2단계를 거친 다음에야 3단계로 올라갈 수 있는 것이다. 따라서 이 맥락에서 보면 2단계가 존재해야 하는 이유란 3단계로 가는 중간 단계로서가 아니면 없다고 해야 한다. 2단계는 문제만 있는 단계이기 때문에 그 자체로서는 의미가 전혀 없다는 것이다. 그런데 문제는 3단계의 존재를 모르는 거개의 사람들은 종교인들을 포함해서 2단계에서 모든 것을 해결하려 한다는 것이다. 이것은 다시 말해 2단계에 있으면서 3단계를 꿈꾸는 것이다. 불멸과 자유라는 3단계의 속성을 2단계에서 실현하려고 인간들은 온갖 짓을 마다하지 않는다. 그것이 바로 황금에 대한 무조건적인 욕망, 자신이나 자신의 조직을 무한대로 확장하려는 필패必敗의 의지 등으로 나타나는 것이다. 인간 사회의 최대 비극은 여기서 비롯된다. 절대로 성공할 수 없는 바벨탑 쌓기를 평생토록 계속하기 때문이다.

이제 우리는 이러한 분석의 틀을 가지고 한국 종교계를 살펴보아야 한다. 과연 한국 종교계가 3단계의 존재를 알고 있는지 어떤지, 그리고 이 3단계의 존재를 알고 있다고 하더라도 그 단계를 지향하고 있는지 면밀하게 분석해 보아야 한다. 이때 말하는 3단계의 속성을 통칭해서 말한다면 영성 지향이라고 말할 수 있을 것이다. 영성이란 인간의 자아 중심적인 성향을 극복 혹은 초월하려는 종교적인 성향을 말한다. 2단계가 문제로 가득 차 있다는 것을 확실하게 파악하고 그것을 해결하고자 상위 단계를 절급하게 바라면서 가까이 가려는 시도가 영성으로 나타나는 것이다. 그래서 만일 한국 종교계가 영성의 단계를 지향하고 있는 것으로 판명되면 그들은 물질주의를 넘어서려는 노력을 하고 있는 것이고, 그렇지 않고 2단계에 머무르고 있으면 필멸의 물질이나 허망한 팽창의 의지로써 불멸을 해결하려는 공허한 시도만 하고 있는 것으로 판단할 수 있다.

3. 본설 : 한국 종교계의 비종교적인 모습[9]

한국 종교계에 종교성^{영성}이라는 것이 존재할까?

본설을 단도직입적으로, 즉 '과연 한국 종교계에 종교성^{영성}이 존재하는 것일까' 라는 직설적인 질문을 던지는 것으로 시작하고자 한다. 이 질문에 대한 대답으로 나는 한국 종교계는 영성이 대단히 빈약하다고 판단을 제시한다. 왜냐하면 영성이 강하다면 한국 종교계가 이렇게 물질 중심^{혹은 唯一}주의로 갈 수가 없기 때문이다. 영성이 약하면 물성은 강해지는 법이고 이것은 만고의 진리이다. 한국 종교계의 물성에 대해서는 굳이 사회과학적인 분석도 필요없을 게다. 그 드러남이 워낙 강하기 때문이다. 한국 종교계는 모든 관심사가 돈이 중심이 된 물질의 추구, 그리고 자기 팽창에만 쏠려 있다. 그렇지 않고서야 수많은 세계적인 기록을 가진 개신교의 현상을 설명할 길이 없다. 세계 최대 교회가 있는 나라, 세계 최대 장로교회와 감리교회가 있는 나라, 세계 10대 교회 중 반 이상이 있을 뿐만 아니라 세계 50대 교회의 반 이상이 존재하는 나라, 밀도상으로 교회가 세계에서 가장 많이 있는 도시^{군산}가 있는 나라 등등 한국 개신교계가 보이는 이러한 물적인 팽창을 어떻게 이해할 수 있을까? 이 성향을 가장 집약적으로 보여 주는 것이 조용기 목사의 삼박자 축복일 것이다.* 이 축복은 물질의 축복이나 건강 유지 등과

---

*이것을 더 구체적으로 정리하면 오중(五重) 복음과 삼중(三重) 구원으로 표현하기도 한다. 오중 복음이란, 구원(중생)의 복음, 성령 충만의 복음, 신유의 복음, 축복의 복음, 천국과 재림의 복음을 말하고 삼중 구원은 오중복음의 실천 면으로 '영혼이 잘됨'과 '범사에 잘되고', '강건하기를(질병에서의 해방)' 을 의미한다.

같이 지극히 현세적인 것으로만 구성되어 있다. 여기에는 기독교의 핵심 정신인 이웃을 사랑하는 것이나 사회 정의를 실천하는 것에 대한 배려가 일절 없다. 그저 나와 내 가족이 물질적으로 잘 되는 것을 바랄 뿐이다. 이러한 성향은 한국에 있는 대형 교회에서 일관되게 발견되는 모습이다. 만일 한국의 기독교인들에게 영성이 있다면, 사랑과 정의에 대한 관심이 이렇게 없을 수 없다.* 그러나 역설적으로 다른 종교와 비교해 볼 때 사랑과 정의에 관심을 갖고 있는 종교인은 상대적으로만 보면 개신교에서 가장 많이 눈에 띄는 것 같다. 그것은 아마도 개신교도가 지니고 있는 영성의 스펙트럼이 다른 종교보다 더 넓기 때문으로 생각된다. 한마디로 개신교는 다른 종교보다 '타락한' 사람도 많고 '영성'이 높은 사람도 많다는 것이다.

비슷한 점은 개신교도들의 무리한 해외 선교에서도 발견된다. 주지하다시피 한국은 전 세계에서 미국 다음으로 해외에 선교사를 많이 보내는 나라이다. 많이 보내는 것에 그치지 않고 이슬람권만을 겨냥하는 등 매우 무모한 선교를 하기도 한다. 한국의 개신교도들은 이슬람 원리주의자로 가득 차 있을 뿐만 아니라 전쟁 중인 아프가니스탄과 같은 여행 금지 국가에서 수천 명씩이나 행진할 계획을 세웠는가 하면, 결국 개 교회에서 보낸 선교단이 납치되어 그 일부가 생명을 잃는 파행까지 겪게 된다. 한국 기독교인들은 왜 이런 무리에 무리를 거듭하면서 해외 선교에 열중하는 것일까? 여기에는 많은 설명이 있을 수 있겠지만 종교심리학적으로 분석해 보면 이것은 한국

---

*나는 개인적으로 어떤 기독교도가 이 두 가지 면에 관심이 없다면 그를 기독교인으로 간주하지 않는다. 자신이 믿는 종교의 핵을 실천하고 있지 않기 때문이다. 그러나 조금 양보해서 두 가지 중에 하나만이라도 관심을 가지고 있다면 그는 기독교인이라고 말할 수 있을 것이다.

기독교계의 자아 팽창에 대한 처절한 욕구에서 비롯된 것으로 보인다. 한마디로 기독교인들의 내면이 비어 있다는 것이다. 만일 한국 기독교계가 진정한 영성을 향하고 있고 내실이 있다면 이렇게 자아 팽창에 매달리지 않을 것이다. 자신의 속이 허하니까 그것을 감추기 위해 더욱 더 외적으로 치닫는 것이다. 그 내면의 허함의 정도는 밖으로 치닫는 정도와 정비례한다. 따라서 한국 기독교계가 이런 어이없는 선교를 하는 것은 그들의 내면이 그만큼 공허하다는 것을 뜻한다.

그런가 하면 그들의 선교 의식은 오만의 극치를 달린다. 그들에게는 타종교에 대한 배려나 존경감이 없다. 타종교는 무조건 타도 대상이다.** 진리는 자신들만 독차지하고 있다는 아무 근거 없는 확신에 매달려 있다. 만일 그들이 이슬람교를 이웃종교로서 인정하고 공생하기로 생각했다면 수 년 전에 아프가니스탄에서 저와 같은 무리한 선교는 하지 않았을 것이다. 다시 말해 그들이 진정한 영성을 가진 사람들이었다면 다른 신앙을 가진 사람들을 저런 식으로 무시할 수 없는 일이라는 것이다.

영성이 높은 사람들은 세상 모든 것에 대해 존경감을 갖고 경이감을 갖는다. 그리고 아무리 나쁜 일을 한 사람이라도 원망하지 않는 게 영성 강한 사람들의 태도이다. 그래서 예수는 7번씩 70번을 용서하라고 한 것 아니겠는

** 몇 년 전 유명한(?) 목사 중 한 사람인 장경동 목사가 '내가 경동교를 만들지 않은 것처럼 석가모니도 불교를 만들어서는 안 되었다'는, 무식한 발언이라고 하기에도 단어가 아까운 오만방자한 발언을 한 것이 그 비근한 예라 하겠다. 이런 발언이 「기독교 방송」이라는 언론 매체를 타고 공개적으로 나왔다는 데에서 개신교들이 배타적이고 폐쇄적인 타종교관을 알 수 있을 것이다. 뿐만 아니라 그 목사가 개신교회에서 대단히 인기가 있다는 것은 한국 개신교도들의 수준을 알 수 있게 해 준다.

가? 그런데 자신에게 아무 위해도 가하지 않은 타종교 사람들을 증오하고 멸시하는 것은 한국 개신교도들이 내면적으로 갖고 있는 영성이 얼마나 빈 약하고 왜곡되어 있는가를 보여 준다. 재미있는 것은 사정이 이렇다는 것을 그들도 아는 것 같다는 것이다. 의식적으로는 모르는지 몰라도 무의식으로 는 아는 것 같다. 다시 말해 그들은 겉으로는 환호작약하고 있지만 마음 깊 은 곳에서는 무엇인가 잘못되었다는 것을 알고 있는 것 같다는 것이다. 그 렇지 않고서야 어떻게 저렇게 해외 선교에 열을 올릴 수 있을까? 이것은 내 면이 너무나 공허하니까 끝없는 팽창으로 자신의 신앙이 맞는다는 것을 스 스로에게 증명하려고 하는 것으로 이해할 수밖에 없다. 속이 허하면 허할수 록 더 밖으로 치닫는 법인데 이것은 밖으로라도 과시하지 않으면 자기 스스 로가 지탱할 수 없기 때문이다.

이와 같은 영성의 빈약성은 불교계에도 엇비슷하게 나타난다. 물론 지금 도 깊은 산사에서는 치열하게 수도를 하는 극소수의 승려들이 있겠지만, 겉 으로 드러나 보이는 한국 불교의 모습은 대체로 '불공 장사'와 '사찰 확장 공사'이다. 승려들은 거개가 수도자 쪽보다는 사제가 되어서 신도들의 복 을 대신 빌어 주는 불공 장사를 하고 있다. 승려들이 사제가 되니 그들은 자 연스럽게 특수 계층이 된다.* 그래서 그들은 거의 유일하게 자신을 알릴 때 '스님'이라는 경칭을 쓴다.** 또 언론 같은 데에 보도될 때에도 반드시 스

---

*특수 계층도 보통 특수 계층이 아닌 것이, 그들은 세상에 있는 사람들 가운데 유일하게 신 도로 하여금 자기에게 인사할 때에 세 번 절하라고 가르치는 사람들이다. 우리는 부모에게 도 생존 시에는 한 번, 타계 시에는 두 번만 절을 하는데 이것과 비교해 생각해 보면 이들은 자신들을 우리들의 부모보다 더 공경하라는 것으로 이해된다. 그런데 그들은 과연 어떤 근 거로 우리들의 부모보다 더 공경을 받을 수 있는 것일까?

님이라고 써야 한다. 신부도 목사도 언론에 보도될 때에는 그냥 '○○○ 신부' 혹은 '○○○ 목사' 이지 '신부님' 혹은 '목사님' 이라고 부르거나 쓰지는 않는다. 이와 같이 승려들은 자신들이 특수한 사람이라고 생각하니 그들이 하는 일은 모든 게 성역화되어 있다. 그래서 그저 머리 깎고 먹물 옷을 입었다는 것 하나만으로 사회에서 성스러운 사람으로 대접하기를 요구한다. 그런데 승려를 키우고 득도시키는 그들의 교육 체제는 제대로 알려져 있지 않고, 사회인들이 그것을 알고 있다 하더라도 간섭할 수도 없다. 그저 자기들끼리 머리 깎고 먹물 옷 입히면 승려가 되는 것이고 사회는 무조건 그들을 '스님'이라고 부르며 존경해야 한다. 그러나 그들의 교육 체제는 범사회적으로 전혀 검증받은 적이 없다.

이것은 개신교도 별반 다르지 않다. 아무나 신학교를 세워서 학생들을 모집해 목사 안수 주면 그는 목사가 되는 것이고, 사회는 그를 목사로 대접해 주어야 한다. 그런데 정확한 숫자를 잘 알지 못하지만 200개 내외로 추정되는 신학교 가운데 교육부의 인가를 받은 학교가 1/10도 안 된다는 것은 잘 알려진 이야기이다.*** 이런 면에서 상대적으로 볼 때 모범적인 예는 가톨릭이나 원불교일 것이다. 이 두 종교에서는 교육부에서 인정받은 학교에서만 성직자를 교육시키기 때문이다. 그런데 이렇게 정식 교육 기관에서 제대로 교육을 받고 배출된 성직자라 하더라도 그 자질 문제는 어제 오늘의 이야기가 아니다. 그렇다면 이 정도라도 기본을 갖추지 못하고 있는 불교나

** 자신을 'OO 스님' 이라고 소개하는 것이 그것인데 이것은 일반적인 어법과는 맞지 않는다. 내가 내 자신을 소개할 때 '최준식 교수님' 이라고 할 수는 없지 않은가?

*** 인가 받은 신학교일지라도 정원 외의 학생을 다수 받아들여 그들에게도 모두 목사 안수 주는 것 역시 언급되어야 한다.

개신교의 성직자 교육 체제는 얼마나 문제가 많을지 충분히 예상할 수 있지 않을까?

　다시 불교로 돌아와서, 승려들이 이와 같이 스스로를 한껏 높여 놓았으니 신도들은 그들의 일에 관여할 수가 없다. 예를 들어 그들이 문화재 관람료를 받아 어디다 어떻게 쓰든지 일반 신도들은 상관할 수 없다. 또 그들은 신도들과는 다른 데에서 다른—더 나은—밥을 먹고 법당을 들어갈 때에도 다른 문으로 들어가고 완전히 다른 데에서 잠을 자는 등 일반신도들과는 다른 세계에서 살고 있다. 그래서 이 글의 맨 앞에 인용한 사례에서처럼 어떤 승려가 포르세 같은 재벌 2세나 타는 차를 타면서도 아무 부끄러움이 없는 것이고, 그것을 보는 신도들도 그리 이상하게 생각하지 않는 것이다.* 한마디로 그 승려에 그 신도들이다.

　현재 한국 불교의 깨달음혹은 영성의 수준을 가늠하기 위해 승려들을 일일이 다 검증할 수는 없는 일이다. 그러나 방법이 없는 것은 아니다. 진리영성에 대한 갈구는 미적인 감각과 윤리의 실현으로 나타나는 법이다. 진진리·선윤리·미미학는 일체가 되어 움직이기 때문이다. 진리에 대한 갈구가 강한 사회에서는 높은 미 감각이 보이고 윤리 의식도 높아진다. 영성이 풍부한 사회에서는 불세출의 종교예술품이 나오는 법이다. 이에 관한 예를 들기 위해 멀리 갈 것도 없다. 근세 이전의 한국 종교사에서 가장 뛰어난 사람을 꼽으라면 원효를 드는 데에 반대할 사람이 없을 것이다. 원효가 얼마나 뛰어

---

*불교의 율장에 의하면 승려들은 돈을 소유할 수도 없고 만질 수도 없는 것으로 되어 있으나 이 계율이 실제로 얼마나 지켜졌는가는 알 수 없다. 그러나 동남아 불교에서는 명목상이나마 이 계율을 지키려고 한다고 한다.

난 종교가였는가를 알려면 종교 예술적으로 볼 때 원효가 살았던 시대와 비슷한 시기에 어떤 일이 벌어졌는가를 보면 된다.

신라는 통일을 전후하여 최고 전성기를 맞이하는데, 이때에 한국사상 최고의 석탑으로 간주되는 석가탑이 만들어졌고, 세계 유일의 인조 석굴인 석굴암이 건축되었으며, 세계에서 가장 아름다운 소리를 낸다고 여겨지는 에밀레종이 주조되었다. 이것만 보아도 당시의 종교 예술품들의 수준을 알 수 있다. 한마디로 세계 최고의 수준인 것이다. 이것은 그대로 당시 신라의 깨달음 수준을 보여 준다. 그리고 그런 분위기에서 원효라는 최고의 종교가가 나온 것이리라물론 원효는 이런 예술품보다 백여 년 전의 사람이었다. 그런가 하면 윤리 수준도 나름대로 높았던 것으로 판단된다. 화랑도의 예에서 알 수 있는 것처럼 귀족들이 자기 자식부터 솔선해서 전쟁에 참여시킨 것은 한국 역사에서 그리 흔하게 보는 광경은 아니다.

이것을 빗대어 현금의 한국 불교계를 보면, 최근에 만들어진 것 가운데 높은 영성을 보여주는 종교 예술품들은 거의 발견되지 않는다. 건축이 그렇고 불상이 그렇고 탑이 그렇다. 높은 정신을 담아 내지 못하니까 규모로 승부를 보려고 한다. 무조건 큰 불상을 만들겠다고 하고, 무조건 큰 법당을 짓겠다고 야단들이다. 그리고 무작정 많이 지으려고 한다. 그것도 시대정신을 담지 않은 채 조선 후기의 건축을 그대로 답습해 짓는다. 건축을 하면서 아무 생각이 없다. 아무 생각이 없으니 이 시대에 맞는 새로운 건축을 창안하지 못하고 조선 후기 것을 그대로 모방하는 것이다. 그렇게 무식하게 건물을 짓다 보니 이때 자행되는 자연 파괴는 실로 심각한 지경이다. 그런데 절 주위의 아름다운 자연을 그렇게 망쳐 놓고도 정작 본인들은 무엇이 잘못됐는지 모른다. 게다가 아름다운 예전 것들을 가만 두면 좋으련만 개수한다고 손을 대는데 이들이 손만 대면 그 건축물들은 다 망가진다.* 이런 의미에서 천성산 터널 공사를 반대했던 비구니는 집안에서 벌어지는 자연 파괴에 대해 먼저 경종을 울렸어야 했다. 이런 무분별한 불사도 문제이지만 절 근처의 환경도 문제이다. 많은 절을 다녀보지만 깨끗해서 진실된 도량처럼 느껴지는 절은 손가락으로 꼽을 정도다. 한마디로 절 주위가 너절하기 짝이 없고 산만해 마음이 모아지지 않는다. 그런 환경 속에서는 참선을 포함해서 어떤 명상도 되지 않을 것이다.

절의 모습은 그 절에 사는 승려들의 깨달음 수준을 있는 그대로 보여 준다. 그리 소용되지도 않을 건물을 짓느라 불사를 크게 일으키는 것이나, 절이 도량이라고 하기에는 주위 환경이 너무 열악한 것이나, 또 예술적으로 걸작 하나 내지 못하는 현상을 통해 우리는 현대 한국 불교의 영성의 수준을 짐작할 수 있다. 이런 현상은 말할 것도 없이 영성이나 깨달음의 수준이 아주 저급할 때에나 나오는 것이기 때문이다.** 한국의 불교도들도 개신교와 마찬가지로 텅 빈 속을 달랠 길이 없어 '건물 더 크게 짓고 신도 더 많이 늘리고 더 많은 시주 받고'의 공식으로 나간 것이다.

이와 비교해 볼 때 천주교의 경우는 상대적으로 나은 것처럼 보인다. 이웃 종교와 조화를 이루며 살 뿐만 아니라 불우한 이웃을 돕는 데에도 많은

---

* 이에 대한 예는 수도 없이 들 수 있는데 비근한 예는 해인사의 구광루 같은 것이다. 이 건물은 대단히 아름다운 건물이었는데 어느 날 승려들은 이것을 헐고 무술 영화의 세트장에나 쓸 것 같은 건물을 지어놓았다.

** 저급한 정도가 아니라 어떤 때는 세속의 조폭을 연상케 하는 폭력 행사도 서슴지 않는 경우도 있었다. 그 예로 안거 중인 해인사 승려들이 가야산 거대좌불 공사를 반대한 수경 비구의 거처를 습격해 기물을 부숴 버린 사건을 들 수 있겠다.

성직자들이 앞장서고 있기 때문이다. 게다가 장례 의례와 같은 경우에서 보이는 것처럼 신자들에 대한 서비스 정신도 비교적 강해 보인다. 최근 몇 년간 신자 증가율이 40%라는 경이로운 기록을 보인 것도 이러한 교단의 노력에 힘입은 바가 클 것이다. 그러나 그렇다고 해서 천주교의 영성 수준이 월등하게 높다고 할 수는 없을 것 같다. 이것은 앞에서 예시한 것처럼 천주교 역시 종교 예술적으로 걸작들을 산출하지 못하고 있기 때문이다. 지금 전국에 깔려 있는 성당 중 후세에 물려 줄 만한 것이 몇 개나 있을까? 천주교 전교 초기에 만들어진 명동 성당이나 전주의 교동 성당 등과 같은 아름다운 성당들이 요즘에 만들어진 적이 있는가? 지금은 이전보다 경제적인 사정이 훨씬 더 나은데 왜 그런 좋은 작품들을 만들어내지 못하는 것일까? 이것 역시 현재 천주교도들의 영성이 이전보다 떨어지기 때문에 생긴 현상일 것이다. 불교나 개신교보다는 덜 하지만, 천주교도들도 영성이 충분히 높다고는 결코 볼 수 없다는 것이다. 만일 천주교도의 영성이 높았다면 조용했던 천진암을 완전히 까뒤집어 100년에 걸쳐 거대 성당을 만드는 작업을 가만 보고 있었을 리가 없지 않았을까. 하기야 한국 사회 전체가 극히 물질적으로 굴러가고 있는데 천주교라고 그 거대한 물결에서 벗어날 수는 없었을 것이다.

위에서 말한 것은 신종교인 천도교나 원불교에도 그대로 적용될 수 있다. 다시 말해 이들 종교에서 영성 혹은 종교성이 잘 보이지 않는 것은 기성 거대종교들과 다르지 않다는 것이다. 이런 공통적인 문제점과 더불어 이 신생종교들이 지닌 문제점들을 아주 간단하게 보자. 우선 천도교는 일제기에 실세 종교leading religion로서 향유했던 그 위력을 찾을 길이 잘 보이지 않는다. 이것은 민족의 입장에서 대단히 애석한 일이지만 천도교단 안에는 재도약할 수 있는 그런 기운이 잘 보이지 않으니 어쩔 수 없는 일이다. 외견상 천도교는 융성했던 과거에 힘입어 다만 지속하고 있을 뿐인 것으로 보이지 변화나 개혁의 흐름은 관찰되지 않는다. 천도교는 총체적이고 기본적인 데에서 문제가 있는 것으로 보이기 때문에 여기서 상세하게 논할 필요는 없을 것 같다. 다시 말해 천도교는 지적할 것이 너무 많기 때문에 어디서부터 어떻게 말을 시작해야 할지 모르겠다는 것이다.

이와 비교해 볼 때 원불교는 종교로서 진용을 잘 갖추고 있다. 우리 민족이 산출해 낸 종교 가운데 유일하게 '한국의 4대 종교' 안에 들어간 것도 그런 모습을 잘 보여 준다고 하겠다. 또 우리나라 종교 가운데 유일하게 미국에 주정부 인가 대학원 대학을 세운 저력을 갖고 있는 것도 원불교이다. 이것은 원불교보다 훨씬 큰 교단인 조계종도 하지 못한 대단한 일인데, 한국 사회에 그다지 알려져 있지 않다. 원불교는 이렇게 일을 조용하게 하기 때문에 그 실력을 십분 인정받지 못한다는 느낌이 든다. 그러나 원불교를 대할 때마다 항상 드는 생각은 '그렇게 좋은 교리를 가지고 왜 그것밖에 못하나.' 하는 것이다. 그래서 그런지 개인적으로는 마치 천도교가 과거 영광의 힘으로 버티듯이 원불교는 교주인 소태산 대종사의 카리스마적인 법력으로 견디고 있다는 느낌을 받는다. 이것은 원불교의 신자가 좀처럼 늘어나지 않는 것으로 알 수 있는데, 지금과 같은 체제로 계속 간다면 원불교는 지금의 군소종단에서 결코 벗어나지 못할 것으로 생각된다.

천도교나 원불교 같은 민족종교들도 많은 문제에 직면해 있지만 그 가운데 가장 심각한 것을 꼽으라면 아무래도 근대성의 부족이라고 할 수 있을 것 같다. 쉽게 말해서 이 두 종교는 아직도 전근대에 머물고 있다는 느낌이라는 것이다. 이 모습을 여러 가지로 설명할 수 있지만 단도직입적으로 보면 교회나 교당 밖은 21세기인데 안으로 들어오면 1960~70년대가 되어 버린다는 것이다. 이에 대한 자세한 설명은 뒤에 발표되는 각론에 맡기는 게 좋겠지만 아주 간단하게 보면, 교회 건물의 디자인이나 실내 인테리어, 또 의례가 진행되는 모습이나 성가 같은 것들의 그 내용이나 형식이 아무리 후하게 쳐도 1970년대를 못 벗어나고 있는 것 같다. 이것은 이 두 종교에서 신도들, 그 중에서도 젊은 신도들이 거의 증가하지 않는 것을 통해서도 알 수 있지 않을까? 이 두 종교의 젊은 신자들은 대부분 부모를 따라 입교한 사람들이다. 자기가 자발적으로 이들 종교에 반해 신자가 되는 젊은이들은 찾아보기가 힘들다. 만일 사정이 그렇다면 이 두 종교는 선교 수준이 거의 제로라고 보아야 할 것이다. 이렇게 된 이유 중에 가장 큰 것은 앞서 말한 대로 이 종교들이 교리는 훌륭해도 그 표현 방식이 시대에 뒤쳐져 있기 때문일 것이다. 그런데 종교는 교리만큼이나 그 표현도 중요하다. 표현이란 건축, 그리고 음악 등으로 나타나는 의례의 세련도 등을 말하는 것으로 세계적인 종교일수록 이런 장르에 대한 표현 방법이 극도로 발달해 있는 것을 알 수 있다. 그것은 그러한 표현이 바로 그 종교가 지닌 영성의 높이와 깊이를 말해 주기 때문이다. 그런데 천도교나 원불교는 이러한 표현에서 낙후되어 있다고 보지 않을 수 없다. 물론 이 면에서 상대적으로 원불교가 천도교보다 꽤 앞선 것으로 생각되지만 전반적으로 영성의 빈곤은 그 맥을 같이 하는 것으로 보인다. 특히 원불교는 이제 생긴 지 100년도 안 된 종교인데 벌써 노화되었다는 느낌을 지울 수 없다. 어린 종교라면 기성의 큰 종교와 각축하기 위해 보다 더 창조적이고 파격적으로 나서야 할 터인데 벌써부터 시대에 뒤쳐져 있으니 문제라는 것이다. 이러한 세세한 문제들은 아마 각론에서 상세하게 다루어질 것으로 믿는다.

이렇게 해서 한국의 종교들을 주마간산 격으로 일별해 보았는데 한국 종교들의 비종교적인 모습이 서로가 조금씩 다르긴 해도 영성 혹은 종교성의 결핍이라는 면에서는 일치를 보이는 것 같다. 이렇게 볼 수밖에 없는 이유는, 만일 한국 종교가 제 역할을 하고 있다면 한국 사회가 이렇게 삭막하고 각박하게 돌아가지는 않을 것으로 생각되기 때문이다.* 사람이 지니고 살아야 할 가치 중에 사랑 혹은 자비, 그리고 지혜가 가장 중요하다고 가르치는 종교를 믿는 사람들이 인구의 절반을 차지하고 있는데 우리 사회는 완전 정반대로 돌아가고 있으니 그렇다는 것이다. 이것은 앞서 말한 대로 한국에 있는 종교들의 영성이 심히 빈약하기 때문에 생긴 현상이리라. 영성이 빈약하니 그 대신에 물성만 커지고 있다. 그래서 종교들이 높은 덕을 닦으려고 하기는커녕 세속보다 더 물질을 밝히고 무조건 더 큰 것만 지향하는 확대 재생산에만 골몰한다. 사정이 이렇다면 불교나 기독교처럼 고등종교를 믿는 현대의 한국인들이 왜 이렇게 영성이 빈약하게 되었을까를 묻지 않아도 알 수 있을 것 같다.

*한국 사회가 사람 살기에 그다지 편한 곳이 아니라는 것은 여러 징표로 말할 수 있다. 항상 적을 만들고 편을 가르는 분열주의와 상대방의 어떤 입장도 인정하지 않고 모든 잘못은 남에게 있다고 하는 남탓주의 등 한국 사회의 매정함은 도가 지나치다. 그래서 세계를 이끌고 있는 30개 국 가운데 한국인들의 행복지수가 25위라는 하위에 그치는 것이리라. 이 인용에서 헐버트가 무교를 한국인의 주요 종교로 꼽은 것은 혜안이라고 할 수 있지만 '한국인이 불교식으로 사고한다'는 지적은 동의할 수 없다. 당시 거개의 한국인들에게 불교는 수준 높은 철학을 가진 종교가 아니라 무교와 같은 또 다른 형태의 구복 수단이었을 것이기 때문이다.

현대 한국인의 영성^{혹은 가치관}을 결정한 종교: 무교와 유교를 중심으로

앞에서 현대 한국인들은 종교 신앙 여부를 막론하고 영성을 향한 정향성 orientation이 약해 보인다고 했다. 한국인들은 이런 성향 때문에 초세간을 지향하는 기독교나 불교를 신봉해도 영성적인 곳을 향하기보다는 그 반대인 현세를 중시하는 물성 쪽으로 기운다. 그런데 한국인들이 종교를 신봉할 때 영성 쪽보다는 물성 쪽을 향하고 있다는 것을 어떻게 알 수 있을까? 그것은 그들의 종교 심리를 분석해 보면 알 수 있을 터인데 이 과제의 수행을 위해 현대 한국인들의 가치관이나 세계관을 결정한 종교를 검토해 볼 것이다.

이 주제에 대해서는 필자가 다른 지면을 통해[10] 누누이 밝힌 것이라 여기서는 이 글의 주제와 관계되는 것만 추려서 간단하게 보기로 하자. 대부분의 한국인이 지닌 영성 혹은 가치관을 결정한 종교는 말할 것도 없이 무교巫敎, 샤머니즘와 유교이다. 우선 무교를 보면, 필자는 여러 기회를 통해 무교는 한국인의 의식구조에서 가장 기저를 이루고 있는 종교라고 주장했다.** 전근대 시대의 한국 문화는 상층의 귀족들이 향유하던 엷은 층의 엘리트 문화를 제외하고 나면 거개가 무교와 직간접으로 연결되어 있는 것을 알 수 있다. 이것은 당시에 기층문화를 구성/구현하고 있던 계층의 주요 신앙이 무교였던 데에서 비롯된 현상으로 생각된다. 거개의 민중들은 일상생활을 하면서 직면하는 여러 문제들을 무교에 의존해서 풀려고 했다. 그들이 언제라도 가까이 갈 수 있는 사제는 무당이었다. 한마디로 그들에게 무당은 영적 상담가psychic counselor였다. 이 점은 한말에 한국을 방문한 미국 선교사들도 지

** 『무교, 권력에 밀린 한국인의 근본 신앙』(모시는사람들, 2009)

적한 바 있는데 하도 많이 인용되는 것이라 재론하는 것이 생경할 지경이다. 헐버트는 당시 한국인들의 종교관에 대해 "한국인들은 유교식으로 생활하고 불교식으로 사고하며 문제가 생기면 무당에게 달려간다."라는 식으로 갈파한 적이 있는데 이것은 꽤 정확한 묘사로 생각된다. 한국인들의 이러한 모습은 지금도 그리 변한 것 같지 않다. 이렇게 판단하는 근거는 무교가 기독교나 불교 같은 세계종교가 판을 치는 현대 한국 사회에서도 전혀 사그라지지 않았을 뿐만 아니라, 어떤 의미에서는 오히려 번성하고 있기 때문이다. 이에 대한 자료는 많이 제시할 수 있지만* 가장 대표적인 것으로 매일 스포츠 신문에 적어도 2면 이상의 하단에 점집 광고가 나오는 것만 보면 될 것 같다. 이런 광고를 통해 우리는 아직도 삶의 많은 부분을 점에 의지해 살고 있는 한국인들의 모습을 체감할 수 있다.** 점에 광분하는 이런 모습은 다른 나라에서는 찾아보기 힘들 것으로 생각되는데 한국인들은 심성의 깊은 곳에서는 아직도 무교적인 세계관을 지니고 살고 있기 때문인 것으로 이해된다.

그 다음 종교인 유교의 영향에 대해서도 그다지 설명이 필요없을 것 같

---

*이 주제와 관련해서 한국에서만 발견되는 고유한 현상은 이 외에도 많다. 서울뿐만 아니라 전국 도처에서 발견되는 무당집들, 대학가에 즐비한 사주 카페들, 심지어 MBC TV의 인기 프로그램인 '무릎팍 도사'는 장면 설정을 아예 무당집으로 하는 현상 등에서 알 수 있는 것처럼, 이렇게 무당 관련 문화(?)들을 쉽게 만날 수 있는 지역은 한국 이외엔 없을 것 같다.

**이뿐만 아니라 무당의 숫자를 통해서도 한국인들이 얼마나 무교와 가까운지 알 수 있을 것으로 생각된다. 지금 한국 사회에 있는 무당의 숫자는 어느 누구도 잘 모른다. 확실한 것은 다른 어떤 종교의 사제보다도 무당의 숫자가 많다는 것이다. 성직자 가운데 가장 많은 수를 자랑하는 목사들의 숫자가 8만 내지 10만이라고 하는데 무당은 이보다도 많다는 것이 중론이다. 무당을 포함해 점복업에 종사하는 사람들을 다 총괄하면 80만 명이 된다는 설도 있다.

다. 한국인들의 일상생활은 철저하게 유교에 의해 지배받고 있기 때문이다. 어렵게 말할 것도 없이 한국인들은 현재 전 세계에서 가장 유교적인 사람들이다. 명목상으로든 실제로든 인간의 덕목 가운데 한국인들이 가장 중요하게 생각하는 것이 '효' 라는 사실을 비롯해, 나이 등을 비교하면서 상하를 심하게 따지는 나라 역시 이 지구상에는 한국밖에 없다는 것을 상기해 보면 될 것 같다.[11] 상하 서열을 중시하는 것은 한 글자로 제悌라고 표현할 수 있는데, 맹자는 공자의 가르침이 효제孝悌 이외에 아무것도 아니라고 하면서 효제 사상이 유교 전체에서 차지하는 중요성을 말하고 있다. 이렇게 보면 한국 사회는 유교의 핵심 교리를 전적으로 실천하고 있는 것이 된다.

사정이 이렇게 된 이유는 너무도 자명하다. 이것은 현대 한국에 바로 앞서 있었던 왕조인 조선이 인류 역사상 가장 유교적인 국가였기 때문일 것이다. 물론 유교는 중국에서 비롯된 것이지만 중국인들조차도 조선인들의 유교열에 감탄할 정도로, 어떤 면에서는 조선에서 유교가 더 조명을 받았다. 이런 현상을 두고 『조선유학사』를 쓴 현상윤은 조선 유교의 특징을 이론 면에서 '단순' 과 실천 면에서 '철저' 라는 두 단어로 축약해 표현하고 있다. 단순하다는 것은 주자학 유일주의를 말하는 것이고, 철저하다는 것은 남녀를 철저하게 차별한다거나 3년간 상복을 입는 것, 과부 재가를 금지한다든지 하는 규율이 철저하게 지켜졌다는 것을 의미한다. 이렇게 유교를 숭상하던 조선의 문화는 일제기를 거치면서 근본적인 단절 없이 대한민국으로 고스란히 전해진다. 해방이 된 지도 60년이 넘어 유교의 영향은 그 전보다 많이 줄어들었지만 여전히 효와 제를 핵심적인 생활 관습이나 가치관으로 지니고 있는 한국인들의 모습은 변한 것이 없다. 한국인들에게 유교는 물고기에게 물과 같은 존재이다. 물고기에게 물이 자연스러운 환경이고 물을 떠나서는 살

수 없듯이 한국인들에게 유교는 극히 자연스러운 삶의 환경이고 떠나서는 살 수 없는 그런 종교가 되어 버렸다(그런데 정작 본인들은 그걸 잘 모르고 있는 것 같다!).

혹자는 불교나 기독교도 한국인들의 가치관 형성에 영향을 주지 않았겠느냐는 지적을 할지 모르겠는데, 필자가 누누이 주장한 것처럼 불교는 한국인의 정신세계에 그다지 흔적을 남기지 않는다. 그것은 당연한 게, 불교는 조선조 내내 심대한 억압을 받아 사회의 실세 자리에서 벗어나 있었기 때문이다. 종교가 이런 상태가 되면 사회를 지배하는 이데올로기로서의 역할은 전혀 할 수 없게 된다. 반면 기독교는 한국에 들어온 지 얼마 되지 않았기 때문에 사람들의 가치관까지 바꿀 만한 충분한 시간이 없었던 것으로 판단된다. 게다가 기독교는 한국의 전통 문화와는 이질적인 요소가 많아 한국의 문화적 토양에 뿌리를 내리는 데에 시간이 많이 걸릴 수밖에 없다. 필자의 견해로 기독교는 신구교를 막론하고 불교나 유교가 한국에 정착된 것과 같은 높고 깊은 수준의 토착화는 아직 이루어지지 않았다. 거개의 기독교인들은 내면적으로는 여전히 무교와 유교적인 가치관을 갖고 살면서 표면적으로만 기독교를 자신의 종교로 표방하는 것처럼 보인다.* 그래서 사회학자들의 전언에 의하면 한국인들을 대상으로 통계 조사를 할 때 종교의 유무나 어떤 종교를 가졌는가에 대해서는 아예 문항을 만들지 않는다고 한다. 왜냐

---

*이 점에 대해서는 졸저 『콜라독립을 넘어서』(사계절, 2002)에 자세하게 논했다. 나는 거개의 한국 기독교인들이 갖고 있는 신앙을 당의정에 비유한다. 약의 속 알맹이에는 무교와 유교적인 요소로 가득 차 있지만 겉 표면은 기독교로 아주 얇게 코팅되어 있는 것이 당의정과 닮아 비교해 본 것이다. 그러니까 한국 기독교인은 문화적으로는 한국적인 것을 따라 살고 있지만 종교적으로는 기독교적인 것을 따라 살고 있는 것이 된다. 물론 이 둘이 얼마나 분리될 수 있느냐 하는 것은 다른 문제이다.

하면 한국인들은 종교가 있든 없든, 혹은 어떤 종교를 가졌든 간에 그것에 관계없이 생각하는 방법이나 행동하는 양식이 비슷하기 때문이라는 것이다. 이것은 한국인들이 비슷한 가치관을 살고 있다는 것을 뜻하는데, 그 가치관이 앞에서 누누이 본 것처럼 무교와 유교에 철저히 의존하고 있기 때문이다.

이상으로 한국인의 정신세계를 구성하는 종교가 무엇인지 대강 보았다. 그 종교는 무교와 유교인데 이제 다음으로 보아야 할 주제는 이 두 가르침이 이 글 서두에서 살펴본 영원철학과 어떤 상관관계를 갖느냐 하는 것이다. 질문을 다시 쉽게 풀어 보면, 이 두 가르침이 지닌 영성의 함유 정도가 얼마나 되느냐 하는 것이다. 한국인들이 의지하고 산 종교가 높은 영성을 많이 갖고 있으면 한국인들도 수준 높은 영성을 지니고 있을 것이고 만일 그렇지 않다면 그 반대의 경우가 될 것으로 생각된다.

한국인들의 현세 집착 성향 1 – 무교적 관점에서

논의에 앞서 이해를 돕기 위해 지금까지 말한 영성 혹은 영원철학적인 요소가 무엇을 말하는지 다시 한 번 짚어 보기로 하자. '영적이다'라고 말하는 것은 한마디로 말해서 앞에서 본 것처럼 3단계인 자아 초월의 수준을 말하는데 이 단계에서는 다음과 같은 태도를 관찰할 수 있다. 즉, 내세에 대해 강한 관심이 생기거나 현실계를 초월한 원리적 세계를 알아 보려 노력하며, 이웃에 대해서는 통전적인 관심을 갖고 항상 사랑과 관용을 베풀려고 노력한다는 것이 그것이다. 여기서 키워드는 개인 의식의 초월과 세상에 대한 전적인 개방이라고 할 수 있다. 만일 어떤 종교나 가르침에 이런 요소들이 갖추어져 있으면 그것은 영성이 높은 종교라 할 수 있을 것이다.

　이런 관점에서 볼 때 한국의 무교는 어떤 종교일까? 한마디로 말해 무교는 영성이 그리 강하지 않은 종교라 할 수 있다. 다른 무엇보다도 현재 한국 무교의 기본 핵이 물질적인 복을 간구하는 데에 특화되어 있기 때문이다. 그래서－원래의 무교는 그렇지 않다고 할 수도 있겠지만－현대 한국의 무교는 초월성이 약하다. 물론 무교에서 발견되는 초월적인 요소로서 무당들이 모시는 신령들을 들 수 있을 것이다. 분명 이들은 인간계를 초월한 존재들이다. 그러나 그들은 초월적인 존재로 인식되기보다 무당이나 신도들의 현세적인 구복을 위해 이용되는 측면이 강하다. 초월자가 이승에 있는 인간들에 의해 휘둘리는 것이다. 이러한 상황은 무교의 핵심 의례인 굿을 보면 잘 알 수 있다. 굿의 목적이 무엇인가? 그것은 신령에게 잘 보여서 문제 해결하고 복대부분 재물 복을 받자는 것이다.* 바로 지금 여기에서 잘 먹고 잘 살자는 것이다. 사정이 이러하니까 이승을 넘어선 죽음 뒤의 세상에 대한 관심이 지극히 미약하다. 아니 한국 무교에는 아예 내세관이 없다고 할 수 있을 정도로 현세 중심적이다. 한국 무교에 전승되는 신념에 의하면 저승은 '바로 대문 밖'에 있든지 '길모퉁이 돌아서면' 바로 있다. 저승이 불교나 기독교처럼 이 세계와 따로 떨어진 세계에 있는 것이 아니라 이승에 바로 붙어 있다. 독립된 존재가 아니라 이승에 부속된 게 저승이라는 것이다. 물론 바리공주 무가 같은 것을 보면 먼 곳의 저승 이야기가 나온다. 그러나 그 내용

*물론 오구굿 같은 사령제는 그 목적이 망자를 천도하자는 것이니만큼 반드시 구복 행위와 관계된다고는 볼 수 없다. 그러나 이런 사령제에도 복을 간구하는 순서가 있어 크게 보아서는 구복적 의례라 할 수 있을 것이다.

은 불교에서 빌려 온 게 대부분이다. 무교가 독자적으로 만들어 낸 것은 잘 발견되지 않는다.

같은 맥락에서 굿을 보면, 굿을 할 때 제상을 차리지 않는 경우는 없다. 차려도 아주 푸짐하게 차린다. 돈이 많을수록 상 위에 올라가는 음식들이 많고 다양해진다. 그런데 이 제상에 대해 우리는 이런 의문을 가질 수 있다. 육체가 없는 신령이 어떻게 이 음식들을 먹을 수 있겠느냐고 말이다. 영들은 당연히 영적인 존재라 물질로 된 음식이 필요없을 텐데 무당들은 이에 대해 별 생각이 없다. 신령들이 영적인 존재로서 무엇을 받을 수 있는지에 대해서는 생각하지 않고 인간들이 좋아하는 것만 차려 놓는다. 이것은 영의 성질을 잘 아는 기독교 같은 종교와 비교해 보면 차이가 극명해진다. 기독교에서는 종교 의례를 할 때 음식을 차리지 않는다. 사실 이게 당연한 것 아니겠는가? 영혹은 大靈이 어떻게 음식을 먹을 수 있단 말인가? 영에게는 음식이 중요한 게 아니라 마음을 모아서 지극한 기도를 하는 게 더 합당하다고 생각할 수 있지 않을까? 그러나 무당들은 이런 지극히 간단한 생각도 없이 상 위에 많이 차려 놓을수록 좋다고 생각한다. 그리고 정성을 많이 바쳤다고 생각하는 것이다. 이것은 신령들도 마찬가지이다. 결과만 놓고 비추어 볼 때 그들 역시 자신들이 먹을 수 있는지 없는지에 대한 생각이 없다. 그저 많이만 차려 놓으면 정성이 갸륵하다고 칭찬을 한다. 벌을 주려고 했다가도 제상을 푸짐하게 차려 놓으면 모두 거두고 복을 주겠다고 약속을 한다. 굿은 이렇게 시작부터가 대단히 물질적이다. 물질이 풍부할수록 더 좋다고 생각하니 그렇다는 것이다.

그 다음에 볼 것은 굿을 하는 사람들이 생각하는 범위에 관한 것이다. 굿은 말할 것도 없이 지극히 개인적이다. 굿을 해서 얻으려고 하는 것은 자기 자신이나 가족의 복과 안녕뿐이다. 자신의 가족을 넘어서 옆에 있는 이웃들에 대한 생각은 거의 하지 않는다. 그저 푸짐하게 차려서 신령들로부터 물질적인 축복을 받는 것만 바랄 뿐이다. 내가 얼마를 투자해서 상을 차려놓고 무당으로 하여금 가무를 해서 당신들 신령들이 잘 놀게 해 주었으니 그만한 대가를 달라는 것이다.* 굿판에서는 이렇듯 가족 범위를 넘어선 이슈들이 별로 나오지 않는다. 정치 문제나 인권 문제 혹은 환경 문제와 같은 사회적 이슈나 범인류적 이슈들에 대한 언급이나 우려 등이 보이지 않는다는 것이다. 무당들의 언행이나 굿을 보면 이렇듯 사회에 대한 책임 의식이나 윤리 의식을 발견하기 힘들다.

이상에서 한국의 무교가 지닌 성향을 일별해 보았다. 그것을 다시 한 번 정리해 보면, 한마디로 말해 한국 무교는 영원철학적인 요소가 매우 빈약한 것을 알 수 있다. 우선 초월적인 존재나 원리, 혹은 현세를 넘어선 내세에 대한 이해가 잘 발견되지 않았다. 물론 무교에도 신령이라는, 현세를 초월해 있는 신적인 존재들이 있었다. 그런데 그것뿐, 이 신령들이 어디에서 어떤 상태로 있는지에 대해서는 설명이 없다. 이 신령들은 어디에 그저 막연하게 있으면서 인간들이 불러 주기만을 기다리는 미지의 존재 같다. 그들 나름대로의 존재 가치가 있는 것이 아니라 인간들을 도와주려고만 존재하는 존재 같다. 거기서 더 나아가서 인간들이 때때로 불러내어 대접해 주지 않으면 그들의 존립 기반 자체가 위험해질 수도 있다. 다시 말해 그들은 인간을 넘

*이 같은 경향은 특히 한국의 개신교들에게서 많이 보인다. 가장 대표되는 것이 '응답 받는 기도'와 같은 것으로 내가 얼마를 헌금을 했더니 신으로부터 어떤 보상이 왔다는 것은 교회에서 가장 흔하게 들을 수 있는 간증 주제이다.

어선 초월적인 존재가 아니라 인간에 의존해 사는 존재인 것처럼 보인다. 이와 같이 무교를 신봉하는 한국인들은 그 중심을 자신들의 현실에 두고 오로지 나와 내 가족이 건강해지고 물질을 더 많이 얻도록 하는 데에만 집중한다. 이 때문에 무교에는 개인을 넘어서는 윤리에 대한 개념이 극히 빈약하다. 사정이 그러하니 초개인적인 윤리에는 관심이 없고 신령들도 선악관이 불분명하다. 이러한 제반 사항은 우리로 하여금 한국의 무교가 영원철학에서 말하는 3단계를 지향하는 가르침이 아니라는 것을 확신하게 해 준다.

여기서 중요한 것은 한국인들이 위와 같은 특성을 지닌 무교를 매우 선호하고 있다는 사실이다. 따라서 한국인들에게도 무교에서 보이는 특성이 나타날 수 있을 것이다. 이 지적에 대해 혹자는 훨씬 많은 한국인들이 무교보다 기독교나 불교 같은 '고등종교'를 신봉하고 있으니 한국인들이 무교적인 세계관을 갖고 있다고 단정하는 것은 무리가 있지 않겠냐고 할지도 모른다. 그런데 필자의 견해로는 한국인들은 어떤 종교를 믿든 간에 실제로는 지극히 현세 중심적인 무교 스타일의 신앙을 하게 되는 것 같다. 다시 말해 한국인들은 불교를 믿든 기독교를 믿든 간에 이 고등종교들이 갖고 있는 3단계에 대한 지향성을 추구하기보다는 지극히 현세적인 구복의 면에 경도되는 경향이 농후하다는 것이다.[12] 한국인들의 이러한 과도한 현세 지향성은 한국인들의 의식 구조가 형성되는 데에 무교와 같이 결정적인 영향을 미친 유교에서도 보인다.

한국인들의 현세 집착 성향 2 – 유교적 관점에서

우리는 앞에서 유교가 매우 현실 중심적인 가르침이라고 했는데 이것은 유교의 교리를 볼 때 처음부터 예견될 수 있다. 잘 알려진 이야기이지만 유교의 최고 성인인 공자는 자신은 '괴력난신'을 이야기하지 않겠다고 표방한 적이 있다. 이것은 공자가 현실을 떠난 것에 대해서는 언급하지 않겠다고 한 것으로 해석된다. 그런가 하면 공자는 초자연적인 것에 관해서 이야기 하는 것을 달갑게 생각하지 않았다.[13] 그에게 사후생의 존재 여부와 귀신에 대해 물었을 때 그는 '왜 그런 초자연적인 데에 관심을 두느냐.'와 같은 반문으로 제자를 힐난함으로써 즉답을 피했다. 그런데 그 뒤부터 유교에서는 사후생이란 존재하지 않으니 내세란 없는 것이고 사람의 영혼 역시 존재하지 않는다는 것이 정설처럼 되어 버렸다. 그도 그럴 것이 유교가 성인으로 받드는 공자가 사후생이나 영혼의 존재 같은 초세간적인 것을 부정하는 식으로 발언을 했으니, 그 뒤의 추종자들이 감히 공자를 넘어서려는 생각을 할 수 없었을 것이다. 이 때문에 유교는 세계 종교 가운데 내세를 인정하지 않는 극소수의 가르침 가운데 하나가 되었다. 눈에 보이지 않는 내세나 영혼의 존재를 긍정하지 않으니 유교도들의 관심은 온통 이 현세에만 쏠리게 된다.

앞에서 유교의 핵심이 효와 제에 있다고 했다. 효제라는 것이 무엇인가? 효제란 인간 간의 관계를 의미하는 것이고 더 작게 보면 가족 내의 관계만을 이야기할 뿐이다. 이를 통해 우리는 유교가 가족 내의 관계를 가장 중시하는 가르침이라는 것을 알 수 있다. 가족 안에서 인간이 지켜야 할 도덕이나 윤리를 가장 중요하게 생각할 뿐만 아니라 사회의 모든 규율도 가족 내의 그것을 연장하여 적용할 정도로 유교가 관장하는 핵심 범위는 협소하다. 이런 유교에서는 아무래도 초월적인 원리나 존재에 대한 관심이 미약할 수밖에 없다. 물론 유교에는 천天과 같은 대단히 복합적인 의미를 가진 초세간적인 원리가 있다. 이 지면에서 천에 대한 다양한 유교적 해석을 다 검토해 볼 수는 없지만, 공자가 내린 해석 가운데 천이 인간 윤리의 초월적 근원이라는 해석을 빼놓을 수는 없을 것이다. 다시 말해 도덕이 존재할 수 있게 하는 초월적인 근거가 천인 것이다. 이에 대한 복잡한 설명은 그만 두고, 여기서 중요한 것은 초월적 원리인 하늘마저 지상의 도덕을 지탱하기 위해 차용되고 있다는 것에 주목하자. 다시 말해 유교의 천은 인간계를 완전히 초월해 존재한다고 하기보다는 인간계에 깊숙이 관여하는 데에서 그 존재 의의를 찾아야 한다는 것이다.[14]

유교 교리에서 천 다음으로 초월성이 엿보이는 요소는 조상신이 등장하는 제사와 관계된 부분이다.[15] 제사는 이승이 아니라 저승에 존재한다고 여겨지는 조상신에게 드리는 것이기 때문에 초월성과 관계된다고 볼 수 있다. 따라서 우리가 앞에서 굿을 통해서 무교의 초월성 정도를 알아 보았듯이 제사를 분석해 보면 유교의 초월성 정도를 파악할 수 있을 것으로 생각된다.

우선 제사 때 차려지는 음식을 보자. 제상에는 여러 음식이 차려지지만 그 가운데에서도 생시에 조상들이 좋아하는 음식이 특히 선호된다. 다시 말해 이 음식들은 산 사람이 일상적으로 먹는 음식이라는 것이다. 이 사정은 굿과 똑같다. 제사를 지내는 본인들도 이 음식은 혼령들이 먹지 못할 것이라는 것을 알지만 별 생각 없이 차려 놓는다. 그런데 무교의 경우와 굳이 다른 점이 있다면 유교에서는 굿상 때처럼 많이 차릴수록 좋다고 하지는 않고 소찬이라도 정성스레 차리면 좋다고 하는 점을 들 수 있겠다. 다시 말해 물질에 매달리지는 말라는 것이다. 굿에서보다 정성이라는 정신적인 요소가 가미된 것이다. 그러나 그 점을 빼놓고 다른 점은 모두 굿과 상황이 비슷하다.

만일 유교도들이 조상령들의 비육체성혹은 神性을 진정으로 인정한다면 제상에 산 자들이 먹는 음식을 차려 놓지는 않을 것이다. 이것을 기독교의 예로 설명해 보자. 기독교는 신의 초월성을 십분 인정하는 종교이기 때문에 그들의 의식에는 산 자들이 먹는 음식이 등장하지 않는다. 특히 천주교의 미사는 기독교식의 제사라 유교의 제사와 비슷한 기능을 하는데, 양자를 비교해 보면 미사의 초월적인 특성이 곧 드러난다. 주지하다시피 미사에서는 유교 제사 때와는 달리 음식은 거의 등장하지 않는다. 그런데 예외가 있으니 성체성사를 할 때 등장하는 밀떡과 포도주이다. 성체성사란 미사의 핵으로 상징성이 대단히 풍부한 순서이다. 이때 밀떡이 그리스도의 몸을 상징하고 포도주가 그의 피를 상징한다는 것은 익히 알려진 사실이다. 그런데 일반적으로는 일상생활에서 이 둘을 항용하지는 않는다. 물론 포도주는 마시지만 술로서 마시는 것이지 누구의 피라고 생각하면서 마시는 것은 아니다. 같은 포도주를 마셔도 일상성혹은 세속성과 상징성혹은 초월성이 전적으로 구분되는 것이다. 밀떡은 아예 일상성과는 관계없다. 사람들이 일상생활 속에서 밀떡을 먹는 경우는 전혀 없기 때문이다. 초월을 지향하는 종교는 으레 이렇게 물질을 사용해도 아주 상징성이 풍부하게 쓰는 법이다. 이런 점에서 볼 때 유교의 제사는 초월성보다는 일상성 쪽으로 훨씬 더 가깝게 다가가 있다고 할 수 있다. 유교 식의 제사는 대단히 현세적이고 물질적이라 혼령들보다는 산 자들이 중심이 되어 치러지기 때문이다.

유교 제사의 이러한 면은 조상령들에 대한 태도에서도 여지없이 나타난다. 재미있는 것은 유교도들이 조상령을 대하는 태도와 무당들이 신령들을 대하는 태도가 그다지 다르지 않다는 것이다. 누누이 강조했지만 무당들은 신령들이 어디에서 어떤 상태로 존재하는지에 대해 별 관심이 없다. 그와 마찬가지로 제사를 지내는 유교도들도 조상령들이 어디에서 어떤 형태로 있는지에 대해 별 관심을 가지지 않는다. 뿐만 아니라 자신들의 태도에서 보이는 모순점에 대해서도 아무런 문제의식을 갖지 않는다. 앞에서 본 것처럼 유교는 영혼의 존재를 인정하지 않는다. 그런데 제사를 지낼 때에는 분명 조상령이 존재하는 것처럼 의례가 진행된다. 그런 흔적들이 여기저기서 보인다. 가령 제사를 지내기 전에 영이 들어오게끔 대문을 열어 놓는다거나, 심지어 빨랫줄까지 걷어 내는 가문도 있다. 이런 행위에는 분명한 모순점이 발견된다. 생각으로는 물질이 아닌 조상령이라는 영혼을 상정해 놓고 실제로는 육체를 가진 인간처럼 조상령을 취급하고 있기 때문이다. 그런데도 유교도들은 하등의 문제의식을 느끼지 못한다. 그런가 하면 제수들을 조상령들이 먹을 거라고 생각하는 것도 문제가 되기는 마찬가지이다. 이것은 제사에서 중요한 순서인 흠향에서 벌어지는 일인데 이 순서가 되면 유교도들은 조상령이 강림하여 차린 음식을 먹을 것이라고 믿는다. 그래서 부복을 하든지 뒤돌아 있든지, 아니면 아예 방 밖으로 나가 조상령들이 그 음식을 먹을 시간을 준다. 그러나 그들도 영혼 상태인 조상령이 그 음식을 먹을 수 없다는 것을 잘 안다. 그런데도 그들은 문제의식을 갖지 않고 조상령을 흡사 육체를 지닌 사람처럼 대우한다.

사실 문제점으로 따지면 제사를 일 년에 한두 차례만 차리는 것도 예외가 될 수 없다. 만일 조상령들이 실제로 와서 음식을 먹는다고 생각하면 매일 세 끼를 다 차려 놓아야 하거늘 지금 하는 것처럼 일 년에 한두 차례만 음식을 차리는 것은 분명 잘못된 모습이라고 할 수밖에 없다. 그러나 유교도들은 그 문제를 심각하게 생각하지 않는다. 이것은 조상령들의 소재 문제와도 관계된다. 제사를 지낼 때 조상령이 온다고 생각하면서도 이 영들이 대관절 일 년 동안 어디에 있다가 제삿날에만 나타나는지에 대해 아무 생각이 없다. 유교도들은 내세를 인정하지 않으니 조상령들의 소재 공간을 밝힐 수 없을지도 모른다. 무교에서는 그래도 저승이 대문 밖에 있다고 하면서 저승의 존재를 인정이라도 했건만 유교에서는 저승에 대한 일언반구의 언급도 찾을 수가 없다. 그런데도 이들은 조상령이 어딘가에 있다가 제삿날에 나타나고, 의례가 끝나면 또 어디론가 간다고 생각한다. 이와 같이 이들의 생각에는 일관성이 없다.* 조상령을 순수한 영혼으로 보는지 아니면 물질적인 존재로 생각하는지에 대한 확실한 기준도 없다. 또 모순점이 생겨도 그것을 해결하려 들지도 않는다. 그저 육체를 가진 후손들의 입장에서 생각하고 의례를 지내 버리고 마는 것이다. 따라서 이런 관점에서 보면 제사란 죽은 자를 위해 지내는 것이 아니라 산 자들의 입장에서 지내는 의례처럼 보인다. 이렇게 제사에 대한 생각에 모순점이 많이 보이지만 유교도들은 그리 심각하게 생각하지 않는다. 제삿날은 일 년에 두세 차례만 오니 온 일 년 동안은 생각하지 않고 있다가 제삿날이 오면 후다닥 의례를 지내 버리고 다시 까맣게 잊으면 된다고 생각하는지도 모를 일이다.

이 글의 의도는 여기서 제사에 나타나는 모순점을 비판하려고 하는 것이 아니다. 여기서 강조하고 싶은 것은 유교의 제사가 이렇듯 철저하게 현세적인 의례라는 것이다. 저승이나 영혼의 존재에 대해서는 애써 부정하는 태도로 일관하고 의례는 육체를 가진 산 자들의 입장에서 진행되기 때문이다. 이런 입장은 초월적인 신을 상정하고 예배를 드리는 기독교의 의례와 극명

---

*물론 제사에는 다른 면들도 많다. 종교학적인 관점에서 본다면 제사는 간접적인 영생법이고 사회학적인 관점에서 본다면 문화의 계승을 위한 의례라고 할 수 있을 것이다. 제사가 가지고 있는 이와 같은 풍부한 상징성은 이 지면에서는 언급하지 않고 유교도들이 조상령에 대해 갖는 태도에서 나타나는 모순점에 대해서만 집중했다.

하게 대비된다. 기독교의 예배는 앞에서도 잠깐 본 것처럼 철저하게 초월의 영역에 있는 신을 중심으로 진행된다. 예배의 모든 절차가 이승에 있는 인간들의 관점에 맞추어져 있는 것이 아니라 영계에 있다고 추정되는 신에 맞추어 조정되어 있는 것이다. 이것은 초월적인 영역을 확실하게 인정하는 종교인 기독교로서는 당연한 일일 것이다. 그러나 유교는 이와 전혀 다르다. 이들은 이 현세를 중심으로 삼고 그 너머의 세계가 독존하는 것을 인정하지 않고 그것을 살아 있는 자들의 질서 속으로 편입시켜 버린다. 저 너머의 세계는 이승으로 들어오지 않으면 존재 의미가 없다. 이렇듯 유교는 극히 현세적인 가르침이다.

이번에는 유교의 덕목을 검토해 보자. 앞에서 인간으로 하여금 초월의 단계인 3단계로 향할 수 있게 하는 덕목으로 무조건적인 사랑이나 용서와 같은 보편적인 덕목을 제시했다. 이런 덕목이 세간에서 통용되기는 무척 힘들다. 세간은 근본적으로 이기심으로 돌아가고 있기 때문에 이런 이타적인 마음을 갖고 생활하는 것이 어렵다는 것이다. 그러나 개인적인 이기심을 극복하고 초월하려면** 이런 초개인적인 덕목의 실행이 필요하다고 세계종교들은 지적하고 있다. 유교에서도 이와 비슷한 덕목이 발견된다. 인仁이 바로 그것이다. 인에는 확실히 개인을 넘어서는 그런 차원이 보인다. 인을 갖춘 선비는 자신의 이기심을 극복해야 한다거나克己復禮 잘못된 것이 있어도 그 원인을 다른 사람에게서 찾으려 하지 말고 자기에게서 찾아야 한다거나求諸

**개인적인 이기심을 초월해야 하는 이유는 아주 간단하다. 이것에 집착하는 한 인간은 불행하기 때문이다. 세계종교들은 한결같이 인간의 진정한 행복은 개인을 초월해야 가능하다고 가르친다.

리, 자기 몸을 희생해서라도 인을 지켜야 한다거나殺身成仁, 또 이익을 이야기해서는 안 되고 항상 청빈을 구현해야 한다는 등의 덕목 등은 유교가 지닌 초개인적인 덕목의 실상을 보여 준다. 이런 면에서 유교는 분명 3단계를 지향하는 세계종교로서의 면모를 가지고 있다고 하겠다.

그러나 그렇다고 해서 인이 기독교나 불교에서 말하는 무조건적인 사랑과 같은 것은 결코 아니다. 이 점은 공자의 말에서 확실하게 드러난다. 한번은 제자가 공자에게 '우리를 해코지 하는 사람들을 어떻게 대해야 하는가? 그런 사람들에게도 인으로 대해야 하는가?' 하고 물었다. 그러자 공자는 '그런 사람들을 인으로 대하는 것은 인을 낭비하는 것'이라고 하고 그런 사람들에게는 '직直'으로 대해야 한다고 대답했다. 바로 이런 점에서 인은 '다른 사람을 70번 씩 7번을 용서하라.'는 예수의 사랑 정신과 달라지는 것을 알 수 있다. 다시 말해 인은 무조건적인 사랑이 아니라 낮은 수준에서의 '응징'과 같은 성격을 띠는 것 같다는 것이다. 유교의 인이 이런 나름대로의 한계를 갖게 되는 것은 인이 실행되는 장場이 기본적으로 가정 혹은 가문이기 때문인지도 모른다. 인이 아무리 고결한 개념이라 하더라도 그 출발은 효그리고 제에 있다는 사실은 바로 그런 사정을 말해 준다. 종교에서 말하는 보편적인 덕목은 불교나 기독교에서 보는 것처럼 민족은 물론 나라나 인종 등 모든 것을 넘어서는 초월적인 면을 갖고 있는데, 유교의 경우는 초월적인 요소가 전혀 없는 것은 아니나 이와 같이 가정 혹은 가문이라는 협소한 영역에서 출발하기 때문에 초월적인 요소가 약할 수밖에 없을 것이다.

이와 같이 유교에서도 비록 무교와 같은 정도는 아니지만 상대적으로 볼 때 3단계를 향한 초월적인 요소가 많지 않음을 알 수 있다. 그리고 다른 세계 종교와는 달리 유독 가정 내에서 통용되는 덕목이 강조되었음을 알 수 있었다. 이것은 유교의 가르침이 어쩔 수 없이 초월적인 면보다는 현세적인 면을 강조할 수밖에 없는 운명을 보여 준다. 유교는 이러한 한계(?) 때문에, 혹은 중화문명에 경도된 성향 때문에 범세계적인 종교로 발전하지 못한다. 그래서 유교는 그 전파 범위가 철저하게 중화문명권 안으로만 국한되었다. 유교가 만일 초월적이고 보편적인 요소가 강했다면 불교나 기독교처럼 충분히 세계종교의 반열에 오를 수 있었을 것이다.

종교는 그 교리에 아무리 초월적인 면이 강조되어 있다 하더라도 일반 신도들의 신행 형태는 매우 현세적인 모습으로 바뀌기 십상이다. 그런데 유교는 교리 자체가 이미 대단히 현세적이니 유교가 신봉되는 현실에서 벌어질 모습이 얼마나 현세적일까 하는 것은 상상하기에 그리 어려운 일이 아닐 것이다. 그리고 그것을 금과옥조처럼 따랐을 한국인들도 그들의 신행에서 얼마나 현세성을 중시했을까 하는 것도 충분히 예견할 수 있을 것이다.

4. 마치면서

지금까지 현대 한국인의 종교심에 초월을 강조하는 영성이 어느 정도로 침윤되어 있는가를 살펴보았다. 이 작업을 위해 한국인들의 영성적인 가치관을 결정한 종교인 무교와 유교를 검토했다. 그 결과 무교는 신령과 같은 초자연적인 존재를 인정하지만 개인의 이익만을 극대화하는 대단히 현세적인 종교라는 것을 확인할 수 있었다. 유교는 무교보다는 훨씬 더 초월의 세계를 지향하는 면이 강했지만 내세를 부정했고, 또 가문의 범위를 넘지 못했으며, 초월적인 존재보다는 살아 있는 자들을 중심으로 그 의례가 짜여 있다는 점에서 대단히 현세적인 가르침으로 판명되었다. 그리고 두 종교에서는 인간의 종교의식이 3단계로 진화될 때 반드시 지녀야 하는, 조건 없는 사랑이나 우주적인 지혜에 대한 학습 등과 관련된 요소들이 그리 눈에 띄지 않았다.

따라서 이 두 종교는 불교나 기독교와 같은 세계종교에 비헤 영성이 약한 것을 알 수 있었다. 영성이 약하다는 것은 3단계의 존재를 알지 못한다거나 그 존재를 알고 있다하더라도 그 쪽으로 진화하려는 추동력이 약하다는 것을 의미한다. 다시 말해 이 종교들은 앞에서 본 도표에 따르면 인격적personal 단계인 2단계에 머물러 있는 꼴이 된다물론 유교는 3단계에 대한 지향성이 있다. 2단계는 에고의 영역이고 물질이 중심을 이루는 영역이다. 여기서는 욕심의 극대화만 있을 뿐이고, 그 결과 물질 중심주의에 경도되지 않을 수 없다. 이 단계에서는 모든 것을 물질로 해결하려 하고 현세적인 이익 탐구에만 열중한다. 그래서 이 단계에서는 무조건 '물질을 더 많이' 라는 밑바닥 없는 욕심의 추구가 사람을 지탱하는 원리가 된다. 물론 이 단계에서도 그 욕심을 극복한다거나 과도한 욕심을 내지 않고 중용을 지키겠다는 시도가 없는 것은 아닐 것이다. 그러나 이러한 성향을 보이기 시작하면 그것은 이미 3단계를 지향하는 것이기 때문에 별 문제가 될 게 없다. 문제는 이 2단계에만 침윤되어 머물러 있는 것인데, 한국 종교계는 대개가 이 상태에 있는 것으로 보인다.

이것은 어쩔 수 없는 것이, 한국인들이 가장 영향을 많이 받은 종교들이 매우 현세성이 짙은 종교들이기 때문이다. 이 때문으로 생각되는데, 한국인들은 앞에서 무교를 볼 때 언급한 것처럼 어떤 종교를 믿든 현세적인 면만을 택해서 믿는 것 같다. 불교의 철리哲理가 아무리 복잡하고 초월적이라도 대부분의 한국 불교도들은 무정물인 불상에 대고 빌고, 기독교의 신이 사랑과 정의의 하느님이라고 가르쳐도—아니 사실 이렇게 가르치는 교회는 손으로 꼽을 지경이다!—대부분의 한국 기독교인들은 신은 일정한 공물을 바치면 복을 주는 대상 이외에 아무 것도 아니라고 생각한다. 따라서 한국 종교계가 물성을 향해서 물질 중심주의로 가는 것은 명약관화한 일이다. 한국에 종교인이 인구의 절반을 넘는데 과연 얼마나 많은 종교인들이 3단계의 존재를 확신하고 그 단계에 가까이 가기 위해 노력하는지는 알 수 없지만 적어도 주류는 그런 것과는 관계가 없는 것 같다. 불교든 기독교든 더 큰 사원/교회, 더 많은 신도, 더 화려한 생활과 더 강한 권력 등등 에고를 살찌우는 일만 지향하고 있기 때문이다.

그리고 신도들 역시 그러한 상황에 반감을 갖지 않는다. 신도들도 3단계에 대한 지식이 거의 없기 때문에 성직자에 대한 맹목적인 의존과 신앙, 그리고 기브앤테이크 식의 구복에만 열중할 뿐이다. 따라서 그들은 자신이 따르는 성직자가 1억 원이 넘는 차를 타든 공금을 횡령하든 크게 관심을 갖지 않는다. 자신은 그 성직자를 매개로 신이나 붓다로부터 기대하는 복만 받으면 되지, 성직자에게서 도덕적인 것을 바라지 않기 때문이다. 이것은 물질의 확대와 같은 세속적인 욕망의 추구를 위해서 서로가 서로를 이용하는 것이다. 겉으로만 서로 성스러운 척하면서 사실은 극히 세속적인 욕구를 한도 없이 채우고 있는 것이다.

그러면 한국 종교의 미래는 어떻게 되는 것일까? 한국 종교는 이대로 제 기능을 못하면서 비틀거리며 앞으로도 그저 종교 장사만 하면서 가게 될까? 이 점은 예측하기 대단히 힘든 문제이다. 그러나 아마도 제도 종교는 분명 약화될 것으로 생각된다. 그것은 이러한 현상이 선진국으로 들어간 나라들에서 공통적으로 보이기 때문이다. 한국 종교가 지금의 주술적인 수준을 계속해서 유지한다면 앞으로 기성세대가 될 젊은이들에게 과연 전승되어 갈 수 있을까? 지금의 젊은 세대들은 기성세대들보다 분명 이지理智가 앞서고 이해타산에 대단히 밝기 때문에 현재 한국 종교가 벌이고 있는 부조리한 작태를 감내하면서까지 종교 시설을 출입할 것으로 생각되지는 않는다.

게다가 소득 수준이 높아지면 놀이 수준도 높아지기 때문에 여가 생활에 더 많은 시간을 보내게 될 것이다. 그 여가 생활, 즉 레저가 차지할 수 있는 시간은 주말 시간일 것은 자명한 일이니 이것은 전통적인 종교적 시간과 겹치게 된다. 그렇게 되면 결과는 자명하지 않겠는가? 그 귀한 주말에 젊은이들이 '폼' 나는 수상 스포츠나 스키를 즐기고 싶어 하지 어두컴컴한 예배당이나 분위기가 무거운 법당 혹은 교당에서 표리부동한 성직자의 설교를 들으며 앉아 있고 싶지는 않지 않겠는가? 게다가 긴 휴가 때에는 이 답답한 한국을 떠나 외국에 가는 사람들이 많아질 테고.

이렇게 보든 저렇게 보든 한국 종교의 앞날은 '종교로 먹고 사는 사람들'에게는 그다지 우호적인 것 같지 않다. 그래서 이 많은 교회나 성당이 언제 개점휴업 상태가 될지 아무도 모르는 일인데, 이 종교에 속한 사람들은 그날을 대비해야 하지 않을까 하는 생각이다. 이것은 절이나 교당도 마찬가지 아닐까? 신도들이 아무 생각 없이 돈을 갖다 바치는 일이 앞으로도 영원히 지속되리라고 생각하는 것은 판도를 잘못 읽고 있는 것 아닐까. 이와 같이 한국 종교가 한국 사회의 변화 동향을 제대로 파악하지 못한다면, 머지않아 간판을 내리든가 아니면 세가 사정없이 졸아드는 장면을 뜻하지 않게 이른 어느 날 목격하게 될 것이라는 것을 명심해야 할 것이다.

한국 천주교회 성장의 빛과 그늘

Consulting

박영대 | 우리신학연구소 소장

1990년대 중반을 넘어서면서 한국 천주교회 안에서는 자성과 쇄신의 목소리가 높았다. 이 같은 분위기에서 소공동체 사목, 교구 시노드 등 다양한 사목 시도가 있었다. 하지만 2005년 인구 센서스 결과, 천주교가 크게 성장한 것이 드러나면서 자성과 쇄신의 분위기는 사라지고 있다. 대신에 각 교구가 성장 제일주의로 나아가고 있는 조짐이 보인다. … 이 모든 것을 해결할 수 있는 방안은 있는가? 희망은 깨어 있는 평신도이다. 교회를 이미 떠나 있거나 교회의 경계에 서 있는 깨인 평신도를 어떻게 조직해서 효과 있는 실천을 함께 해 나갈 것인지에 그 해답이 있다고 생각한다.

한국 천주교회 성장의 빛과 그늘

한국 천주교회는 제자리에 있는가? 한국 천주교회가 한국 사회에서 제 구실을 다하고 있다는 것을 무슨 기준으로 판단할 수 있을까? 물론 가장 바탕이 되는 판단과 식별 기준은 복음 정신, 곧 스승 예수의 삶과 가르침을 얼마나 충실하게 따르고 있는가이다. 하지만 복음 메시지를 그대로 현대를 사는 한국 천주교회에 적용해 식별하기는 어렵다. 따라서 그 복음 정신을 오늘에 맞게 해석하고 심화시킨 교회 가르침이 한국 천주교회의 현주소를 식별하는 또 하나의 기준이 되어야 한다. 한국 천주교회뿐만 아니라 오늘날 세계 가톨릭 교회가 충실히 따라야 할 교회 가르침은 제2차 바티칸 공의회 정신과 가르침이다. 1962년부터 1965년까지 열린 제2차 바티칸 공의회는 현대 세계의 변화와 도전에 맞게 현대 가톨릭 교회를 쇄신하고 적응하자는 취지에서 열렸다. 그 성과는 제2차 바티칸 공의회 문헌4개 헌장, 9개 교령, 3개 선언에 집약되었다. 2012년이 되면 제2차 바티칸 공의회가 시작된 지 50년이 된다. 하지만 한국 천주교회가 아직까지 제2차 바티칸 공의회 정신을 제대로 실현하지 못하고 있다는 비판의 목소리가 높다.

왜 한국 천주교회는 반 세기가 지난 지금까지 제2차 바티칸 공의회 정신을 제대로 체현하지 못하고 있는가? 일차 책임은 제2차 바티칸 공의회 정신을 실천하고자 하는 노력이 부족했던 한국 천주교회, 특히 지도층인 주교들에게 있다고 할 수 있다. 하지만 한국 천주교회 내부 문제에만 그 원인이 있지 않다. 전임 교황 요한 바오로 2세부터 현 교황 베네딕토 16세까지 로마 교황청은 제2차 바티칸 공의회 정신을 후퇴시키고자 하는 움직임을 끊임없이 보여 왔다. 더 거슬러 올라가 로마 교황청을 중심으로 보수 성향 추기경과 주교들은 그 준비와 진행 과정에서도 제2차 바티칸 공의회가 시대의 징표에 맞게 새로운 변화를 시도하는 것을 방해하였다.

그럼에도 한국 천주교회는 양적으로는 끊임없이 성장하고 있다. 지난 2005년 인구 센서스 결과를 보면, 이웃종교가 정체 또는 침체된 데 비해 천주교는 크게 성장했다. 성장의 배경과 원인에 대해 천주교 안팎에서 분석이 있었다. 객관 자료인 통계는 한국 천주교회의 실상과 성장 원인을 파악하는 데 쓸모 있다. 따라서 먼저 2005년 인구 센서스 결과를 중심으로 한국 천주교회의 현주소를 짚어 보고자 한다. 그 다음에 한국 천주교회 내부에서 제2차 바티칸 공의회 정신에 따라 어떤 정책이 추진되었는지, 어떤 수단이 동원되었는지를 알기 위해서 교구장 사목교서를 중심으로 소공동체사목과 교구 시노드에 대해 이야기하겠다.

1. 2005년 인구 센서스를 통해서 본 한국 천주교회[1]

가장 두드러진 성장세를 보인 천주교

2005년 인구 센서스 결과에 따르면 천주교가 한국 종교 가운데 가장 두드러지게 성장했다. 한국 종교별 교세 현황을 살펴보면, 2005년 신자수는 불교 신도가 전체 인구의 22.8%로 가장 많고, 2008년 교당이나 교직자수는 개신교가 압도적으로 많다. 그러나 2002년과 2008년 사이 개신교 교회수는 2,381개, 교직자 수는 29,695명이 감소하였고, 불교 사찰도 137개나 감소하였다. 천주교만 유일하게 성당 수와 교직자 수가 모두 늘어났는데, 특히 성당은 6년 사이 20.1%나 증가하였다.

구분 종교별	교당수(개소)		교직자수(명)		신도수*					
					1985년		1995년		2005년	
	2002년	2008년	2002년	2008년	인구수	비율	인구수	비율	인구수	비율
불교	22,072	21,935	41,362	49,408	8,060	19.9	10,321	23.2	10,726	22.8
개신교	60,785	58,612	124,310	95,596	6,489	16.1	8,760	19.7	8,616	18.3
천주교	1,258	1,511	12,536	14,597	1,865	4.6	2,951	6.6	5,146	10.9
유교	730	1,049	31,833	300	483	1.2	211	0.5	105	0.2
원불교	520	561	2,455	1,886	92	0.2	87	0.2	130	0.2
기타 종교	5,384	6,840	286,713	203,010	213	0.5	268	0.6	247	0.5
계	90,749	90,508	499,209	364,797	17,203	42.6	22,598	50.7	24,971	53.1

[표1] 종교별 교세 현황, 자료 : 문화체육관광부 「2008년 한국의 종교 현황」(인구 센서스)

*문화체육관광부 실태 조사에서 파악한 각 종교별 집계 신자수는 우리나라 국민수를 훨씬 뛰어 넘어 2008년의 경우 8,260만명이나 된다. 따라서 신자수 집계는 통계청 인구주택총조사 자료가 더 근거 있기에 인구 센서스 집계를 따른다(단위: 천명, %).

종교별 신도수 구성비 변화를 살펴보면, 1985년 이후 20년간 가장 비약적으로 성장한 것은 천주교이다. 신자수도 약 330만 명이 늘고, 비율로는 175.9%가 증가하였다. 특히 1995년과 2005년 사이에 74.4% 증가해 220만 명이나 증가하였다. 반면 신도수가 1,300만 명이 넘는다고 자랑하던 개신교는 860만 명에 그칠 뿐더러, 한국의 3대 종교 가운데 유일하게 신자수가 감소한 것으로 나타났다. 불교는 1995년과 2005년 사이에 신자수가 30만 명 정도만 늘어났지만, 전체 인구 중 신자 비율은 1995년 23.2%에서 2005년 22.8%로 약간 낮아졌다. 궁금한 것은 종교 간 이동이 일어났을까 하는 점이다. 다른 종교를 믿던 사람 가운데 천주교 신자가 된 사람은 얼마나 될까? 인구 센서스가 이 같은 개종 실태를 조사하지 않으니 정확히 알 수는 없다. 종교 간 증감이 교차하며 가장 큰 변화 폭을 보인 20, 50대의 경우 천주교가 많이 성장한 지역은 서울, 부산, 제주 등인데, 이 지역에서 개신교나 불교가 크게 줄고 천주교가 크게 늘어나 종교 간 증감이 교차하였다. 천주교가 많이 늘어난 곳에서 다른 종교가 많이 줄어든 것을 보면, 단정하기는 어렵지만 종교 간 이동이 일어났을 가능성이 크다.

남성 신자 비율이 늘어나는 것은 군인 세례자들 때문

성비(여성 100명 당 남성 수)를 살펴보면, 불교(89.1)가 높고, 천주교(85.5)는 낮다. 1995년(100.7)과 2005년(99.5) 사이에 한국 사회 성비는 1.2명 낮아져 여성 비율이 더 높아졌고, 종교 인구(1995년 87.9→2005년 87.7)도 0.2명 낮아졌으나, 천주교(1995년 83.1→2005년 85.5)는 여성 신자의 증가에도 불구하고 성비가 2.4명 증가하였다. 신자 구성에서 남성 비율이 증가한 셈이지만, 여전히 다른 종교에 비해 성비가 낮다.

한국 천주교회 통계(이하 교회 통계)[2]는 인구 센서스보다도 성비가 낮게 나타나지만 계속 늘어나고 있다. 교회 통계에서 1995년 성비는 68.6이었으나 2005년에는 71.6으로 3.0이 높아졌다. 전체 신자의 성비 변화보다 더 뚜렷한 것은 세례자의 성별 변화이다. 1995년에서 2005년 사이에 남성 세례자는 연평균 2.9% 성장하였으나, 여성 세례자는 연평균 -0.4%씩 감소했다. 세례자의 남녀 격차는 2000년 이후 급격히 줄어들기 시작하더니 2005년부터 남성 신자가 더 많아지기 시작했고, 세례자 성비가 점점 더 커져 2008년 말에는 115.3명까지 늘어났다.

2000년 이후 갑자기 세례자 성비가 커진 것은 군종교구 세례자가 급격히 늘어났기 때문이다. 군종교구는 1995년 당시 성인 세례자수가 2,908명이었으나, 2005년에는 24,929명으로 10년 사이 거의 10배에 가까이 늘었다. 군 세례자는 꾸준한 증가세였으나, 1999년 이기헌 주교가 군종교구장으로 부임하면서 그 증가세가 더욱 가팔라졌다. 2008년 말 현재 군종교구 성인 세례자의 97.8%가 20대 남성이다. 2000년 이후로 매년 1만 5천 명 이상의 20대 남성이 군대에서 세례를 받았다. 2005년 이후에는 해마다 군대에서 세례를 받는 20대 남성이 2만 명을 넘었으며, 최근에는 2만5천 명도 훌쩍 넘었다. 군대가 그야말로 '황금어장' 이 되어 천주교 신자수를 크게 늘리고 있지만, 그 세례 과정과 현실을 보면 걱정스럽다. 군종교구에서는 5주 동안의 짧은 군사훈련 기간 때 대부분의 세례가 이루어진다. 대표 훈련소인 논산훈련소 연무대성당에서는 매주 약 3백 명이 세례 받아 한 해에 1만 명이 넘는 병사들이 세례 받는다고 한다.[3] 최소 6개월 이상 매주일 미사에 참석하고 예비신자 교리 교육을 받게 되어 있는 한국 천주교회 사목 지침[4]에도 어긋난다.

군대라는 특수한 상황에서 이른바 '초코파이 신자'들을 양산하는 셈이다. 군종교구 홈페이지 '세례 기록 및 교적 Q & A 게시판'을 보면, 세례 증명서를 요청하면서 자기 세례명조차 모르는 이들이 태반인데, 이들은 대체로 훈련소 성당에서 세례 받았다. 이것이 군종교구의 급성장과 함께 이루어지고 있는 20대 남성 신자의 놀라운 증가를 마냥 기뻐할 수 없는 이유이다.

떠나는 여성 신자들, 늙어 가는 천주교회

군종교구 세례자의 증가로 남성 세례자는 꾸준히 늘어나지만, 여성 신자는 2000년 이후 계속 줄어들고 있다. 더 큰 문제는 세례를 받았는데도 더 이상 천주교 신자로서 정체성을 갖지 않는 여성들도 많다는 점이다.

2005년 인구 센서스와 2005년 교회 통계의 연령별·성별 비교를 하면, 여성 신자는 30대에 들어서면서부터 교회 통계상 신자수가 인구 센서스상 신자수가 많다. 40대 여성 신자는 교회 통계 신자수가 인구 센서스상 신자수보다 7만 명이나 많다. 이는 30대 이상의 여성 신자 가운데 상당수가 천주교를 떠났다는 것을 보여 준다. 세례를 받아 교회 통계에 집계된 여성 신자들이 개종했거나 비종교인이 되어 더 이상 천주교 신자로서의 정체성을 갖지 않아 인구 센서스 조사 때 천주교 신자가 아니라고 응답했다고 보이기 때문이다.* 인구 센서스와 교회 통계 간에 성별로 차이가 큰 원인에 대해서는 인

---

* 교회 통계는 세례를 받았더라도 이미 다른 종교로 개종했거나 비종교인이 된 사람들도 집계되지만, 인구 센서스는 '현재의' 소속 의식이나 종교적 정체성을 기준으로 삼기 때문에 차이가 날 수 있다. 어쨌든 인구 센서스의 신자 기준이 교회 통계상의 신자 기준에 비해 훨

구 센서스 조사 방법의 한계에서 비롯된 것일 수도 있으므로** 여성만 교회에서 이탈하였다고 단정할 수 없다. 그러나 분명한 것은 세례를 받았어도 더 이상 천주교 신자가 아닌 이들이 상당수이고, 여성들에게서는 그 사실이 확실하게 나타난다는 점이다.

2005년 인구 센서스 결과, 천주교는 연령대가 높아질수록 신자 비율이 조금씩 증가하지만 10대 미만 9.7%, 10대 11.7%, 20대 11.2%, 30대 9.8%, 40대 11.3%, 50대 12.0%, 60대 10.8%, 70대 이상 11.5%, 1995년 이후 10대 청소년의 비율이 매우 높아져서 대부분 연령대에서 고른 신자 비율을 나타내고 있다. 특별히 눈에 띄는 것은 1985년에는 30대가 가장 비율이 높았는데, 1995년에는 40대, 2005년에는 50대가 천주교 신자 비율 중 가장 높은 비율을 차지하는 것이다. 이 세대는 전쟁 직후 출생 세대로서 계속해서 천주교 신자 구성상 가장 높은 비율을 차지하고 있다. 이 세대는 어린 시절에는 전쟁 후 해외 원조를 받았던 세대이며, 70-80년대 한국 사회 민주화 과정에서 청년기를 보낸 세대이기도 하다. 이처럼

씬 포괄적이기 때문에 인구 센서스상의 천주교 신자가 교회 통계상의 천주교 신자보다 많은 것은 당연하고도 자연스러운 현상이다; 강인철, 『한국 천주교회 쇄신을 위한 사회학적 성찰』, 우리신학연구소, 2007년, 83-84쪽.

** 인구 센서스는 개인이 아니라 가구 단위 조사이기 때문에 종교와 같은 개인적인 사안에 대해서는 조사에 응답한 사람이 누구인가에 따라 오차가 발생할 여지가 크다. 또한 과거에는 원칙적으로 조사원 면접 조사 방법을 채택하고, 경우에 따라 가구 대표가 소속 가구원에 관한 사항을 기입하는 가구 기입 방법을 병행하였다. 최근에는 여성의 경제 활동 참가 증대 등에 따라 주간 부재 가구가 증가하고 사생활 보호 의식 확산에 따른 면접조사 기피 등으로 인해 가구 기입 방법이 점차 확대되고, 2005년 조사에는 인터넷 조사까지 도입되는 등 조사의 완전도와 정확도가 위협을 받는 상황이라, 종교 통계도 그 영향을 받았을 가능성이 크다. 이런 오차의 가능성은 성별 종교 실태뿐만 아니라 연령별 종교 실태에서 더욱 의심된다; 김민경, 「인구주택총조사의 발전과 향후과제」, 『한국의 인구 · 주택 - 인구주택총조사 종합보고서』, 통계개발원, 2008년 31-32쪽 참조.

천주교에서는 한 세대 계층이 계속 높은 비율을 유지하며 나이가 들어가는 특징을 보인다. 가장 높은 비율의 천주교 연령대는 2005년 50대로 이미 중년기를 벗어나 노년기로 접어들고 있다.

전체 인구에서 노령인구의 비율이 7%가 넘으면 고령화사회, 14%를 넘으면 고령사회로 본다. 한국 천주교 신자는 울산 지역5.0%을 빼고 모두 고령화사회충남 13.4%, 강원 12.7%, 전북 12.7%, 충북 12.2%, 경북 12.1%, 대구 10.3%, 부산 10.0%, 경남 9.4%, 인천 9.2%, 제주 9.1%, 광주 8.9%, 경기 8.5%, 서울 8.2%, 대전 7.5%로 접어들었고, 전라남도 (14.2%)는 이미 고령사회가 되었다.

유령 신자 48만 명의 대부분은 20세 미만

2005년 인구 센서스상의 천주교 신자는 교회 통계상 신자보다 약 48만 명이 많았다. 이에 대한 분석과 추측이 여러 면에서 이루어졌지만 확실한 해답은 아직 나오지 않고 있다. 그런데 이 같은 편차는 주로 20세 미만의 청소년 신자수에 집중된다. 20세 미만의 청소년의 인구 센서스상 신자수와 교회 통계상 신자수 차이는 약 46만 명으로, 전체 차이 48만 명의 대부분을 차지한다. 1995년 인구 센서스 때도 20세 미만의 신자수와 교회 통계상 신자수의 차이가 다른 연령대와 다르게 나타났지만, 그 차이는 9만5천여 명에 불과했다. 그렇다면 왜 2005년 조사에서는 46만 명으로 그 편차가 더 커졌을까?

이는 부모는 천주교 신자여도 자녀는 천주교 세례를 받지 않는 경우가 크게 늘고 있다는 반증일 수 있다. 그 근거로 교회 통계상의 유아 세례자수만7세 미만의 세례자 수가 줄어드는 것을 들 수 있다. 교회 통계상 유아 세례자는 1995년부터 2005년 사이 37.1%가 감소했다. 인구 센서스 결과 10세 미만 인

	인구 센서스(A)		교회 통계(B)		차이(A-B)	
	남자	여자	남자	여자	남자	여자
20세 미만	664,921	637,243	422,835	419,923	242,086	217,320
20대	421,273	399,747	388,162	386,830	33,111	12,917
30대	351,665	456,203	308,273	493,769	43,392	-37,566
40대	393,054	511,017	345,424	582,133	47,630	-71,116
50대	279,581	335,573	252,185	376,164	27,396	-40,591
60대	164,763	221,367	146,340	233,027	18,423	-11,660
70대	76,547	152,758	64,539	155,565	12,008	-2,807
80세 이상	20,705	59,730	26,544	80,954	-5,839	-21,224

[표3] 2005년 인구 센서스와 교회통계의 성별·연령별 비교(단위 : 명, 자료 : 인구 센서스, 교회통계)

구가 1995년과 2005년 사이 14.9% 감소한 것과 비교할 때, 최근 10년 동안의 유아 세례자 감소는 매우 급격하다. 게다가 천주교 신자수는 급속도로 늘어나고 부모 세대라 할 수 있는 20~40대 신자들도 크게 늘어난 상황인데, 천주교 세례를 받거나 성당에서 활동하는 청소년은 계속 감소 추세이다. 주일학교 학생수를 보면 그 절대 인원도 계속 줄어들고, 주일학교 참석 비율도 계속 낮아지고 있다.

위에서 보듯이, 부모 세대의 신자는 늘어도 자녀 세대는 실제 세례 받지 않거나 활동하지 않는 것이 한국 천주교회의 현실이다. 이 결과를 놓고 앞으로 신자가 될 자녀 세대가 많다고 좋게 해석할 수도 있다. 하지만 과연 현재 세례는 받지 않았으나 신자로 파악된 46만 명의 어린이와 청소년들이 언젠가 천주교 신자가 될 수 있을까? 부모의 기대는 그럴지언정 현재 대안을 찾지 못한 채 흔들리고 있는 청소년 사목의 현실로 보건대, 그 46만 명 가운데 상당수가 허공으로 날아가 버릴 가능성이 더 크다.

중산층 교회를 넘어 중상층 교회로

종교별 평균 교육 연수[5]는 천주교가 12.5년으로 가장 길다종교인 전체 11.4년, 불교 10.5년, 개신교 12.1년. 종교별 교육 수준의 차는 종교별 연령 구성에 의해 영향을 받기 때문에, 연령 변수를 통제하기 위해 30~49세 종교인구만을 대상으로 교육 연수를 분석해 보면 천주교, 개신교, 불교의 순으로 나타난다종교인 전체 13.3년, 천주교 14.0년, 개신교 13.7년, 불교 12.7년. 전체 격차가 한결 좁혀지지만 천주교의 평균 교육 연수가 여전히 가장 높다.

15세 이상 인구의 종교별 직업 분포를 살펴보면 천주교·개신교 신자가 화이트칼라 직업군전문가, 기술공 및 준전문가, 사무종사자 등 비율이 높다. 반면 불교는 농업, 임업 및 어업, 숙련 종사자의 비율이 두드러지게 나타난다. 종교별 평균 교육 연수와 마찬가지로 30~49세 종교인구만을 대상으로 종교별 직업 구성비를 살펴보면, 종교 간 직업 격차는 상당수 줄어들지만 여전히 천주교·개신교에서는 화이트칼라 직업군, 불교는 블루칼라 직업군이 두드러진다.

천주교 신자 비율이 높은 상위 지역 중에는 강남 3구 등 소위 잘 사는 지역으로 알려진 곳들이 주로 눈에 띈다. 전국 232개 시군구의 주택 평당 가격[6]과 비교할 때, 주택 평당 가격 상위 10위권 지역 중 6곳은 천주교 신자 비율 상위 10위권 지역과도 일치한다. 이 지역의 천주교 신자 비율은 평균 16.2%로 하위 10위권 지역의 평균 8.2%에 비해 2배 가까이 높다. 주택 평당 가격 상위 지역에서 불교, 개신교는 감소하고 천주교는 평균 증가율4.3%보다 더 증가하였다. 반면 하위 지역에서는 천주교 평균 증가율에 미치지 못하는 곳이 더 많았다. 이처럼 한국 사회의 상층에서 천주교 비율이 두드러진 것은, 그동안 천주교회가 중산층화를 넘어서 중상층화되고 있음을 짐작케 한다.

앞에서 고학력자와 고소득 직종에서 천주교 신자 비율이 다른 종교보다 높은 것과 맞닿은 맥락이다.

20-30% 신자만이 활동 신자

인구 센서스나 교회 통계에서 천주교 신자가 늘었다고는 하지만, 본당에서는 그 정도로 늘어났다는 것을 체감할 수 없다. 주일미사 참여 비율은 해마다 크게 줄어들어 1995년 당시 34.8%이던 것이 2008년에는 24.0%로, 신자 4명 중 1명만 주일미사에 참여하고 있는 것으로 나타났다. 마산교구19.1%, 부산교구19.6%, 광주교구20.9%는 신자 5명 중 1명만 주일미사에 참여하고 있는 상황이고, 가장 미사 참여율이 높은 춘천교구도 29.9%이다. 신자수는 1995년 이후 평균 해마다 12만 명 정도 늘어났으니 10년 동안 120만 명이 새로 늘어난 셈인데, 주일미사 참여자는 1995년에도 약 120만 명이고 2008년에도 그대로이다. 1995년 이후 많은 신자들이 새로 입교했음에도 주일미사 참여자수는 변동이 없다는 것은 새 신자 증가와 같은 속도로 새 신자들이 금세 빠져나갔거나 기존 신자들이 빠져나갔다는 것을 의미한다.

주일미사 참여와 함께 한국 천주교회에서 신자의 의무인 성탄·부활 판공성사성탄절과 부활절을 앞두고 의무적으로 참여하도록 권장하고 있는 고해성사도 2008년 참여율이 30.8%부활, 32.7%성탄에 머물고 있다. 이런 통계를 고려해 볼 때, 현재 세례 받은 신자의 약 20~30% 만이 교회 안에서 활동하고 있다고 보인다.

한국 천주교회는 '3년 이상 판공성사를 받지 않은 신자'를 '냉담자' 로 규정하여 그 통계를 집계하고 있다. 이 기준에 따르면 신앙생활을 하고 있어도 판공성사표판공성사 집계를 위해 성사 뒤 제출하도록 만든 표로, 대림절과 사순절 때 신자 개

개인에게 배부된다를 3년 동안 제출하지 않으면 냉담신자이기 때문에, 교회 통계상의 냉담자수가 교회 이탈자수와 같지 않다. 그래도 냉담자수 증가가 교회 이탈자 증가를 반영한다고 할 수 있다. 2008년 말 현재 주소 확인 냉담신자가 812,094명으로 전체 신자의 16.2%, 거주 미상 냉담신자가 670,524명으로 전체 신자의 13.4%로 나타나 전체 신자 수의 약 30%에 이르는 약 130만 명이 냉담자인 것으로 집계되었고, 그 수는 증가 추세에 있다.[7]

뒷걸음치는 천주교 사회 사목

문화체육관광부의 실태 조사 결과에 따르면 2002년에서 2008년 사이 불교와 개신교는 언론·출판 매체와 사회복지기관이 2~3배 이상 늘어났다. 그러나 천주교는 사회복지 기관은 약간 늘어나고31개→58개, 언론·출판 매체는 오히려 줄어들었다46개→43개. 매스미디어의 중요성이 나날이 커지는 상황에서 다른 종교는 매체를 늘려 가는 반면불교 63개→124개, 개신교 123개→322개, 원불교와 기타 17개→31개, 천주교는 오히려 줄었다. 이에 비해 천주교는 의료기관의 수가 3배 가까이 늘어났다36개→81개.

의료시장 개방 움직임으로 대형화·기업화되는 의료 현실에 비추어 볼 때, 걱정되는 점은 노조 탄압이나 비정규직 문제 등 일반 기업과 다를 바 없는 천주교 병원 운영 모습이나, 고급화·대형화 전략으로 가난한 이보다 가진 이에게 한 발짝 더 가까이 가려는 모습이다. 이는 과거 천주교의 대사회 이미지를 높여 주었던 헌신·봉사의 대사회 활동과는 상당히 다른 모습이다. 한신대 강인철 교수는 「종교 권력과 한국 천주교회」라는 논문에서 가톨릭 사업장, 특히 대형화된 가톨릭 병원의 노사 분규를 중심으로 '비판적 시민사회'와 충돌하는 교회 모습에 대해 다음과 같이 걱정하였다.

> 교회 기관의 대형화 추세는 상황을 더욱 악화시키는 요인인 것으로 보인다. 특히 가톨릭중앙의료원처럼 '국내 최대 규모'의 초대형 사업장으로 성장한 경우, 중앙의료원 경영진과 노조 대표들은 병원 자본 전체와 병원 노조 전체의 '대리인'이 되기 십상이다. … 교회가 총자본의 대변자로 시민사회에 비치는 것이나, 교회가 노동운동 전체와 대립하는 것처럼 비치는 것은 교회의 사회적 공신력에 가하는 상처가 너무나도 크다.[8]

> 교회 지도층이 세상을 보는 시각이나 자리, 즉 세계관의 문제이다. 교회 지도층이 사용자 및 특권층의 관점에서 세상을 보기 시작했다는 것은 교회가 표방해온 '가난한 이들에 대한 우선적 선택'이라는 가치, 그리고 '사회적 약자들의 보호자'라는 종전의 교회 이미지와 충돌한다는 점에서 중요한 변화라고 할 수 있다.[9]

쇄신 목소리에 찬물 끼얹은 2005년 인구 센서스

신자수가 늘어났지만 한국 천주교회도 이웃종교와 마찬가지로 위기를 맞고 있다. 1990년대에 들어서면서 주일미사 참석 비율이 줄어들고 냉담자 비율이 늘어나자 양적 성장보다 질적 성숙이 필요하다는 자성의 목소리가 많았다. 그런데 지금은 2005년 인구 센서스를 통해 드러난 놀라운 성장세와 여전히 높은 천주교에 대한 호감에 안도하며 안주하려는 분위기이다.

다른 종교에서 분석한 바에 따르면, 한국 천주교회 성장은 한마디로 '종

용산 참사 현장에서의 미사. 한국 천주교회의 적극적 사회 참여는 천주교에 대한 긍정적 이미지 구축에 좋은 영향을 미쳤다.

교다움'의 이미지를 가장 성공적으로 구축하고 유지하였기 때문이다. 우선 천주교를 '거룩한 종교'로 인식하게 한 요인을 정리해 보면 다음과 같다.

(1) 오랜 전통으로 내려오는 전례 의식과 문화 예술 등에서 느껴지는 엄숙함

(2) 개인 성찰을 강조하고, 억지로 강요하지 않는 자유로움

(3) 독신으로 봉헌된 삶을 사는 사제, 수도자의 상징성과 이들에 대한 신뢰

(4) 체계를 갖춘 조직성, 전체가 하나의 교회라는 일치성, 이를 바탕으로 한 재정 투명성

(5) 사회 복지 활동 등 세상 낮은 곳을 돌보며 섬기는 모습

(6) 인권, 사회정의 활동 등을 통해 세상을 일깨우고 바른 길을 제시하는 모습

(7) 타종교와 한국 문화 전통에 대한 포용적인 태도

종교사회학자 오경환 신부는 이런 요인들이 대체로 신앙의 가르침에 충실한 데서 비롯된 것이며, 이것이 천주교회에 '호감'을 갖게 했다고 해석하였다.[10] 그러나 이런 호감은 천주교가 지닌 긍정적인 종교 이미지 덕분이기도 하지만, 상대적으로 다른 종교의 종교답지 않은 모습으로 인한 반사이익의 측면도 크다는 조심스런 견해도 있다.[11] 개신교가 과거에 강조하던 성공 이데올로기, 독선적 우월의식을 갖고 이웃종교에게 배타적인 태도를 보이는 모습이 점점 가톨릭 교회 안으로 유입되는 현 상황에서는 한국 천주교회가 얻은 '호감'을 언제까지 유지할 수 있을지 의문이다.

SWOT 분석을 통해 본 한국 천주교회의 과제

외부 환경 변화를 살펴보면, 종교 인구는 전반적으로 늘어났지만, 30~40대에서는 무종교인이 늘었다. 1995년 이후에는 천주교를 중심으로 그리스도교 신자가 많아지고 불교 신자는 감소했지만, 불교 인구가 크게 줄어든 지역에서는 무종교인이 늘어났다. 과거에는 여성 종교 인구가 많았지만 최근 성별 불균형이 줄어들고 있다. 이는 남성 신자가 늘었기 때문이 아니라, 쇠퇴하는 종교는 여성 신자 이탈이 두드러지고, 성장하는 종교는 여성 신자 증가가 둔화되었기 때문이다. 연령별로 50대 이상에서는 그리스도교 신자

들이 증가하고 있지만, 젊은층이 줄어들며 종교 인구 구성 전반이 고령화되고 있다. 가족 내 종교 일치가 강화되고 있지만, 심정적으로는 종교 인구여도 실제 종교 활동은 하지 않는 청소년 인구가 상당히 많아 앞으로 전망도 그리 밝지 않다. 각 종교가 성장한 지역은 대부분 그 종교가 우위를 차지하는 지역과 같다. 종교에도 지방색이 강해지면서 해당 지역에서 다른 종교에 대한 배타성이 늘어날 가능성이 있다.

천주교의 내부 여건을 살펴보면, 전반적으로 신자수가 크게 늘었지만 실제 신앙 활동 인구는 늘지 않고 있다. 군종교구에서 20대 남성 신자가 크게 늘었지만 제대로 된 교리 교육이나 회심 과정 없이 세례를 받은 '초코파이 신자'가 많아 회의적이다. 여성 신자들은 크게 증가하지 않고 오히려 이탈하고 있는 것으로 보인다. 연령별로 50대 이상의 신자들이 크게 늘었지만, 군종교구를 제외하고 세례자가 전반적으로 감소하고 75세 이상만 늘어서 앞으로 고령화가 더욱 심각해질 것이다. 가정 내 종교 일치가 증가하고 가족을 통한 입교도 활발하게 이뤄지지만, 현재 한국 천주교회는 가정 중심의 사목 활동이 미흡한 실정이다. 게다가 자녀의 신앙생활도 적극적으로 돌보지 않아 유아 세례나 주일학교 참여 등이 크게 하락하고 있다. 신자 구성에

기회 요인(opportunity)	위협 요인(threat)
- 전반적인 종교 인구의 증가	- 30~40대 무종교인 증가
- 그리스도교 신자 비율 증가	- 불교 감소 연령대·지역에서 무종교인 증가
- 여성 중심이던 종교 성비 불균형 완화	- 여성 종교 인구의 감소 및 증가 둔화
- 50대 이상 그리스도교 신자 증가	- 종교 인구 구성의 고령화
- 가족 내 종교 일치 강화	- 실질적인 청소년 종교 활동 인구 감소
- 지역별로 종교의 성장	- 종교별 지역색 강해짐

[표 4] 외부 종교 환경의 변화

서 고학력, 고소득층, 인구가 많은 대도시 지역에 신자가 많아져서 점점 중상층화되면서 가진 자의 종교가 되어 가난한 이들은 소외될 우려가 크다. 고학력·고소득층의 경우 실질적인 종교 활동이 약하다는 측면에서 오히려 교회의 활력은 약해질 수 있다. 실제로 현재 냉담자 증가, 주일미사와 판공성사 참여자 감소 등 사목 관련 지표가 모두 나빠지고 있고, 대사회 활동마저 위축되고 있다.

이런 외부 환경과 내부 여건의 변화를 분석할 때, 한국 천주교회는 다음과 같이 대안을 모색할 필요가 있다.

(1) 늘어난 신자들이 제대로 신앙생활을 지속할 수 있도록 신앙생활 전반에 걸친 쇄신이 필요하다. 이 쇄신은 예비신자 교리 교육 과정부터 이뤄져야 한다. 신앙은 교리를 얼마나 많이 아느냐가 아니라 예수의 가르침에 따라 살아가느냐 아니냐가 관건이 되는 것이므로, 예비신자 교리 교육 과정부터 신앙을 체험하고 살아갈 수 있도록 한다.

(2) 교회 활동을 주도했던 여성 신자의 증가 둔화, 특히 30~40대 여성 신

강점(strength)	약점(weakness)
- 신자 수 급증	- 신앙 활동 참여 신자는 늘지 않음
- 20대 남성 신자 증가	- 여성 신자 증가 둔화와 이탈 현상
- 50대 이상 신자 증가	- 세례자 감소와 고령화
- 가정 내 종교 일치 강화	- 청소년 신앙생활 감소
- 고학력, 고소득층, 대도시 신자 증가	- 신자 양극화 현상과 활동 약화
	- 사목 관련 지표 모두 하락세
	- 대사회 활동 영역 위축

[표 5] 한국 천주교회의 변화

자 감소는 맞벌이와 육아 부담 등으로 여성 신자가 교회 활동에 참여할 여유가 줄어들었기 때문이다. 이들이 교회 활동에 참여할 수 있도록 여성 사목을 활성화할 필요가 있다.

(3) 종교 인구가 노령화하는 현실에서 노인 신자들을 대상으로 하는 사목 활동뿐만 아니라 노년기 신자들이 교회 활동에 적극 참여할 수 있도록 유도할 필요가 있다.

(4) 가족 내 종교 일치가 강화되는 현실 속에서 가족부터 신앙생활로 인도하고 가정 안에서 자녀 신앙생활을 이끌어 주어야 할 것이다.

(5) 전반적으로 대사회 활동을 강화하여, 한국 사회에서 가지고 있는 천주교의 긍정 이미지를 계속 유지하여야 할 것이다.

(6) 교회 안에서 소외 계층 신자에 대한 배려와 사회복지 활동이 적극 이루어져야 할 것이다.

(7) 군종교구에서 세례하는 신자의 신앙 정체성을 강화하고, 나아가 입교 과정에서부터 회심이 이뤄질 수 있도록 개선되어야 할 것이다.

(8) 중상층에 속하는 신자가 복음 정신을 바탕으로 사회에서 모범을 보이며, 자기 시간과 능력, 재화를 이웃과 나눌 수 있도록 인도할 필요가 있다.

2. 교구장 사목교서를 통해서 본 한국 천주교회[12]

천주교 특성 가운데 하나는 지역 교회교구의 권한이 크다는 점이다. 주교회의에서 결의된 내용이라도 이를 각 교구에서 실행할 것인지 말 것인지는 교구장에게 달려 있다. 각 교구 우두머리인 교구장은 입법·사법·행정 삼권

인천교구 정신철 주교 서품식

을 모두 가지고 있다. 따라서 각 교구장 주교 또는 한국 천주교 주교단의 리더십은 한국 천주교회의 앞날을 결정하는 가장 중요한 요소 가운데 하나이다.

한국 천주교 주교회의는 해마다 봄·가을 정기총회를 통해 한국 천주교회 전체와 관련된 중요사항을 결정한다. 각 교구장 주교는 해마다 대림 제1주일[13]에 연두 사목교서[14]를 통해 자신의 교구 사목 방침을 제시한다. 이 사목교서는 교구장의 비전과 사목 방향을 담고 있다는 점에서 중요하다.

한국 천주교회에서 주교 사목교서가 처음 발표된 것은 1857년 「장주교윤시제우서」張主教輪示諸友書이다. 그 뒤로도 필요에 따라 공동 사목교서를 발표한 적이 있었지만, 연두 사목교서가 해마다 발표된 것은 1980년대 이후의 일이다. 한국 천주교 200주년 행사1984년와 제44차 세계성체대회1989년를 준비하면서 주교단은 공동 사목교서를 해마다 발표하였다. 1990년 이후에는 연례 공동 사목교서가 본당 사목 현장에 제대로 적용되지 못하고, 교회 당면 문제를 해결하는 데 큰 도움을 주지 못한다고 평가되면서 교구별로 연두 사목교서를 발표하기 시작하였다.[15]

이 같은 중요성을 갖는 교구장 사목교서를 중심으로 소공동체 사목과 교구 시노드*에 대해 살펴보자. 소공동체 사목은 제2차 바티칸 공의회 정신에 맞는 교회상을 이루어 간다는 목표 아래 20년 가까이 한국 천주교회 전체가 사목 대안과 비전으로 매달렸다는 점에서, 교구 시노드는 제2차 바티칸 공의회 정신에 따라 교구장 주교가 교구민 의견을 수렴해 교구 사목 정책과 계획을 수립함으로써 교회의 공동체성을 이루어 가는 수단이라는 점에서 큰 의미를 가진다.

소공동체 사목과 사목교서

1990년대에 한국 천주교회는 2000년대 사목의 비전을 소공동체로 보고, 소공동체를 통한 새로운 교회상과 사목을 실현하고자 했다. 서울대교구는 가장 먼저 1993년 교구장 사목교서를 통해 친교가 상실된 교회 현실을 극복

*공의회는 전 세계 주교들이 모두 모여서 하는 회의이다. 주교 시노드는 주교 가운데 일부가 모여서 하는 회의이다. 교구 시노드는 교구장 주교가 소집하는 일종의 교구 대의원회의다. 그래서 한국 천주교회는 『교회법전』을 우리말로 옮기면서 '교구대의원회의'라고 했다. 『교회법전』에 교구 시노드 관련 사항이 일부 규정되어 있지만, 교구 시노드의 구체 추진 절차와 과정은 순전히 교구장 주교의 재량에 달려 있다.

하기 위한 사목 대안으로 신자들이 공동체를 체험할 수 있는 소공동체 건설을 제안하였다. 이후 서울대교구를 중심으로 여러 교구에서 소공동체사목이 추진되었고, 2001년 소공동체 전국 모임이 시작되면서 각 교구의 소공동체 경험을 나누고 교류하였다.

그러나 한국에서 전개되는 소공동체 운동이 원래 목표대로 제2차 바티칸 공의회가 제시한 친교의 교회를 이루어 가고 있는가에 대해 비판적인 시각이 있다. 특히 아래로부터 자발적으로 형성되는 다른 나라의 기초 공동체들과 달리 한국의 소공동체는 기존 구역·반을 중심으로 획일적으로 전개되면서, 신자들에게 삶의 자리에서 복음 가치를 살아 내는 자발적인 공동체 운동이 아니라 단순히 성서 나눔 소모임으로 이해되고 있다. 이제민 신부는 위에서부터 전개되는 한국형 소공동체가 제2차 바티칸 공의회 정신과 교회론을 실현하기는커녕, 공의회 정신을 방해하는 요소로 가득하다고까지 비판하였다.[16]

한국에서 시도된 지 약 20년이 흐른 지금까지도 여전히 소공동체 사목은 대부분의 교구에서 소극적으로 이루어지고 있다. 2010년 사목교서에서 소공동체를 언급하고 있는 교구는 대전·수원·청주·제주 교구 정도이다. 이 중 2000년대 사목교서에서 초지일관 소공동체 사목에 집중하고 있는 교구는 수원교구와 제주교구뿐이다.

수원교구는 교구 시노드1997~2001년에서 소공동체와 청소년 사목을 의제로 정하여 논의했고, 이후 나온 사목교서도 그 결과를 실현하는 데 집중하고 있다. 사목교서에서 소공동체 관련 사목 지표구역수, 반수, 모임 참석률, 모임 횟수 등 주로 양적 지표에 해당를 평가하며, 소공동체 사목을 독려하고 있다. 2006년부터 2009년까지 제시한 사목교서에서는 "'소공동체 활성화'는 사목적 대전환을 마련한 계기"로까지 높게 평가하며 소공동체의 중요성을 강조하고, 2010년 다른 주제인 청소년 사목을 다룰 때도 역시 "'소공동체 활성화'는 청소년들의 신앙생활을 위해서 교회가 공동 협조 체제를 갖추기 위한 중요한 요소"라며 그 강조를 잊지 않고 있다.

서울대교구에서 소공동체 사목을 주도했던 강우일 주교가 제주교구장으로 부임한 2002년 10월 이후, 제주교구 사목교서의 모든 중심 주제는 소공동체이다. 처음 발표한 2003년 사목교서는 소공동체 활성화 원년에 걸맞게 "말씀을 증거하는 소공동체의 해"를 주제로 교구 현실에 대한 성찰을 통해 초대교회 공동체의 삶을 살피고, 이에 근거해 오늘의 교회가 가야 할, 가고자 하는 길이 소공동체임을 분명히 하였다. 이후 교서의 중심 주제를 보면 2004년에는 소공동체 시범 본당 설정과 봉사자 양성을 위한 교육 등 소공동체 사목을 위한 기본 토대를 마련하기 시작했고, 2005년 이후 사목교서에서는 가정 중심의 소공동체를 이루기 위한 방안이 제시되고 있다. 특별히 2007년부터 2009년까지는 청소년과 청년, 어린이를 중심으로 소공동체를 제시하고, 2010년 사목교서는 집안의 '가장이 솔선수범하는 소공동체'를 주제로 삼았다.

소공동체가 일부 교구 사목교서에만 언급되었다고 해서 그 밖의 다른 교구는 소공동체사목이 폐기되었다고 이야기할 수는 없다. 하지만 사목교서의 성격을 생각할 때, 사목교서에 언급되지 않은 것은 폐기까지는 아니더라도 그 비중이 매우 낮아진 것을 뜻한다. 특히 소공동체 사목을 수입하고, 다른 교구로 확산되는 데 큰 구실을 한 서울대교구는 2000년 사목교서를 끝으로 소공동체를 제대로 다루지 않는다. 소공동체를 집중적으로 연구하던 2000년대복음화사무국은 교구 시노드 이후 통합사목연구소로 개편되었고,

최근에는 소공동체 관련 연구를 진행하지 않고 있다.

교구 시노드와 사목교서

2000년 대희년을 전후로 지금까지 교구 시노드를 개최한 교구는 대구·수원·인천·서울·청주 교구이다. 교구 시노드라는 명칭을 사용하지 않았으나 광주대교구는 70주년을 준비하면서, 안동교구는 40주년을 준비하면서 실제로 시노드 과정을 밟았다. 대구대교구는 교구 설정 100주년을 준비하며 제2차 교구 시노드를 진행하고 있다.

대구대교구 : 1997년부터 1999년까지 1차 교구 시노드를 진행했고 최근 교구 설정 100주년을 맞아 2차 교구 시노드를 준비하는 대구대교구의 경우, 1차 교구 시노드 이후 사목교서에서 교구 시노드를 거의 언급하지 않았다. 2001년 사목교서에서만 교구 시노드에서 정한 대로 사목평의회 중심의 본당 기구 개편에 따를 것을 제시하였을 뿐이다. 오히려 2000년대 대구대교구의 사목교서는 교구 차원의 여러 대회들에 관한 내용으로 채워지다가 2008년 사목교서에서 2011년 교구 설정 100주년을 준비하며 제2차 교구 시노드 개최를 천명하였다. 2차 교구 시노드가 끝나면 그 결과를 바탕으로 사목교서가 제시될는지는 모르겠지만, 1차 교구 시노드의 결과는 거의 사목교서에 반영되지 않았다.

수원교구 : 1997년에 교구 시노드를 시작하여 2001년에 폐막한 수원교구는 2001년 이후 사목교서부터 줄곧 교구 시노드 최종 문헌과 실천을 주제로 내용을 간추리고 후속 실천을 강조하고 있다. 교구 시노드 이후부터 지금까지 나온 교서의 주제를 보면 교구 시노드 의제인 '구역·반 소공동체의 활성

화', '청소년·청년 사목 활성화'에만 집중하고 있고, 3~5년 단위의 사목교서를 발표하고 있다. 교구 시노드는 거의 10년 전에 끝났지만, 그때의 고민과 개선을 향한 노력이 계속되고 있다.

인천교구 : 1999년부터 2000년까지 교구 시노드를 진행한 인천교구는 교구 시노드 이후에도 2006년까지 3년 단위로 두 차례 교구 시노드 실행 사목교서를 제시하였다. 인천교구는 교구 시노드를 통해 2000년대 복음화는 새복음화선교, 재복음화신자재교육, 사회복음화를 지향한다고 밝혔고, 이후 이 세 복음화에 관해서 계속 다루었다. 교구 시노드 이후 사목교서는 '비전 2010 준비'2000년, '교구 20년 계획 추진 특별위원회 설립'2001년, '20년 복음화 계획 실현'2002년, '단계별 실행과제'2004년 등을 언급하여 중·장기 사목 계획을 세우고 추진했음을 알 수 있다. 그러나 2007년부터는 2011년 교구 설정 50주년을 준비하는 5개년 준비 계획이 새롭게 제시되었다. 이로써 사실상 교구 시노드 성과를 이어 나가려는 노력은 중단되었다고 볼 수 있다.

서울대교구 : 2001년부터 2003년까지 교구 시노드를 진행했던 서울대교구는 2000년부터 2006년까지 사목교서에서 교구 시노드를 언급하였다. 서울대교구 시노드 결과 중 가장 가시적인 것은 교구 사목 구조의 변화라고 할 수 있다. 교구 시노드 뒤 2006년 사목교서까지 해마다 언급한 것은 사목 구조 개선이었고, 그 결과 지역 지구 중심의 사목과 공동사목제도 등을 시행하였다. 교구 시노드 결정 사항을 지역별로 알아서 실행 계획을 마련하고 있는지 모르겠으나, 사목교서에서는 더 이상 교구 시노드의 흔적을 찾아볼 수 없다.

청주교구 : 2007년부터 2008년까지 교구시노드를 진행한 청주교구는 교구 설정 50주년을 준비하면서 2006년 사목교서부터 교구 시노드 개최를 준비

하였다. 선교, 청소년, 가정이 시노드 의제였고, 가정을 바탕으로 한 신앙 성숙과 선교 활동을 전개하려는 의지를 보였다. 그러나 교구 시노드 기간에 발표된 사목교서에서는 오히려 전에 비해 '가정'에 대한 강조가 줄어들고, 신자 교육이라는 측면이 더 부각되었다. 한동안 교구 시노드의 안건과 다르게 제시되던 사목교서의 흐름은 2010년 사목교서에서 다시 제 자리를 찾아 선교·청소년·가정이라는 교구 시노드 의제를 중심으로 사목 방향을 제시하였다.

광주대교구 : 2007년 교구 설정 70주년을 중심으로 3년 단위의 흐름으로 사목교서를 제시한 광주대교구는 교구 시노드라는 말을 사용하지는 않았으나 교구 시노드와 같은 과정을 밟았다. 2002년부터 2004년까지는 해마다 제2차 바티칸 공의회의 주요 문헌교회헌장, 사목헌장, 전례헌장의 의미와 내용을 하나씩 간략히 소개하고 가르침을 되새기도록 과제로 제시하였다. 2005년부터 2007년까지는 교구민을 대상으로 의제 설정 조사와 성직자·수도자·평신도 대상 설문조사를 각각 실시하였고, 교구 운영·영성운동·복음화·기념사업·수도자 등 5개 분과로 나누어 조사 결과를 분석하고 토론하여 시노드 의안이라 할 수 있는 '제안서'를 마련하였다. 이 '제안서'를 70주년 기념미사에서 교구장에게 전달하였고, 2008년에는 이를 단계적으로 실행하는 사목교서가 제시되었다. 2007년 11월에는 '교구 사목기획 추진위원회'를 따로 구성하여, 교구 발전 3개년 추진 계획을 구체화하도록 하였다. 이 추진 계획을 바탕으로 2008년부터 2010년까지 영성 심화, 사도직 활성화, 새로운 복음화를 매년 중점 과제로 다루면서 3년 단위의 중장기 사목 계획을 제시하였다.

안동교구 : 새 교구장 권혁주 주교의 2003년 사목교서에서 안동교구는 '가

난한 이에 대한 우선 선택'을 뚜렷하게 밝히고 있다. 이를 위해 '복음화특별위원회'를 구성하고, 농민사목을 첫 번째 과제로 선택하여 농민사목 방안을 찾기 위한 농민사목실행위원회를 만들었다. 우리신학연구소는 안동교구 요청에 따라 농민사목실행위원회와 함께 안동교구 사목 비전 설정 연구를 진행하였다. 안동교구의 이 과정은 내용상 다른 교구에서 열린 교구 시노드를 교구 실정에 맞게 줄여서 진행한 것이다. 이 과정에서 안동교구 사목 비전을 담은 사명 선언문을 "기쁘고 떳떳하게! ─ 우리는 이 터에서 열린 마음으로 소박하게 살고 생명을 소중히 여기며 서로 나누고 섬김으로써 기쁨 넘치는 하느님 나라를 일군다."로 만들었다. 2009년 교구 설정 40주년을 준비하면서 2007년 사목교서부터 이 교구 사명 선언문의 내용을 나누어 매년 교서 주제로 다루고 있다. 교구 사목 비전을 담고 있는 사명 선언문을 바탕으로 사목의 일관성을 유지하려는 시도이다.

이처럼 교구 시노드를 한 교구들의 사목교서를 짚어 보면 교구 시노드 결과를 별로 활용하지 않은 교구, 몇 년 동안 실천하다가 이제 다른 주제로 넘어간 교구, 아직까지 교구 시노드 결과를 실천하고자 노력하는 교구들로 크게 나눌 수 있다. 교구 시노드는 어떤 의미가 있었고 어떤 변화를 가져왔는가? 우선 단기적으로 한 해 사목 목표만 제시하는 사목교서가 아니라 중·장기 전망을 가지고 사목 방향을 제시하는 사목교서로 변화했다는 점이다. 또한 교구나 본당 조직을 좀 더 합리적으로 개편하려는 시도도 교구 시노드 결과로 이루어졌다. 가장 중요한 교구 시노드의 의미는 교구민 의견을 수렴하고 함께 논의하는 과정을 통해 교회 구성원 모두가 함께 하는 사목을 지향한다는 점이다.

1990년대 중반을 넘어서면서 한국 천주교회 안에서는 자성과 쇄신의 목소리가 높았다. 이 같은 분위기에서 소공동체 사목, 교구 시노드 등 다양한 사목 시도가 있었다. 하지만 2005년 인구 센서스 결과, 천주교가 크게 성장한 것이 드러나면서 자성과 쇄신의 분위기는 사라지고 있다. 대신에 각 교구가 성장 제일주의로 나아가고 있는 조짐이 보인다. 그 예가 신자 비율 목표를 제시하면서 선교를 독려하는 것이다. 가장 대표되는 사례가 서울대교구의 복음화 2020운동2020년 신자 비율 20% 목표이다. 광주대교구의 2010 복음화 운동20분 성경 읽고 10분 묵상, 미사 10분 전 도착하고 미사 후 20분 성체조배, 주일미사 참석률 20% 올리고 냉담자 10% 내리기, 마산교구의 비전 1030 운동2010년까지 복음화율* 10%, 주일미사 참석률 30% 달성도 마찬가지 성격이다. 이러한 방법은 목표 관리MBO, management by objectives인데, 조직의 목표와 개인의 목표를 통합하기 위해, 1950년대 후반 미국의 경영학자에 의해 제창된 관리 기법이다. 주로 양 목표 중심의 관리 기법이기 때문에 질과 리더십을 중요하게 생각하는 오늘날 경영에서는 크게 활용되지 않고 있다. 그런데도 최근 한국 천주교회가 목표 관리 기법을 활용하는 사례가 많은 것은 질 중심의 성숙이 필요하다는 반성이 사라지고 양 중심의 성장주의가 다시 고개를 드는 흐름과 관계 깊다고 여겨진다.

이 같은 분위기를 타서 성공 제일주의도 가톨릭 교회 안에 확산되고 있

*언제부터인가 한국 천주교회는 인구 대비 천주교 신자 비율을 '복음화율'이라고 표현하고 있다. 천주교 세례를 받은 이들이 늘어나는 것을 한국 사회가 '복음화' 되는 것으로 판단하는 셈이다. 그러나 '복음화'의 의미는 다음과 같다; "그리스도를 알지 못하는 이들에게 복음을 전하고 교회로 인도하며, 교회의 구성원들에게 내적 삶의 변화를 통해 하느님의 구원 계획에 따라 더욱 완전한 그리스도인으로 성장하고 성숙할 수 있도록 이끌어 주는 것. 또한 하느님의 말씀과 구원 계획에 반대되는 인간의 판단 기준, 가치관, 관심, 사상, 생활 방식 등을 복음의 힘으로 바로잡는 것을 의미하기도 한다."(김준철, 「복음화」, 『한국가톨릭대사전』 5권, 한국교회사연구소, 1997년, 3515쪽.)

다. 『무지개원리』의 저자 차동엽 신부는 성공이 하느님의 은총이라고 축복해줌으로써 중상층 신자들의 마음을 홀가분하게 해 주고 있다. 이러한 흐름은 가톨릭 교회만이 참된 종교라고 주장하는 가톨릭 근본주의 흐름과 연결되고 있다. 주식회사 평화드림의 예에서 보는 것처럼 상업주의 문화도 교회 안에 더욱 깊이 침투하고 있다.

이 모든 것을 해결할 수 있는 방안은 있는가? 희망은 깨어 있는 평신도이다. 교회를 이미 떠나 있거나 교회의 경계에 서 있는 깨인 평신도를 어떻게 조직해서 효과 있는 실천을 함께 해 나갈 것인지에 그 해답이 있다고 생각한다.

논평 | 가톨릭 제자리 찾기 |

변진흥 | 김수환추기경연구소 부소장

한국 천주교 성장의 빛과 그늘을 분석한 박영대 우리신학연구소장의 발표 내용은 연구소의 성격을 반영하듯 객관적인 데이터를 제시하면서 인구 센서스 조사에서 급격한 성장세를 보인 천주교의 허와 실을 정확히 짚어 내고 있다.

그의 분석에 따르면 지역별로 천주교가 많이 성장한 곳, 예를 들면 서울·부산·제주에서 개신교와 불교가 크게 감소하여 종교간 이동이 일어났을 가능성에도 주목한다. 만약 이러한 분석의 타당성이 뒷받침된다면 그 원인이 무엇인가에 대해서도 관심을 가질 만하다. 또한 2000년 이후 천주교 입교자의 성비 변화가 크게 나타난 이유를 군종교구 세례자의 급격한 비율 증가에서 찾았으며, 이와 함께 30대 여성 신자의 상당수가 천주교를 떠났다는 점도 지적하여 천주교 신도 수 변화의 다양한 측면을 소개하고 있다. 특히 천주교가 중산층교회에서 중상층교회로 변화되는 양상에 대해 경종을 울리면서, 통계상으로는 증가하지만 실제로 활동하는 신자 수는 오히려 점점 줄고 있는 현상이라든가, 천주교의 대 사회적인 역할로 드러나는 사회 사목이 뒷걸음치고 있다는 점을 부각시킨 것은 천주교의 경우 '성장의 빛' 보다 그 그늘이 짙어져 가고 있음을 강조하고 있다는 점에서 뜻깊게 여겨진다.

발표자는 이런 관점에서 2005년의 인구 센서스가 양적 성장 신화에 매몰되게 만들어 교회 쇄신 목소리를 잠재우고 있다는 점을 지적, 천주교 자체의 문제점을 돋보이게 했다. 결국 한국 천주교는 발표자의 결론처럼 2005년의 인구 센서스 결과에 안주하는 양적인 성장주의 신화에 머물게 되면 질적인 성숙의 길을 찾기 힘들 것이라는 엄중한 교훈을 떠올리게 한다. 발표자가 지적했듯이 한국 천주교 안에서 점차 확산되어 가는 성공 제일주의는 천주교의 종교성을 매몰시키고 현세적인 기복적 신앙에 머물러 퇴화의 길을 재촉할 뿐이다. 토론자는 발표자의 문제의식에 동의하나 한국 천주교 '성장의 빛'은 오직 '환상'일 뿐이라는 점이 보다 강조될 필요가 있음을 지적하고 싶다. 만약 한국 천주교의 리더십과 신도 집단이 그 환상에 매달려 맹목적인 기복적 행태에 머문다면 그 결과는 구원에서 멀어지는 것일 뿐만 아니라 다른 종교의 성장주의가 빚어내는 현실적 한계와 그 폐혜를 보여 주는 샘플 외에 아무 것도 아닐 것이기 때문이다.

발표자도 지적하고 있지만, 제2차 바티칸 공의회의 정신은 쇄신에 있다. 이는 교회의 존재 양식 변화를 뜻한다. 즉 트리엔트 공의회의 존재 양식인 수구적·호교론적 존재 양식에서 벗어나 세상 안에 있는 교회의 새로운 실존의식을 깨우쳐 "사회가 교회를 위해 있는 것"이 아니라 "교회가 사회를 위해 있는 것"이라는 참된 십자가 구원의 의미를 현재화하는 것이다. 그렇다면 발표자가 분석한 대로 한국 천주교 리더십과 신도 집단의 의식이 쇄신의 길에서 멀리 벗어나 양적인 성장 제일주의에 빠져들어가는 것은 심각한 위기임이 분명하다. 이러한 위기는 천주교의 종교성과 그 순수성의 해체를 불러오고, 교회 내적 권력의 강화와 외부 권력과의 유착을 불러올 뿐이다. 그렇다면 이처럼 중대한 문제에 봉착한 한국 천주교의 새 길 모색을 위한 대안은 무엇인가를 묻지 않을 수 없다. 이런 맥락에서 몇 가지 질문을 던져 본다.

첫째, 한국 천주교는 교회의 외적 환경 변화에 얼마나 민감한가? 최근 4대강 사업에 대한 주교회의 성명 채택을 놓고도 교회 안에서 의견이 분분한 것으로 알고 있는데 교회 리더십의 중심은 어디로 기울고 있는 것인지 알고 싶다. 둘째, 한국 천주교의 성장주의를 물신주의로 볼 수 있나? 그렇다면 천주교의 종교성에 대한 해답은 어디서 찾게 되는 것인가? 최근 천주교 내에 자리 잡고 있는 인터넷 언론, 즉 「가톨릭 지금 여기」와 같은 소통의 도구가 유용한 것으로 평가받고 있는가? 셋째, 일부 지역에서 나타난 것으로 보여지기는 하나 만약 종교 간 이동이 가시화된 것이라면 그 원인은 무엇이겠는가? 넷째, 한국 천주교의 성장주의는 교회 대형화에 대한 비판으로 이어지는데 이에 대한 대안 모색 차원에서 제기되는 공동사목의 효율성이 어느 정도 효과를 나타내고 있는가?

결론적으로 한국 천주교 역시 종말론적 구원관의 회복과 이에 따른 종말론적 사고의 부활과 심화 없이는 내적 쇄신과 영성의 회복을 기대하기 힘들 것이다. 발표자의 발표 내용은 객관적이고 건전한 비판 의식의 공유를 위한 것으로 천주교 안에서도 중요한 의미를 지니는 동시에 이웃종교와의 동행을 위한 콜로키움의 잣대로서도 매우 유용하다고 생각된다. 거듭 발표자의 수고에 고마움을 표하면서 보다 깊이 있는 토론을 기대한다.

한국 개신교, 자리 잡기와 자리 찾기

김진호 | 제3시대그리스도교연구소 연구실장

1990년대 이후 한국 사회의 성장은 현저히 둔화된다. 하지만 교회의 신앙적 제도는 성장주의에 맞추어져 있었다. 성장은 지체되었는데, 성장주의는 지속되는 상황을 맞게 된 것이다. 이것이 이 시기 교회 위기의 요체였다. … 한데 이 시기에 급부상한 교회들이 있다. 우리가 '후발 대형 교회'라고 부르는 이념형은 바로 이러한 변화를 함축하기 위해 사용된 것이다. … 하여 작은 교회들은 사회를 횡단하는 수평적 연대의 새로운 주역으로 등장하고 있다. 수평적 연대는 배타성을 지양하는 새로운 존재 조건이다. 그런 점에서 수직적 네트워크가 낳은 식민주의도 청산할 수 있는 신앙의 조건을 갖추고 있다.

1. 시작 : 근대성과 식민성, 그리고 배타성

개신교회가 한국 사회에 제도화되는자리 잡게 되는 것은 두 가지 서로 얽혀 있는 요소와 연관된다. '근대성'과 '배타성'이 그것이다. 여기서 근대성이란, 거칠게 말하면, 서구 근대를 의미한다. 그것은 일본에 의해 강제된 근대와는 다른 근대에 대한 열망의 산물이다.

한국 사회에서 근대는 일본에 의한 식민화 체험과 더불어 시작되었다. 하여 한국 사회의 근대성이라는 감각의 제도화, 그 토대부터 식민화와 근대화라는 두 가지 요소가 분리할 수 없이 동시적으로 얽혀 있다. 이른바 '식민지 근대성'은 이렇게 한국 사회의 근대성의 형성적 기조였다.

일본의 근대 체험에 관한 연구에서 가노 마사나오鹿野政直는, 오키나와인들은 제국 시민이 되기를 욕망하면서도 머뭇거리는 심리적 이상 행동을 보이게 된다고 하면서, 이를 '상흔'傷痕, 트라우마이라 불렀다.[1] '상흔'은 배제의 기억이 신체 내에 잔류하여 제도적인 통합의 사회적 해석 체계에 순순히 흡인될 수 없게 하는 내면적 요소다. 식민지 근대성이 내재화된 사회의 집단적 신체 속에 상흔이, 저 언어를 상실한 기억이 잔류하고 있으며, 그것이 시민으로 통합되는 것에 관한 욕망을 비틀어 놓는다는 것이다.

일본 제국주의의 식민지에 대한 통합의 추동력이 와해되는 지점에서 한국 사회의 대중은 대안적 근대를 추구하게 된다. 이때 '탈식민'은 '탈일본'과 동일시된다. 즉 '일본적이지 않은 것'은 '제국주의적이지 않은 것'으로 이해된다. 이러한 대안적 근대의 대표적인 예가 그리스도교, 특히 개신교였다. 여기서 한국의 개신교는 압도적으로 미국화된 개신교였으며, 종종 '미국'은 '개신교회'와 등가적 요소로서 받아들여지곤 했다. 하여 미국에 대한 예속이 매우 강한 사회임에도 우리는 미국을 제국적 지배 세력이 아니라 구원자적 존재로 이해하곤 한다. 교회가 그런 것처럼. 이와 같이 우리 사회의 근대성의 역사에서 식민성은 제거된 것이 아니라 다른 방식으로 잔류하였다.

그런데 여기서 주지할 것은, 일본의 식민지 근대성이 내포한 무의식화된 부정적 심상negative imaginar인 상흔이 대안 근대적 선택인 개신교회적 신앙을 형성하는 데 끼어 든다는 것이다. 반대로 얘기하면 신앙은 신체 속에 억류된 상흔, 그 표상되지 못한 감각non-representational sense에 개념 혹은 의미를 부여해 준다.

프란츠 파농Frantz Fanon에 의하면 식민지적 상흔이 관류貫流하는 몸에는 폭력이 일상화된다.[2] 언어화되지 않은 상흔은 인과성을 알 수 없는, 통제되지 않는 폭력적 상상, 꿈 그리고 행위 등으로 나타난다.

그런데 이런 상흔이 표상성을 얻는다언어화된다. 이것은 일상화된 무의식적 폭력성에 대한 통제가 어느 정도 가능해지게 된다는 것을 의미한다. 한국의 근대 국가와 개신교적 신앙은 이러한 폭력성의 통제를 토대로 하여 제도화되었다는 점에서 '쌍생아적'이다. 일상화된 폭력적 상흔은 발전의 동력으로 전환되며, 이러한 발전주의적 담론을 전유한 이들은 영토territory, 방주로서의 교회와 국경에 대한 배타적 독점권을 얻는다. 이 글에서 보다 상세히 다룰 것이지만, 이 영토성은 대단히 폐쇄적이다. 그리고 이것은 배타성의 제도화를 통해서 실현된다.

이 글은 한국 사회의 근대화와 개신교적 신앙 제도의 배타성이 상호작용하면서 개신교가 한국 사회에 자리잡게 되는 과정을 두 가지 계기를 중심으로 간략히 살펴볼 것이다. 이 계기적 사건을 기반으로 해서 한국 개신교의 신앙 제도는 배타주의적이며 성장주의적인 전형type을 갖게 되었다.

그런데 최근 이러한 제도화의 전형적 양식이 교란되고 있다. 이것은 한국적 발전주의라는 우리 사회의 근대화의 전형적 양식에 대한 비판이 폭넓게 확산되고 있는 현상과 맞물린다. 이 글에서 다룰 두 번째 주제는 이러한 변화에 관한 것이다. 나중에 이야기하겠지만 한국 교회의 성장주의 모델은 배타주의를 미학화하고 있다. 하지만 다른 한편으로 한국 교회에는 또 다른 방식의 신앙적 제도화의 가능성이 엿보인다. 민주화 이후 오래 된 한국 사회와 교회의 밀월 관계가 흔들리게 되면서 교회의 성장주의적 전형의 제도적 기반이 흔들리게 되는데, 이 과정에서 신앙 운동의 탈중심성이 강화되었다. 그런데 앞 장에서 다룰 위기에 대한 제도의 개혁으로서 미학화된 기독교가 모색되는 것과는 달리, 배타성에 대한 전복적 상상력이 신앙 담론화되는 경향도 나타나고 있다. 나는 이 글의 결론부에서 개신교회의 새로운 자리찾기의 가능성의 지평을 이야기하겠다.

2. 한국 개신교회의 자리 잡기, 전형이 형성되다

여기서는 개신교회의 배타주의와 근대주의가 식민주의와 결합하여 한국 사회에 자리 잡는 두 계기를 다룬다. 하나는 그러한 신앙의 초석적 사건인 1907년 평양대부흥운동이고, 다른 하나는 사회적 헤게모니 세력으로 제도화하는 1945년 이후의 월남자 중심의 반공주의적 기독교이다.

1907, 초석적 사건*

1907년 평양대부흥운동을 이야기하는 데 있어 반드시 짚어 두어야 함에도, 거의 주목되지 않는 것이 '러일전쟁' 1904~1905이다.[3] 앨런 스튜어트Allan Stewart, 잭 런던Jack London, 조르쥬 비고Georges Ferdinand Bigot 등 영국과 미국, 프랑스 등지의 종군기자들의 기사와 그림, 사진 등을 보면, 이동 중인 일본군에

---

*이 장은 『무례한 자들의 크리스마스—미국 복음주의를 모방한 한국 기독교 보수주의, 그 역사와 정치적 욕망』(최형묵 백찬홍 김진호 공저, 평사리, 2006)에 수록된 필자의 글 「성령의 도구화– '평양대부흥운동의 영' 대 '성서의 영'」의 235~241쪽에 의존한 것이다. 여기서 사용된 '초석적 사건' 이라는 용어는 하나의 범례로서 역사 속에서 반복적으로 기억의 재현을 통해 정체성을 재구성하는 원사건을 말한다. 이것은 해방신학자 끄로아또가 출애굽사건을 두고 '의미의 저장소로서의 초석적 사건' 이라고 말한 것에 의존한 것이다. 호세 세베리노 끄로아또, 『엑소더스 해방의 해석학』(한국신학연구소, 1995), 15~35쪽 참조.

의해 자행된 군대 폭력의 양
상이 매우 심각했음을 미루
어 짐작할 수 있다.

잭 런던은 일본군이 지나
가는 도시와 마을, 논과 들
판에 사람들이 보이지 않았
다는 점을 포착한다.[4] 그의
시선은 저항하지 않는 백성

조르쥬 비고의 그림(1904)

의 식민지적 노예성을 말하는 데 있었지만, 그의 인민주의적 과잉 이데올로
기의 편견 이면에는 군대 폭력의 실상이 놓여 있다. 실제로 앨런 스튜어트
가 찍은 사진들은 일본군이 조선인들을 처형하는 장면을 담고 있다. 한편
언론인이자 시사만화가인 조르쥬 비고가 1904년에 그린 만화[5]를 보면 넘어
진 조선인을 일본군과 청군이 짓밟고 러시아군에게로 진군하고 있다. 여기
에는 불과 10년 전에 발발했던 청일전쟁1894~1895의 기억이 러시아를 향해 진
군하는 일본군의 폭력과 겹쳐 있다.

1904년 초, 한겨울에 시작된 전쟁은 매서운 바람을 쏟아내는 산속으로 사
람들을 몰아냈다. 하지만 전쟁 기간 내내 숨어 있을 수만은 없었다. 하여 많
은 이들이 교회로 몸을 의탁하며 들어왔다. 미국인 선교사들의 공간인 교회
는 일본 군대로부터 자신을 보호할 수 있는 안전한 피신처였다.[6] 또한 교회
는 신자들에게 쌀을 배급해 주기도 했다. 하여 우리가 간과해서는 안 되는
사실은, 교회의 대부흥은 이년 뒤인 1907년 대부흥운동에서 비롯된 것이 아
니라 바로 러일전쟁의 직접적인 산물이었다는 점이다.[7]

그런데 이때 교회는 갑작스런 교인의 증가를 받아들일 준비가 되어 있지

못했다. 무엇보다도 교회 지도자들은 전쟁의 상흔을 이해할 수 없었다. 아니 이해하고자 하지 않았다고 하는 게 적절할 것이다. 그들의 관심은 이들을 어떻게 교리에 순응하는 자로 만들 것인가에 있었다.

그러나 10년 사이에 두 번이나 다른 나라가 벌인 전쟁의 틈새에 끼어 재앙을 겪은 사람들이 전쟁 후유증을 드러내는 것은 긴 시간을 필요로 하지 않았다. 전쟁이 계속되건 아니건, 폭력의 시간은 여전히 그네들의 영혼에서 철수하지 않았다. 몸과 마음에 새겨진 상처는 고스란히 남았다. 군대로부터 겪은 폭력에 대한 고통과 증오는 상처 입은 사람들 자신을 폐허로 만들었고, 서로 서로를 할퀴어댔다.

선교사들이 남긴 기록들에서 엿볼 수 있는 것은, 교회 안으로 몰려 들어온 이들이 도덕적 아노미 상황에 처해 있었다는 사실이다. 공동체는 바닥까지 무너진 인생들로 가득한 공간이 되어 버렸다. 사람들은 술에 절어 있었고, 가족에 대한 폭력, 형제 간 폭력, 이웃 공동체의 파괴 등, 뒤틀린 영혼들의 얽히고설킨 상호 폭력적 관계는 교회 안에서도 마찬가지였다.

교회 지도자들은 이런 상처들을 치료하는 데 그다지 관심이 없었다. 상처들의 뒤틀림으로 인해 야기되는 숱한 갈등과 다층적인 욕구들을 소화하지 못하는 교회를 통합하는 것이 그들의 주된 관심거리였다. 해서 그들이 한 것은, 사회적 상흔들, 그 원인을 찾아 보듬기보다는 '골방' 으로 들어가 기도회를 갖는 것이었다. 걱정이 큰 만큼 그들의 기도는 절절했다. 그리고 어느 순간 그 기도의 현장에서 갑자기 불이 일 듯 마음이 뜨거워지고, 회개 운동이 일어난다. 이른바 '성령 체험' 이 기도회 참석자들을 휩싸 안아 버린다. 하나둘, 그리고 점점 많은 이들이 이 열광적 분위기에 얽혀 든다. 곧 공동체 전체를 아우르는 회개와 도덕 각성 운동이 벌어졌다. 바로 이것이 평양대부흥운동이다. 뜨거운 집회의 열기는 사람들의 다양한 상처와 갈망들을 봉합하기에 충분했다. 종교적 엑스터시 상태에 이른 대중에게 교회 지도자들이 요구했던 것은 윤리였다. 그것은 자신의 과거와의 단절을 의미했고, 또 교회의 외부자에 대한 구별짓기를 뜻했다.

구체적인 갈등과 폭력이 죄, 곧 일반적 의미의 악의 형상으로 이해된다. 그리고 자신의 죄는 몸에 대한 자기비하로 이어진다. 이러한 집단적인 자기비하는 동시적으로 조선인의 삶이라는 존재의 문화적 터에 대한 증오로 연결된다. 이제 조선인의 삶은 신앙적 분리 실천의 대상이다. 사람들은 이렇게 자기 및 자기 문화에 대한 배타성을 신앙으로 해석하게 된다. 그리고 그 반대편엔 새로운 몸으로서의 기독교적 존재 및 미국적 근대성이 있다.

그럼으로써 죄의 각성 운동은 하나의 욕망으로 변환된다. 선교사들은 그러한 욕망이 투사되는 선망의 대상이다. 무디Moody 부흥 운동에 영향받은 이들 맥코믹 신학교 출신자들[8]의 신앙은 보수주의 신앙 중에서도 다분히 반지성주의적이며 체험을 중시하는 경향을 띠었다. 그리고 이들의 복음은 ‘야만적 사회인 조선’과 ‘불신앙’을, ‘선진적 사회인 미국’과 ‘신앙’에 대비시키고 있다는 점에서 미국주의적이었다.

얼마 가지 않아서 이러한 평양식 기독교는 전국화되었다. 그리고 장대현교회를 축으로 하는 평양의 선교사들은 조선 기독교들 사이에서 전적인 헤게모니를 장악하게 된다. 특히 신학 교육과 엘리트 양성에 관한 전권도 이들의 수중으로 들어온다. 신사 참배 거부 문제로 추방당할 때까지.

그런데 더욱 중요한 것은 평양대부흥운동이 전국화되면서, 그것이 하나의 담론적 실체가 되었다는 점이다. 이제 그 사건은 모든 기독교인들이 가져야 할 위기에 대한 신앙적 실천의 범례가 되었다. 성령 사건은 물리적인 성공주의를 동반하는 체험적 사건이며, 그것은 다양한 이질성을 하나로 통합하는 배타적 사건이다. 그 하나의 내용은 선교사 모방을 통해 재확인되었고, 담론적 현상이 된 이후에는 미국의 기독교에 대한 선망으로 이해된다. 그런 점에서 이 사건은 자기 비하와 타자인 미국에 대한 선망을 내재화하는 원형적 사건으로 한국 기독교 신앙이 위기에 봉착할 때마다 반추해야 하는 초석적 사건foundational event이다.

1945, 헤게모니 세력으로 제도화한 월남 개신교[9]

신사 참배 문제로 선교사들이 추방되고, 1938년 근본주의의 아성인 평양신학교가 무기 휴교에 들어가며 그 이론적 지주인 박형룡 등이 만주로 망명하게 되자, 형식상 서북 중심적 개신교는 무너진 듯이 보였다. 이 틈에 1939년 서울에서 건립된 조선신학교는 근본주의 신학과 선교사들에게서 벗어나 현대적이고 자주적인 신학과 교회의 견인차 역할을 할 것처럼 보였다. 그러나 월남한 서북계 개신교도들이 남한 사회의 지배층으로 부상하면서 평양대부흥운동의 의미론적 계보는 지배적 위상을 보다 확장된 차원에서 이어나갔다. 여기에서 갖게 되는 의문은, 어떻게 월남자들, 특히 서북 출신 개신교도들이 1945년 서울에서까지 종교적·사회적 주도권을 쥐게 되었을까 하는 것이다.

우선 숫자에 있어서 서북 지방의 개신교는 다른 지역을 압도하고 있었다. 1945년 당시 전체 개신교 신자의 60%가 북한에 거주하고 있었고, 이 중 35~40%인 7~10만 명이 1945~1953년 기간 동안 월남하였다.[10] 이것은 거의 남한 개신교 인구 총수에 육박하는 숫자다. 그런데 이들 월남자의 90%가 서북 출신이었고, 85%는 장로교 신자였다. 즉 이들 월남자들은 신앙적으로나 지역적으로 동질적인 언어 감각으로 결속되어 있었다. 여기에서 황해도 출신 개신교도를 뺀다고 해도, 평안도 출신 개신교 월남자들이 양적으로 해방 이후 남한 개신교의 교회 정치에서 얼마나 강력한 영향력을 발휘했을지 미루어 짐작할 만하다.

게다가 평양대부흥운동이 확산되어 전국이 '평양식 개신교'에 친화적이 되었다 해도 과언이 아니다. 이때 물리적 거리는 대체로 유사성의 정도를 높이는 주요 변수라고 할 수 있다. 왜냐면 근대적 교통과 통신의 발달이 초기 단계에 있는 사회에서 물리적 거리는 대중의 네트워킹 가능성에서 매우 결정적인 요소이기 때문이다. 그런 점에서 평안도는 평양식 개신교와 가장 유사한 신앙 양식을 띠었음은 물론이고, 황해도 역시 매우 강한 영향권 아래 있었다. 더욱이 네비우스 정책에 따라 순회 설교자에 의한 사경회 운동이 매우 활발한 터여서, 평양대부흥운동의 광역화를 가능하게 할 만한 중위동원meso-mobilization[11]적 연결망이 비교적 잘 갖추어져 있었다.[12]

하지만 거리의 변수가 중요하지 않은 곳은 관서 지역이다. 이 지역은 교통과 통신망이 원할하지 않은 데다, 선교 분할 정책에 의해서 주로, '자유주의적 성향이 더 강한' 캐나다 장로교회의 영향권 아래 있었기에, 무디식 '반지성적 보수주의에 경도된' 미국 장로교 선교사들의 압도적인 영향력 아래에서 제도화된 서북 지역 개신교와는 큰 괴리가 있었다.

아무튼 월남 개신교도들은 대거 남한의 도시로 몰려왔고, 주로 출신지별로 교회를 만들었다. 이들의 다수가 평양식 개신교와 종교문화적 유사성을 더 많이 띠었다는 점과 이들의 이데올로기적 성향 간에는 깊은 연관성이 있다. 그들은 소련을 경험하기도 전에 이미 '악의 상징'처럼 생각하고 있었다. 평양의 한 목사는 일본의 무조건 항복 소식을 접하자 미군의 국내 진주를 기다렸고 그들을 '구원의 천사 미군'이라고 불렀다. 반면 소련군이 진주한다는 소식을 접하자 항전의 마음을 불태운다. 이것은 경험하기 전에 이미 미국과 소련, 이 두 나라에 대한 선망과 적대가 신앙관으로 고착되어 있었다는 것을 보여준다.[13] 이렇게 반공, 친미적인 선험적 적대는 북한에서 벌어진 토지개혁과 반ᵎ그리스도교 정책으로 인한 경험적 적대와 어우러지면서 월남자 개신교도 전체의 공통 감각이 빠르게 형성되었다.

이렇게 반공주의적으로 '잘 결속되어' 있는 월남자 중심의 개신교는 일찍부터 군정당국, 그리고 곧 건국하게 되는 제1공화국과 깊이 유착되었다. 하층과 청년층의 개신교도는 보다 전투적인 행동주의로, 중상위의 개신교도는 반공·보수주의적 권력 연합의 매개자로 해방기 정치에 개입하였다. 각종 반공청년단들의 주요 구성원은 월남자 개신교도였다. 또 군정청의 조선인 참모와 통역관 중 다수가 개신교도였고, 제1공화국 건국 이후 대통령과 부통령이 장로였으며, 장관의 절반, 국회의원의 20% 이상이 개신교도였다. 당시 남한인구 대비 개신교도의 숫자는, 월남자를 포함한다 해도, 전체의 5%를 넘지 않았다. 김상태는 이렇게 권력에 깊이 연루된 해방기 개신교에서 평안도 출신 월남자들의 역할과 친미 엘리트로 형성되는 과정과 인맥에 대해 이야기한다.[14] 강인철은 이러한 통계와 각종 특혜 조치들을 통해서, 당시 군정청과 남한 정부는 '그리스도교 국가'라고 해도 될 정도였다고 단언한다.[15]

그런데 여기서도 월남자 개신교도, 특히 서북적 개신교도들의 '상흔'에 관해 이야기하지 않을 수 없다. 왜냐하면 그들의 배타주의와 식민성을 설명하는 데 있어 이것이 매우 중요하기 때문이다. 1920, 30년대에 미국의 보수주의가 분화되면서,[16] 명료하지 않던 신학적·신앙적 요소들이 정리되어 더욱 보수주의적이고 배타주의적인 요소를 강조한 근본주의 신앙이 맹렬히 제도화되기 시작한다. 한국에 파견되어 있던 미국 선교사들은 이러한 본국의 변화를 예의주시하고 있었고, 그들 대다수는 본국의 근본주의보다 더욱 근본주의적인 성향을 가지고 있었다. 이들이 신학 교육 일체를 장악하고 있었으니, 이들에 의해 양성된 개신교 지도자들의 성향은 더 말할 것도 없다.

하지만 이러한 신앙은 일본의 식민지 당국과 큰 마찰 없이 지냈다. 1930년대 후반, 일본이 전시동원체제로 변화되기까지는 말이다. 이 시기 일본 제국의 반미 성향이 강화된 데다, 제국 신민에게 신사 참배를 강요하게 되자 정결주의적 근본주의자들과의 갈등이 표출된 것이다. 극소수의 사람들만이 불복종을 견지했으나, 근본주의자들의 경우 일본 제국에 순응한 이들은 행위와 신앙 사이의 불일치로 인해 심한 내적 죄의식에 사로잡히지 않을 수 없었다. 이것은 식민지 시기 근본주의적 개신교도들의 특수한 체험에 속했고, 신민으로서 제국이 주는 기회비용을 적극 활용하는 친일적 행태에도 불구하고 제국민의 일부로 편입하지 못하는 내적인 분열 요소가 그들을 심한 죄의식으로 사로잡았다.

해방 정국에서 강한 반공주의와 신앙이 그렇게 빠르게 결합될 수 있었던 것은 바로 이런 상흔과 관련이 있다. 앞서 이야기한 선험적 반공주의와 체험적 반공주의가 신앙을 해석하게 하는 인지적 근거가 되었지만, 그렇게 해석한다고 그것이 곧 행동으로 이어지는 것은 아니다. 인지적 프레임cognitive frame 외에도 감정적 프레임, 특히 수치와 증오의 억눌린 감정을 폭발시키는 심적 작용이 중요하다. 감정에 관한 연구에서 수치와 증오는 생각의 행동화와 깊은 연관이 있다.[17]

범서북 개신교 신자들은 근본주의자들이었기에 더욱 심한 수치심에 빠져야 했다. 그런데 해방 직후 북한에 의한 탄압의 체험과, 공산주의자들에 대한 선험적 적대감이 어우러져 걷잡을 수 없는 증오를 불러일으키게 된다. 고통스러우면서도 말할 수 없었던 기억을 다른 이들에 대한 증오라는 강력한 체면 효과를 지닌 기억으로 치환함으로써 '말할 수 있는 것'으로 전이시키는 무의식적 작용이 일어난 것이다.

신사 참배자라는 자학적 오명을 벗기 위해선 '악마'의 등장이 필요하다. 자신들의 배신이 얼치기 악마의 모습이라면, 그것과는 비할 수 없는 진정한 악마, '악의 축'이 필요했다. 그 무시무시한 괴물을 향해 모든 '성도'들이 단결하여 투쟁하지 않으면 안 되는 그런 악마 말이다.* 이 시기에 김재준 탄핵 등 숱한 이단 심판들이 재개된 것은 악마에 대한 시대적 열망과 부합한다. 그러나 진정한 악마는 앞서 말한 것처럼, 서북 출신 개신교도들의 체험을 자기 체험으로 내재화함으로써 비로소 출현한다. '반공'은 이 시기 근본주의적 개신교의 상흔에 대한 자가 치료의 필요에서 요청된 무의식적 기억의 치환 현상의 결과였다.**

교파 간의 반목과 갈등 그리고 분열이 가속화되던 시절, 반공과 친미라는 두 개의 고리는 개신교 각 교파 간의 거대한 심성적 연결망이었다. 1949년

---

*초기 그리스도교 운동에서 '이스카리옷 유다'의 출현이나 영국 빅토리아조 시대의 드라큘라의 출현 등 역사 속에서 나타난 '절대 악마' 담론은 바로 악마를 요구했던 그 시대의 고통에 대한 기억의 치환 현상으로 설명할 수 있다.

**해방정국에서 많은 전투적 반공 단체들의 면면을 보면 개신교도들의 적극적인 참여가 두드러진다. 또 기독청년면려회, 서북연합회, 영락교회 청년회 및 대학생회, 서북학생총연맹 등 전투적 반공주의적인 성향의 개신교 단체들도 적지 않았다. 그들은 많은 경우 당시의 반공적 테러리즘에 적극적으로 관여되어 있었다.

당시 최대 교파이던 장로교, 감리교, 성결교가 연합하여 '합동찬송가'를 만든 것은 그러한 차이 속의 공감의 또 다른 예이다. 여기에는 미국 개신교인들이 자기 정체성의 상징으로 여기는, 백인 우월주의가 들어 있는 '어메이징 그레이스Amazing Grace'를 포함하여, 미국 대부흥운동기의 수많은 복음성가들이 대대적으로 수록된다.[18] 이것은 한국 개신교를 결속시키는 신앙적 정체성이 어떤 양상을 지녔는지를 읽는 데 중요한 단서를 제공해 준다. 정전Canon에 대한 편집증적 집착을 가진 근본주의적 신자들에게*** '정통 찬송'이라는 집착은 정전 못지않은 위치를 차지하기 때문이다. 실제로 근대적 비평을 둘러싼 종교재판들처럼 찬송가의 채택 문제도 식민지 시대부터 지속적인 배제의 소용돌이에 휘말려 있었다. 이것은 개신교가 당시 한국 사회에서 가장 미국적인 감성의 공간이었음을 단적으로 보여 준다.

요약해 보자. 1945년 이후의 정국에서 개신교는 근대적인 자주적 독립국가인 대한민국 건국에 견인차 역할을 했다. 이념적으로 보면, 사회주의가 동구, 특히 소련을 상징적 고향으로 하는 근대화 프로젝트였다면, 그리스도교는 서구, 특히 미국을 상상적 근대의 표상으로 삼는 근대화 프로젝트였다. 교회는 그렇게 자부했고, 그런 이미지는 이후 오랫동안 남한 사회에서 근대의 상징적 장소로서의 교회라는 의미로 되새김질되었다.

한데 이러한 개신교회의 근대주의는 미국에 대한 선망, 그 무의식적 식민

***근본주의적 신앙운동의 가장 핵심적 주장은 '성경의 무오설'에 대한 확신이었으며, 그것은 근대 신학의 역사비평적 성서 해석에 대한 저항의 맥락에서 제기된 것이다. 그것은 '성서(Scriptura)'를 단일 배타적 '정전(Canon)'으로 받아들인 고대 유대교와 그리스도교의 편집증의 근대적 버전에 속한다. '정전'의 신앙사와 근대성에 관하여는 김진호, 「탈정전적 성서 읽기의 모색」, 『반신학의 미소』(삼인, 2001) 참조

1907년 평양 대부흥운동 사진. 한국 개신교의 초석적 사건이라고 할 수 있는데, 이 사건을 계기로 한국 개신교의 신앙적 공통감각이 형성되었다고 본다. 특히 종교 대화의 관점에서 볼 때, 한국 개신교가 배타주의적 신앙이 다른 형태의 신앙 양식을 압도하게 된 것은 이 사건의 기억의 정치와 관련이 있다.

성을, 그 예속의식을 지불함으로써 얻은 값비싼 대가였다. 동시에 교회는 북한과 공산주의자를 악마화하고 그들에게 적대감을 쏟아붓는다. 또한 공산주의만큼은 아니지만 이단에 대한 적대감을 매우 공격적으로 신앙적 실천의 내용으로 구성한다. 이때 이단들은 대체로 토착적 성격을 띠었다. 이 시기를 거치면서 개신교의 배타성은 매우 극렬하게 공격적 성격을 띠게 되었다. 그것은, 앞서 말한 것처럼, 일제 식민지 시대의 신사 참배의 죄의식, 그 수치심에서 벗어나려는 근본주의적 신앙인들의 기억의 치환 현상 때문이다. 하여 상흔은 개신교 제도화의 중요한 동력이 되었고, 개신교는 이 시기에 사회적 자원을 과점하는 중요한 세력으로 제도화된다.

3. 한국 개신교회의 전형,
   절정을 지나 위기에 놓이다

미친 성장주의

군정기 이후 사회적 자원을 과점한 교회는 급속도의 양적 성장을 해 왔다. 1970, 80년대에 오면 그 성장 가속도는 최고도에 이르게 된다.[19] 이때 세계에서 유래를 찾아볼 수 없는 초대형 교회들이 탄생한다.[20] 여기서 중요한 것은, 이제까지 한국 교회에서 가장 우월적 지위에 있던 월남자 교회들의 주도권이 상대적으로 감퇴하고, 새로운 유형의 대형 교회들이 교회의 주요 흐름을 형성하게 되었다는 것이다.

이 시기 한국 교회의 성공은 광범위한 이농민을 흡수한 도시 교회의 성공이라고 해도 과언이 아니다.[21] 국가의 이농 정책은 발전 동원 체제로 사회를 재편하는 하나의 과정이었는데, 이농에 따른 사회적 보호 시스템이 갖추어지지 않았기에 도시 빈민의 삶의 조건은 대단히 열악했다. 토지와 경작자의 마음의 연대가 필요한 상호성의 노동에 종사하던 사람들이 토지를 떠나 도시로 이주한다는 것은, 다시 말해 땅과의 연대성을 해체한다는 것은 존재론적 위기ontological crisis의 내재적 뿌리가 된다. 개발과 도시화로 특성화할 수 있는 근대는 이렇게 존재론적 위기의 원인이 된다. 게다가 도시에서 빈민으로의 삶은 상상할 수 없을 정도로 열악했다. 시공간적인 마음의 연대를 해체하고 파괴의 공간인 저개발 빈민 지역을 전전하는 삶은 일종의 정신적 외상이라고 할 수 있다.

바로 그런 이들이 교회를 찾았다. 교회가 근대성의 공간으로 상징화되었기에, 도시로 이주하는 것 속에 들어 있는 잘 살고 싶다는 꿈으로의 이동은 교회로의 신앙적 전향과 맥을 같이 한다. 교회는 바로 이런 이들을 유입하기 위해 성공주의를 고도로 활성화한다. 그리고 실제로 교회는 놀라운 성장을 했고, 이농민 출신 교인들도 도시에서 빠르게 정착해 갔다.

여기서 중요한 것은 그 사이에 개신교회의 신앙이 자리잡고 있다는 것이다. 이주의 상흔을, 도시에서의 폭력적인 삶과 마음의 연대가 해체된 공허함으로 인한 정신적 외상을 교회는 '성장주의'로 언어화한 것이다. 수단 방법 가리지 않고 성장하면 된다는 적극적인 자기 합리화, 그 '미친 성공주의'는 폭력적인 시대를 폭력적으로 견디어 내게 했으며, 나아가 그 시대의 가장 큰 수혜자의 하나로 정착하게 한 것이다.

1907년 대부흥운동이 가져다 준 성공주의와 성령의 결합은 이 시기 교회 성장의 영적인 자원이었다. 즉 성령은 성장주의를 위해 도구화되었지만, 1907년 사건은 그것을 한국적 성령주의로서 안착하게 하는 계기였기에, 무리 없이 이 시기 교회는 지난 시기의 '영적 자원'을 게걸스럽게 흡수했다. 또한 1945년 이후 개신교의 물적 제도화는 성장주의를 가동할 수 있는 물리적 기반이 되었다. 그런 점에서 식민지적 근대성과 배타주의적 신앙의 제도화는 성장주의의 토양이었다.

민주화 시대, 위기, 그리고 미학화된 그리스도교

1990년대 이후 한국 사회의 성장은 현저히 둔화된다. 하지만 교회의 신앙적 제도는 성장주의에 맞추어져 있었다. 성장은 지체되었는데, 성장주의는 지속되는 상황을 맞게 된 것이다. 이것이 이 시기 교회 위기의 요체였다.

한편 이 시기는 민주화가 바람의 대상이 아니라 제도화의 대상이 된 시기다. 군부 권위주의 시대에 국가의 발전 연합의 가장 공고한 동맹 세력이었고, 그 미친 성장주의에 영혼을 도난당한 교회는 민주화 시대에 이르게 되면서 새로운 담론적 위기에 놓이게 되었다. 사람들은 이제 교회를 근대성의 공간으로 보지 않는다는 것이다. 아니 오히려 지체된 근대의 공간처럼 여겨지게 되었다. 더욱이 반미 담론의 확산과 더불어, 교회의 친미성은 식민주의적이라는 사실이 새삼 문제제기되었다. 게다가 교회와 그리스도교도들의 '무례한 태도'에 대해 사람들이 공공연히 싫증을 내기 시작했다. 근대성과 식민성, 배타성이 모두 문제적인 것으로 비판을 받게 된 것이다. 바로 이런 위기 상황에서 교회들은 당황했고 흥분했다. 그리고 그럴수록 교회의 사회적 신망도는 추락했다.

한데 이 시기에 급부상한 교회들이 있다. 우리가 '후발 대형 교회'라고 부르는 이념형은 바로 이러한 변화를 함축하기 위해 사용된 것이다. 이 새로운 이념형의 특징은 배타성, 즉 무례한 태도를 숨기는 것, 그리고 친미주의를 견지하되 맹목적 친미보다는 세련된 친미를 추구하는 것, 하여 근대성을 성장주의적이기보다는 성숙주의적으로 체현하고자 하는 것으로 요약할 수 있다. 이른바 전통을 계승하되, 그것을 미학화하려는 것이라고 할 수 있다. '깨끗한 성장' 혹은 '깨끗한 성숙' 가령 풍요의 신학 등을 강조하는 신앙을 통해 교회의 새로운 모델이 모색되고 있는 것이다.

그런데 이러한 개혁 모델은 계층적 성격을 강하게 띠고 있다. 즉 깨끗한 성장/성숙 담론을 실행하기 위해서는 일정한 자원을 필요로 한다는 것이다. 그리고 같은 맥락에서 실패에 대한 담론이 결여되어 있다. 기도원 같은, 고도 성장주의 시기에 합리주의적 정체성을 확보하지 못한 이들을 위한 도

피성cities of refuge 같은 공간은 이제 낡은 교회와 더불어 담론적 처벌의 대상이 되고 있다. 교회는 풍요를 공유하고 나누는 공간이고, 풍요를 나누는 공간이다. '풍요의 신학'이니 '청부론'이니 하는 것들은 그 예시다. 이때 그 나눔은 대개 타자를 향한 것인데, 추상화된 대상과 관련이 있다. 자신들과 경험이 얽히고 생각이 설킨 대상, 그러나 추상적이기에, 대면할 수 없기에, 후원과 수혜로만 엮인 일방향적 관계이기에, 즉 상상적 수혜자이기에 저들은 고분고분한 타자이다. 교회는 이들을, 이웃이 아닌, 먼 곳에서 발견했다. 가령, 빈곤국에 대한 호혜성 지원이 압도적으로 풍요로운 신앙의 나눔을 대체하게 되었던 것이다.

바로 이 시기에 한국 사회의 빈곤 계층은 하위계급화under-classification가 급속도로 진행되고 있다. 그런데 빈곤은 단지 경제적 박탈로 끝나는 것이 아니라 의욕의 박탈, 나아가 영혼의 박탈로 진행하고 있다는 것이다. 요컨대 존재의 무능력화가 빈곤 계층에게서 두드러지게 나타나고 있다는 것이다. '무능력자'는 민법상의 '행위무능력자' 개념에서 유래한 것으로, 민법에서 이들은 법률적 효력을 제한당한다. 존재는 인정하되 법적 존재성을 인정하지 않는 것이다. 그 의미를 사회학적으로 옮겨 놓은 것이 사회적 무능력 개념인데, 이런 이들은 사회적으로 존재하지만 존재하지 않는 것으로 무의식적으로 간주된다. 사회과학자인 정건화와 박배균은 이러한 현상을 '잊어버림의 체계'라고 명명하였다. 오늘 우리 사회는 빈곤 계층을 빠르게 망각하고 있다. 그들은 가난한 사람이 아니라, 알콜 중독자이고 상습적 가정 폭력배이며, 종종 사이코패스 혹은 무능력자이기 때문이다. 그들은 사악한 이들이기에 격리나 처벌, 아니면 교화가 필요한 대상이지 사회의 공공성을 함께 논의할 대화 상대자가 아닌 것이다.

부활절 연합예배 장면. 개신교의 최대 절기는 부활절과 성탄절인데, 부활절은 특히 매년 교단을 아우르는 연합예배를 하는 전통을 가지고 있다. 그런데 그 연합예배의 기조 속에는 타종교에 대한 배타성이 함축되어 있다.

바로 이러한 사회적 변화를 염두에 둘 때, 최근의 후발 대형 교회적 개혁 모델은 야만적 가학성에서 잊어버림/은폐된 가학성으로 배타주의적 폭력성을 전화시키는 것에 다름 아니라고 문제제기할 수 있다. 그런 점에서 나는 이 글의 결론으로 또 다른 형식의 교회의 자리 잡기 가능성에 관한 얘기를 하고자 한다.

4. 맺음 : 작은 교회들의 수평적 네트워크의 가능성

한국의 개신교회는 1907년 이후 양적인 성공을 체현한 교회가 중심을 이루는 모델에 의해 그 성격이 규정되어 왔다. 작은 교회들은 규모가 작았을 뿐이지 욕망의 차원에서는 대형 교회들의 성공주의와 별반 다르지 않다. '거대한 동질성'이 교파를 아우르고 공동체의 규모를 아우른다. 그런데 민주화 이후 작은 교회들의 존재는 사뭇 다르다.

1907년 이후 구축된 '거대한 동질성' 담론이 실체로는 교회를 독립적이지만 담론상으로는 통합체로 보는 경향이 강했기에, 작은 교회의 실체가 제도적으로 실재하지 않았다. 하지만 민주화 이후 작은 교회들은 과거와는 사뭇 다른 양상을 띤다. 이제까지 작은 교회들은 작기 때문에 규모가 필요하다는 담론에 지배되어 왔다. 하지만 최근 작은 교회들 간의 네트워크, 나아가 작은 기구들 간의 네트워크 등, 교회 안팎을 잇는 연결망이 작은 교회들의 새로운 존재 방식으로 자리잡고 있다. 더욱이 넷 공간의 활성화로 소통의 쌍방향성이 활성화됨으로써 작은 자들의 네트워크는 조직 운영의 비용이 거의 들지 않는 등의 장점이 부각된다.

하여 작은 교회들은 사회를 횡단하는 수평적 연대의 새로운 주역으로 등장하고 있다. 수평적 연대는 배타성을 지양하는 새로운 존재 조건이다. 그런 점에서 수직적 네트워크가 낳은 식민주의도 청산할 수 있는 신앙의 조건을 갖추고 있다. 새로운 근대는 작은 교회에서 다르게 태동하고 있는 것이다.

논평 | 한국 개신교의 자리 찾기 |

최대광 | 정동교회 목사

김진호 목사는 한국 개신교의 특징을 식민지 근대성에 의해 형성된 내면적 트라우마가 배타적으로 또한 폭력적으로 '분출'하는 문법적 틀과 미국을 선망하는 '근대성'이 얽혀 있는 형태라고 주장한다. 이것이, 배타적 친미주의가 되어 개발 독재의 성장주의와 결합되면서 한국 기독교의 현대적 이미지가 형성되었다는 것이다.

본론에서, 김진호 목사는 식민지 상흔의 기원은 1904년에 일어났던 러일전쟁을 피해 산속으로 피신한 사람들이 미국 근본주의 선교사들이 독점한 교회에 몰리던 때로 소급한다고 본다. 사회적 트라우마에 침윤된 그들은 기도회를 통해 내면화와 초월화로 치유책을 찾았으며, 이것이 집단 현상으로 확대되면서 나타난 결과가 1907년 평양 대부흥회였다는 것이다. 이 내면화와 초월화가 과거 자신의 '퇴행적' 정체성을 버리고 새로운 몸, 곧 미국을 모방하는 근대화와 결합된 담론이 기독교의 실체로 정체화되었다는 것이다. 그러나 이들의 신앙은 일제 말 신사 참배와 갈등을 빚게 되었고, 이 상흔은 미국의 적대국인 소련과 같은 이념의 북한에 대한 배타성과 폭력성, 즉 반공주의로 '분출'되었다고 한다. 1945년 이후 서북지방의 기독교인들이 대거 월남하면서, 우리나라 전반이 '평양식 개신교' -- 근본주의적이며 신앙을 내면화하고 초월화하며 미국의 적인 공산주의를 적대화하는 – 가 정체화되었다는 것이다. 한국 기독교의 친미적인 배타적·폭력적 근본주의는 70년대와 80년대에 이농이라는 내적 트라우마를 간직한 인구를 동력화하여 개발 독재의 성장 논리와 결합하고, 외적 성장의 '폭력' 수단 방법을 가리지 않고 성장하면 된다는 의미에서으로 분출되었다고 한다. 그러나, 1990년대 이후, 기독교를 형성한 담론적 실체들인 친미적 근대성, 폭력성, 성장주의, 반공주의, 배타성 등이 비판을 받기 시작하며 기독교는 정체 국면으로 접어들었지만, 이 시기에 '후발형 대형 교회'가 등장한다. 이들은 한국 교회를 정체화한 담론들을 세련되게 숨기며 이를 미학화하여 신도들을 모으고 있지만, 이들의 배타성은 약자를 배제하며 성공주의를 강조하는 은폐된 배타성 혹은 가학성을 매주 신학과 설교로 분출하고 있다는 것이다.

김진호 목사는 한국 교회를 형성하고 있는 담론 구조에 대한 저항으로 작은 교회성장주의 반대의 네트워크배타주의에 대한 반대와 수직적 식민주의에 대한 반대를 제시하며 글을 맺고 있다.

김진호 박사의 글을 더 명확히 이해하기 위해 몇 가지 질문을 던진다.

1. 한국 기독교의 근대성이 일본이 강조한 근대성과는 다른 서구적 근대성을 열망한 결과라고 했지만, 일본의 근대화 프로젝트와 조우한 기독교 안

의 친일 근대주의자들 윤치호, 서재필, 변절한 33인 대표 중 기독교인들 등은 어떻게 평가할 것인가?

2. 사회에서 받은 트라우마가 배타성·폭력성으로 분출된 현상이 한국 기독교의 특징이라는 시각의 참신성은 지지한다. 그런데 이 트라우마가 배타적으로 바뀌어서 '악의 축'을 필요로 한다는 것은 논리적 비약으로 여겨진다. 만일, 역으로 자신의 집단을 '단결'시키기 위해서 반反이 필요한 미국 근본주의의 영향이라고 해석한다면 어떨까? 또한 이것이 파시즘으로 퇴행하는 현상에 관해서도 언급이 필요할 듯하다.

3. 한국 기독교의 '성장주의'도 상흔이 배타성·폭력성으로 분출하는 형태로 이해하는 것은 조금 설득력이 부족해 보인다. 미국 근본주의의 성장신학과 개발 독재식 근대화 프로젝트가 결합된 천민 자본주의 전형이라고 이해하는 것이 더 적절하지 않을까?

4. 작은 교회들의 사회적 네트워크라는 것 자체는 동의하지만, 작은 교회이면서도 배타주의적이며 성장주의적일 수 있고, 또한, 친미적인 반공주의일 수도 있다. 교회의 크기에 따라 이념이 결정되는 것이 아니기 때문이다. 오히려 교회에서 소외된 사람들의 모임 혹은 영국의 신학자 Gordon Lynch가 주장하는 '진보적 영성' 그룹을 범주화하는 노력이 필요하지 않을까?

5. 마지막으로, 이 글은 한국 개신교의 또 다른 문제점들, 곧 봉건적 사유를 극복하지 못해서 생기는 교회 세습, 창조와 지적 설계론 등을 주장하는 반지성주의, 파시즘의 전위조직으로 퇴행할지도 모르는 위기감 등에 관해서도 지적했으면 하는 아쉬움이 남는다.

한국 불교, 문제와 발전 방향

onsulting

이병두 | 〈불교평론〉 편집위원

진정한 불교 포교는 인구 통계상의 불교인 숫자를 증가시키는 일이 아니라 '붓다의 가르침'을 좇아 세상을 지혜롭게 그리고 자비 정신을 구현하며 살아가는 사람들이 많아지고, 그래서 세상이 평화로워지게 하는 일이라고 생각한다. 이런 관점에서 글 서두에 올린 달라이 라마의 발언에 100% 동감하고, 한국 불교계가 이 방향으로 나아가기를 간절히 바란다.

나는 불교 신도 수를 늘리는 것엔 관심이 없다. 다만 다양한 종교적 신념을 가진 사람들, 또는 종교가 없는 사람들도 누구나 받아들일 수 있고 유용하게 활용할 수 있는 불교의 가르침을 전하고자 할 뿐이다. 제14대 달라이 라마 텐진 가쵸[2]

1. 이야기를 시작하며

나는 내 의지와 상관없이 어머님 뱃속에서부터 절에 다녔다. 중고등학생 시절 잠시 종교적 외도(?)를 시도해 본 적은 있지만, 그 시절의 아주 짧은 기간을 제외하고는 붓다의 제자로 살아 왔고, 현재도 그렇고 앞으로도 변함없

이 붓다의 제자로 살아갈 것이다.[3]

이제까지 불교계 현실을 보고 실망·절망한 적이 한두 번이 아니지만 그럴 때마다 때로는 경전을 통해서 또 때로는 올곧은 선지식이 전해 주는 메시지와 기도·명상을 통해 다시 희망을 찾았다. 하지만 내가 그렇다고 해서 다른 사람들도 모두 절망했다가 다시 희망을 찾아 계속 붓다의 제자로 살아갈 것이라고 기대할 수는 없을 것이다. 따라서 현재 한국 불교계에 넓고 깊게 퍼져 있는 문제의 해결 실마리를 찾아 제대로 풀어가지 않으면, 머지않아 이 땅에서 '붓다의 가르침 - 불교'가 온전하게 유지되지 못하고 사회 대중에 기여하지 못하는 상황이 올지도 모른다.

나를 비롯해 이 땅의 많은 불자들이 실망·절망하는 이유는 다양하겠지만 "한국 불교가 과연 붓다의 가르침을 충실하게 따르고 있는가? 한국 불교계는 '붓다의 가르침佛敎'을 전하는 곳인가 아니면 '불교'라는 이름을 내걸고 있는 종교 조직일 뿐인가? 붓다가 전도傳道 선언에서 말한 바와 같이, 이 시대 이 땅의 대중들에게 이익과 안락과 행복을 주는 집단인가? 그리고 자칭 대승大乘이라고 주장하지만, 진정 대승인가?"와 같은 가장 기본적인 물음에 대해 긍정적인 답을 얻어 내지 못하는 데에서 찾을 수 있을 것이다.

2. 한국 불교의 문제

조계종의 위기 때마다 기꺼이 총무원장 소임을 맡아 어려운 일을 해결하고 다시 그 자리를 놓고 떠나 신망이 높았던 조계종 원로 석주 스님이 2004년 11월 14일 입적하였다. 당시 언론에서는 "석주 스님은 돌아가시기 직전

주위에서 열반송을 부탁하자 '따로 말이 필요 있나, 부처님 열반송에 다 나와 있는데. 이미 부처님께서 열반송으로 말씀하셨다.' 고 말했다. 석주 스님은 또 '사리를 수습하지 말라'는 말도 남겼다."고 보도하였다.[4] 그러나 입적 한 달 뒤에 사망 원인이 교통사고로 밝혀지면서, '열반송' 운운한 것들이 모두 조작으로 드러났고, "조계종 총무원은 석주 스님의 교통사고 사실을 감춘 채 자연사라고 발표해 스님들의 열반을 신비화하기에 급급하고 있다."는 비판을 받았다.[5]

이 사건은 한 승려의 교통사고 사망을 자연사로 속인 데서 그친 것이 아니다. 흔히 고승이라고 불리던 승려들을 둘러싼 '장좌불와'長坐不臥 · '좌탈입망'坐脫立亡 등의 일화가 실제 있었던 사실일 수도 있지만 '만들어진 신화'神話일 가능성도 드러냈고, 각 종단의 종정과 방장을 비롯한 고승들이 매년 몇 차례씩 내놓는 '법어' 의 신뢰성까지 훼손했기 때문이다.

글의 서두에서 이런 이야기를 꺼내는 것은 현재 한국 불교의 현실을 솔직하게 살피기 위해서는 '감추고 싶지만 절대로 감추어서는 안 될 내용' 도 공개하여야 한다는 뜻을 밝히고자 하는 것이다.

갈수록 심각해지는 상업화·세속화·대형화 추세

① 특정 종단을 가릴 것 없이 현재 한국 불교계 전반에 상업화와 세속화 추세가 매우 빠르게 진행되고 있으며, '불사' 佛事라는 이름으로 이루어지는 대형 불상 조성 및 불필요한 전각殿閣 건립 등이 우려할 만한 수준에 이르렀는데, 스스로 문제를 자각해서 이 움직임을 멈출 가능성은 거의 없어 보인다. 따라서 교단 외부에서 제동을 걸지 않을 수 없는 절박한 상황이 되었다.

② 모든 것을 '돈'으로 연결시킨다. 뒤에서 다시 언급하겠지만 필요하지도 않은 건물을 지어대고, 과거에 없었던 다양한 제사와 재齋를 등장시키며 과거에는 1년에 한 번 '부처님 오신 날'에만 달던 연등을 '음력 7월 15일 백중우란분절'·붓다가 '깨달음을 이룬 성도재일'이나 '세상을 떠난 열반재일'에 이르기까지 몇 차례씩 연등을 달도록 강권하는 데에는 '돈' 말고 다른 이유를 찾기 어렵다. 이와 관련하여 10여 년 전까지만 해도 부처님 오신 날이면, 경전에 나오는 '빈자貧者의 일등'一燈 일화가 법문의 단골 소재였는데 최근에는 이 이야기를 하는 곳을 찾기 어렵다. 불상 가까운 곳에서부터 차등적으로 매겨지는 연등 값을 합리적으로 설명하기 어렵기 때문이기도 할 것이고, 권력·금력이 하나도 없이 힘들게 살아가는 사람들이 어렵게 준비한 적은 액수를 더 이상 소중하게 여기지 않아도 된다는 판단 때문이기도 할 것이다.*

③ 재정 부족을 채우는 수단으로 불필요한 건축 불사를 추진하는 경우가 많다. 이렇게 되면서 사찰에 상주하는 승려 숫자보다도 전각 숫자가 더 많은 곳이 다수에 이르는데도 신축이 계속되고 있으며, "사찰 불사 과정에서 최소한 몇 %의 리베이트가 오고 간다."는 세간의 이야기가 헛소문이 아니라는 것은 불교계 사정을 웬만큼 아는 사람이면 다 아는 '공개된 비밀'이 된

---

*부처님 오신 날이 가까워지면 스트레스를 받는 불자들이 많다. 본인과 가족 이름으로 된 연등을 다는 것만으로도 부담스러운데 절마다 신도들에게 이른바 '권선모연(勸善募緣)' 책자를 배포해 다른 사람들의 돈을 받아오게 하기 때문이다. 모연 책자는 개인마다 보통 1권을 배포하지만 신도회 간부 등에게는 여러 권을 배당하기도 하는데, 어떤 이유를 붙여서 합리화하려고 할지라도 이것이 비불교적이고 오히려 상업 행위에 가깝다는 주장에 선뜻 "아니다"라고 답을 할 수는 없을 것이다. 예전에 쌀 한 말을 이고 오는 시주자를 극진히 대했던 분위기와는 너무 멀어진 것이다.

지 이미 오래 되었다.

　문제를 더욱 심각하게 만드는 것은, 사찰 자체에서 합리적으로 계획하여 필요한 전각을 신축하거나 증축·보수하는 것이 아니라, 관련 업체가 담당 공무원과 교섭하여 예산을 배정받고 사찰은 아무런 주도권도 행사하지 못하는 사례까지 있다는 것이다. 이렇게 되면서 종종 '문화재 보수비 횡령' 등과 같은 사건이 벌어지고, 수행 환경과 경관을 해치며 불필요하고 쓸모도 없는 건물을 후대에 물려 주게 되는 것이다.

　④ 문화재 보수비 명목의 정부 지원금 등에 대한 사찰의 의존도가 너무 높다. 국가와 지방자치단체 지정 문화재 보수를 명분으로 한 정부 지원금이 각 사찰의 예산에서 차지하는 비중이 높아지면서, 재가 신도를 중요하게 여기지 않고 내부 청정성이 붕괴되며, 이를 주선하는 외부 정치권 인사 및 관료와의 결탁 및 부패 가능성을 높이게 된다.**

　⑤ 역사가 오래 된 전통 사찰에서는 예를 찾아보기 어려운 천불千佛전·삼천불전·만불萬佛전 등의 건립이 유행처럼 번지고 있는데,[6] 이 또한 '돈' 문제와 직결된다. 사찰이 위치한 지역의 경제 상황과 신도들의 경제력에 따라 차이가 나지만, 대개 불상 하나를 모시는데 적게는 30만 원에서부터 많게는 백만 원을 내고, 대들보 등을 시주할 때는 그 액수가 몇십 배까지 커진다. 웬

**조계종 각 계파 갈등이 깊어져서 문제가 밖으로 드러난 '신정아 - 변양균' 사건은 문화재 보수비 등을 둘러싸고 벌어지는 불교계와 정치인·행정 관료들 사이의 부적절한 관계를 잘 보여 주었다. 이 밖에도 마곡사·화엄사를 비롯한 여러 사찰에서 문화재 보수비 횡령 등의 혐의를 받아 주지가 구속되어 실형을 선고 받은 일은 비일비재하다. 최근 봉은사를 둘러싸고 벌어지는 갈등 사태에서도, 누구의 주장이 옳고 그르다는 시비의 차원을 넘어 근원적으로 정부 지원금 문제가 바탕에 깔려 있음은 분명하다.

만한 신도들은 가족 1인당 하나씩 그리고 돌아간 조상들을 위한 불상 등을 모시느라 수백만 원 이상이 들어가는 경우가 많다.

⑥ 불상·탑·석등 등 사찰 장엄물이 대형화하고 있다.

최근 수십 년 사이에 설악산 신흥사·천안 각원사·대구 팔공산 동화사 등에 주변 경관과 조화를 이루지도 않고 미학적으로 감동을 주지도 못하며 오로지 '거대함'을 내세우는 불상이 세워졌는데, 이 과정에서 불사가 정치권의 어두운 돈과 기업의 비자금 등을 세탁하는 창구로 이용되었다는 비판이 제기되기도 하였으며, 2001년 해인사에서는 거대 청동불상을 세우려다가 반대 때문에 좌절된 적도 있다.[7] 한편 한국 불교의 중심지라고 하는 조계사에서도 기존의 작은 불상을 대체하여 거대한 삼존불을 봉안하였는데, 이 또

전통도 아니고 주변 환경에도 어울리지 않게 크게 세운 조계사 사적비

한 대웅전 규모에 비추어 볼 때 너무 커서 미적으로 문제가 많고 상호얼굴 모습에서도 자비나 인자함을 찾아보기 어렵다는 비판이 제기된다.

대형화 추세는 불상에서 멈추지 않고, 각 사찰이 경쟁적으로 탑과 사적비 등을 거대하게 조성하여 문제를 야기한다. 특히 조계사의 경우 2009년에 사찰 규모에 어울리지 않는 높은 탑과 사적비를 경내에 세워 사람들의 눈살을 찌푸리게 하고 있다.

부도와 부도비 또한 그 안에 시대 정신을 담아내거나 자연과의 조화를 고려한 흔적을 찾기 어렵고, 전국의 거의 모든 사찰에서 새로 부도와 부도비를 조성하면서 과거에 유명하다고 알려진 몇몇 작품들여주 고달사·구례 연곡사와 화순 쌍봉사 소재을 단순 모방하여 규모를 확대하고 있다.[8]

⑦ 출가 승려가 주축을 이루는 집단인 교단에서 모든 일의 최고 전범으로 삼아야 할 율장 정신이 사라지고 지나치게 세속화된 것은 여러 종단이 공통으로 가지고 있는 문제이다. 다양한 문제가 생겼을 때에 이를 푸는 방식이 붓다가 가르치고 정해 놓은 법과 율에 따르는 것이 아니라 세속의 방식을 따르도록 제도화되어, 일반 사회의 '헌법 - 법 - 대통령령'으로 이어지는 법 체계를 그대로 받아들인 '종헌 - 종법 - 종령' 체계가 승가를 규제하는 최고 전범이 되었다. 그러니 시대가 변하면서 생겨나는 다양한 문제에 어떻게 대처해야 붓다의 가르침과 율에 맞는지 가려 내는 일은 더욱 불가능해 보인다.*

*남방 상좌부 불교 국가에서는 시대 변화에 따라 일어나는 문제를 논의해 규칙을 정하는 원로들의 역할이 살아 있다. 예를 들어 "승려가 운전을 해도 되는가? 휴대전화는 사용해도 되는가?" 등등에 대해 조계종의 계단위원회와 같은 성격의 원로 모임에서 논의하고 그 결정에 따른다. 그래서 나라에 따라서, 또는 소속 교단에 따라서 '운전과 휴대 전화 소지 여부' 등에 대한 기준이 달라진다. 그러나 우리나라 어느 종단에서도 이런 논의가 있었던 적은

그리고 '검찰 - 사법부' 제도를 좇아서 '호법부-호계원'을 두고 있고, 국회의 동의를 받아 검찰총장을 임명하는 방식을 그대로 따라 호법부장을 임명할 때에 중앙종회의 동의를 받도록 하고 있으며, 종회의원의 면책 특권 조항도 일반 사회의 제도와 다를 바 없다.[9]

또한 많은 승려들이 세속 정치인들과 유사한 호칭을 거부감 없이 사용하고 있어 이들이 '붓다의 가르침을 배우고 깨달음을 구하는 수행자'가 아니라 '직업인 - 성직자'로 살아가기를 바라는 것이 아닌가 하는 의심을 받는다.[10]

종단의 세속화 수준은 여기에 머무르지 않는다. 몇 해 전 재가 종무원들의 직급·직위제도를 바꾸면서 행정관行政官과 종무관宗務官 명칭을 도입하였는데 일반 사회의 사무관·서기관 등을 흉내 낸 관官이라는 호칭에서 세속화 냄새가 너무 짙게 풍긴다.[11]

⑧ 교단 스스로 문제를 찾아 내서 풀어 가는 '자정'自淨 기능을 상실하였고, 내부 갈등을 안에서 해결하는 시스템이 갖추어지지 않았다. 몇 해 전의 제주 관음사 사태에서와 같이 교구 본사나 대규모 공찰의 주지 승계를 둘러싸고 갈등이나 분쟁이 자주 일어나지만, 이것을 종단 내에서 합리적으로 해결하는 시스템이 갖추어지지 않아 일반 사회 법정으로 비화되는 일이 자주 발생하며, 이에 따라 승가의 위신이 실추되고 3보정재의 낭비가 점차 늘어나고 있다.[12]

서울 우이동 보광사 사태에서 보듯이, 사설 사암의 경우에는 더욱 심각한

없고 앞으로도 없을 것 같다. 물론 우리나라 여러 종단에도 원로회의 등의 명칭으로 이와 유사한 제도가 있지만, 이 또한 수많은 기구 중의 하나일 뿐 어려운 일이 있을 때 지도하고 질책도 하는 '어른'의 역할은 하지 못하고 있다.

상황이 이어져서 해당 사찰의 창건주^{또는} ^{주지} 승계 문제에서 종단은 아무 역할도 하지 못하거나 할 의지가 없고, 세속 법정의 최종 판결을 그대로 수용하는 정도에 머무르고 있다.

일반 사회에서는 사회 여러 부문에 '분규·분쟁 조정위원회'가 구성되어 있어서 가능한 재판을 거치지 않고 합의와 조정에 이르도록 유도하고 있지만, 이 점에 있어 일반 사회보다 앞서가야 할 불교계에서는 이와 같은 화해·조정 시스템이 갖추어지지 않았고 각 종단의 해결 능력과 의지도 없어서, 곧바로 일반 사회 법정으로 가는 일이 매우 많다는 점에서, 현재 한국 불교가 심각할 정도로 자율 능력을 상실하고 있음을 확인할 수 있다.

⑨ 일반 사회의 고전적인 견제와 균형을 목적으로 한 행정·입법·사법부의 3권 분립과 헌법재판소 체제를 따른 권력 분립 형식을 갖추어 총무원·중앙종회·호계원과 법규위원회 등을 설치하였지만 인사와 재정 등 거의 모든 권한이 총무원에 집중되어 있어서, 권력이 집중된 총무원장 자리를 차지하려는 움직임이 지나칠 정도로 활발하고 선거를 둘러싸고 갈등과 분쟁이 발생할 소지가 높다.

중앙종회와 호계원은 재가 종무원에 관한 인사권을 행사하지 못하고 있으며 총무원에서 모든 것을 관할하고 있다. 그리고 독립된 기관으로 되어 있는 법규위원회는 전담 종무원이 단 한 명도 없어서 모든 것을 총무원에 의존할 수밖에 없다.

이 기구들은 인사권이 전무할 뿐만 아니라 전문 지식을 요구하는 기관임에도 불구하고 전문가가 하나도 없다. 예를 들어 호법부와 호계원에 종헌·종법·율장과 사회법 등 전문 지식을 검증하는 시험을 거쳐서 채용된 인력이 하나도 없으며, 일반 사회의 법관과 헌법재판관에 해당하는 호계위원·

법규위원도 종헌·종법과 율장에 관한 최소한의 지식을 검증하는 절차 없이 종단의 정치 역학 관계에 따라 중앙종회에서 세력 간의 타협을 거쳐 선임되므로 판결에 공정성이나 전문성을 기대하기 어렵다.*

⑩ 승려의 전반적 자질이 문제로 대두하고 있다.** 이는 출가자 숫자가 급격히 감소하면서 출가자를 엄격하게 가려서 받을 수 없는 시대 상황에도 원인이 있겠지만, 출가 이후 제대로 된 교육이 이루어지지 않는 데에서도 원인을 찾을 수 있을 것이다.

현재 조계종단 승려 교육의 상당 부분을 담당하는 전통 강원***의 교육 과정은 불교가 제 자리를 잡지 못하고 사회적으로 제 역할을 하지 못하던 300여 년 전에 만들어진 것이며, 교재 또한 한문 일색으로 이루어져 있어 피교육생인 예비 승려사미 또는 사미니들의 교육 성취도가 매우 낮다. 강원을 마

---

* 일반 사회의 대법관에 해당하는 재심(再審) 호계위원의 경우에는 더욱 전문적 지식과 불교 전반에 대한 식견이 요구되는데, 이들의 경우에도 종단 정치 역학 관계에 따라 '나누어 먹기'가 일반화되어 있어 문제를 더욱 심각하게 만든다. 따라서 이들에 대한 최소한의 검증 절차는 꼭 필요하다. 그리고 가톨릭이나 개신교 등 이웃 종교계에서 교회법 전공자들이 어떤 역할을 담당하고 있는지 연구할 필요도 있다.

** 지난 해에 『시사저널』의 직업별 신뢰도 조사에서 승려가 18위를 차지한 것도 전반적인 승려의 자질 하락에서 연유한다고 할 수 있다. 언론에 종종 승려들이 폭력·사기·성폭력 등으로 사법기관의 조사를 받고 구속된다는 기사가 등장하는데, 이를 두고 "그런 사람들은 극히 일부에 불과하고 대다수 승려들은 바르게 살고 있다."고 주장하는 이들도 있지만, 이것은 내부 문제를 최소화하려는 변명일 뿐이다. 감자를 가득 담은 가마니 안에서 단 하나의 감자가 썩어도 그것이 전체를 썩게 만드는 일은 순식간에 이루어지듯이, 일부 잘못된 승려들이 전체 승가를 부패하게 만드는 일도 그리 오래 걸리지 않기 때문이다.

*** 국가의 교육관계 법령에 따라 설립을 인가받고 운영을 감독받는 동국대학교·중앙승가대학교 등을 제외한, 사찰 내에 위치한 교육기관을 말한다(예: 해인사 강원·운문사 강원 등).

치고 정식 승려비구·비구니가 된 뒤에도 재가자들에게 불교의 기초 교리를 전하거나 세상에서 일어나는 일에 대한 불교적 해법을 찾을 줄 아는 이를 보기 어렵다. 그리하여 일부는 다시 현대 교육기관으로 진학하여 처음부터 공부를 다시 하지만, 대다수는 공부를 포기하고 과거의 형식만을 답습하며 '승려를 직업'으로 삼아 살아간다.[13]

⑪ 한국 불교계는 걸핏하면 '1,600년 역사와 전통'을 자랑한다. 그러나 "이 땅에서 불교가 과연 토착화되었는가?"라는 질문에 쉽게 "그렇다."고 대답하기 어려운 것이 솔직한 현실이다. 아직까지 사람들이 붓다의 가르침에 쉽게 다가오고 이해할 수 있도록 경전을 옮기지 못하고 있기 때문이다.****

그런데도 2009년의 일반회계와 특별회계를 합한 조계종 중앙종무기관의 세입·세출 예산 274억여 원 중에서 동국역경원 2천만 원, 고려대장경연구소 2천만 원, 한국 빠알리성전협회 2백만 원 지원이 역경 관련 사업에 투입되는 예산의 전부이다.[14]

⑫ 교육에 대한 관심과 투자가 빈약하다. 근대화 이후 시대의 흐름을 제대로 읽지 못해 교육기관 설립과 운영이 이웃 종교계에 비해 현저하게 낙후

****조선시대 한글이 반포되고 난 뒤 몇 몇 경전을 한글로 옮기는 '언해(諺解)' 이후 일제강점기 용성(龍城)이 경전 번역을 시도하고 해방 뒤 정부 지원을 받아 대장경 한글 번역을 하고 일정한 성과를 내고 있으나, 이 시대 일반인들이 이해할 정도로 되려면 아직도 멀었다. 물론 한역(漢譯) 대장경을 우리말로 옮긴 동국역경원의 1차 작업이 끝나서 이를 보완한 새 책이 나오고 있으며, 층이 넓어진 불교학자들 가운데 산스크리트와 팔리 경전을 직접 우리말로 옮기는 이들이 늘어나고 있어서 과거에 비해 그 미래는 밝다고 할 수 있다. 그러나 가톨릭과 개신교가 성경 번역에 기울이는 관심과 노력에 비하면 불교계의 노력은 '새 발의 피'에 불과하고, 그나마 정부 지원이 없으면 제대로 일을 할 수 없다는 것이 정직한 고백일 것이다.

되어 있을 뿐만 아니라 동국대학교 등 몇 개 되지 않는 불교계 종립학교들도 붓다의 가르침과 그 정신에 바탕을 두고 미래의 세대를 바르게 교육시키겠다는 뜻과 의지는 사라지고 종단 권력의 중요한 축軸으로만 인식되고 있다.[15] 1960~70년대에 동국대학교가 오랫동안 분규를 겪고 관선이사 체제로 운영되다가 조계종단이 이사의 대부분을 추천하는 명실상부한 조계종립 학교로 바뀌었지만, 그 뒤 어떤 식으로든 학교가 좋아졌다는 평가를 받지 못하고 있다. 오히려 종단 분쟁과 분규의 한 축이 되어 때로는 종단의 문제가 학교 문제로 비화하고 또 어떤 때에는 학교 문제가 종단 내 계파 간 불화의 원인이 되기도 하는데, 2006년에 불거진 이른바 '신정아 - 변양균' 사건을 전후한 교단 내 양상은 그 대표적인 사례가 될 것이다.

섣불리 예단하기 어렵겠지만, 한국 불교계가 현재와 같이 미래 세대 교육에 투자하지 않고 있다가는 머지않은 장래에 종교 인구 숫자에서 개신교와 가톨릭보다 뒤처지게 될 것이다.

⑬ 내부 폭력 문제가 심각한 수준에 이르고 있다. 일제의 강점에서 민족이 해방된 뒤 한국 불교계는 이른바 '왜색 불교를 척결한다'는 명분을 내건 비구와 대처승 사이의 분쟁으로 수십 년을 보냈다. 이 당시 심지어 외부 폭력배에게 승복을 입히고 머리를 깎게 한 이른바 '급조승'急造僧들이 들어와 분쟁을 폭력화하고, '비구 - 대처' 싸움이 일단락된 뒤에도 이들이 그대로 승단에 남아 그 뒤 계속 사회에서 '불교계 분쟁 = 폭력'이라는 등식으로 인식하게 하였다. 이런 분위기는 1998년 조계종 사태 때에 화염병과 각목 등이 난무하는 조계종 총무원 현장이 CNN을 타고 생중계되어 전 세계에 전달되는 유명세를 치르기도 하였고, 세간에 '조폭'組暴은 '조폭'曹暴을 일컫는다는 말이 오르내리기도 하였다.

한국 불교의 총본산을 자처하는 조계사 대웅전. 근현대 불교사의 밝음과 어두움을 함께 간직하고 있다.

물론 불교계 안과 밖에서 앞으로는 이제까지와 같은 폭력 사태가 일어나지 않기를 간절하게 바라고 있고 이를 지켜보는 눈과 귀가 많아지고 있어서, 예전과는 달리 중앙 단위의 폭력 사태는 없어지거나 빈도가 줄어들고 강도도 약해질 것이라 예상하지만, 수입이 좋은 사찰과 본사급 사찰을 둘러싸고는 언제든 폭력이 재연될 가능성이 남아 있다.

심각한 교단 내 차별 구조

각 종단 내의 차별이 매우 심각하다.

명분으로는 '사부대중'四部大衆이라고 하지만 재가 신도를 '함께 붓다의 가르침을 공부하고 수행하는 도반'이 아니라 함부로 다루어도 되는 도구나 아랫사람으로 여기는 풍토가 만연되어 있다. 이 문제를 진지하게 고민하고 풀어 나가지 않는다면 출-재가 사이의 갈등이 깊어질 뿐만 아니라 한국 불교 자체에 심각한 위협이 될 것이다.

조계사와 봉은사를 비롯한 대형 사찰의 주지가 바뀔 적마다 재가 신도들은 현 주지를 지지하는 성명을 내고 그를 연임시켜 달라며 탄원서를 내거나 심지어 시위를 벌이기도 하지만 대부분 그 행위의 진정성을 의심받는다. 이 점은 재가자들이 주지 등 승려들에게 종속되어 있음을 반증하는 것으로, 재가자들 스스로 이 문제 극복을 위해 각성하고, 당당하고 의연해지려 노력하지 않으면 '출 – 재가 사이의 차별' 문제가 풀릴 가능성은 거의 없다.

다음으로 종단 내의 심각한 성 차별 문제를 거론하지 않을 수 없다. 같은 출가 대중 안에서 비구와 비구니의 차별 구조가 해결될 기미가 보이지 않고, 여성 신도에 대한 차별도 심각하다.[16]

2,600여 년 전 고대 인도 사회의 상황에서 만들어진 특정 계율 조항을 들먹이며 이와 같은 '성性 차별'을 정당화하는 이들도 있지만, 이것은 세상의 흐름과 맞지 않을 뿐만 아니라 일체의 차별을 금하였던 붓다의 가르침에도 어긋난다. 특히 출가 승려의 50%를 차지하는 비구니의 역량을 무시하거나 애써 외면한 채 비구 독선 체제를 고집하면, 종단 인력의 효율적 관리에 피해가 오고 비구 승단의 고립을 자초하게 되는 등 무리가 따르게 될 것이다.[17]

붓다의 가르침과 어긋나는 일의 횡행

현재 한국 불교계에서는 붓다의 가르침에 정면으로 어긋나는 일들이 아무렇지도 않다는 듯이 이루어지고 있다. 그러나 이런 행위에 대해 일반 사회에서 비판과 지탄이 쏟아져도 교단 내부에서는 모르쇠로 일관하는 경우가 대부분이다.

① 불교에서 살생은 가장 중요한 계율 위반이다. 따라서 붓다의 가르침을 제대로 따른다면, '가상의 적을 상정하고 그 적을 죽이는 행위를 정당화하는 군대'에 가는 자체가 계율 위반이 된다. 일부 젊은 불자들 중에서 이와 같은 이유를 내세워 '양심적 병역 거부'를 하고 기꺼이 실형을 감수하는 이들도 있지만, 정작 승려들 중에서는 이와 같은 사례가 나오지 않고 조계종을 비롯한 각 종단에서는 "군승 숫자를 늘려 달라"거나 "우리 종단에도 군승 파견을 인정해 달라."고 요구하고 있다.*

이는 다른 종교와의 포교·선교 경쟁에서 이기겠다는 종파 이기주의 관점에서는 점수를 줄 수 있을 것이지만, "목적이 수단을 정당화할 수 없다."는 지극히 당연한 명언을 예로 들지 않아도, 군승 파송이 붓다의 가르침에 어긋나는 행위라는 점은 아무도 부인할 수 없을 것이다.

② 붓다는 일체의 점복 행위를 금지하였고 바라문들이 제사를 이유로 사람들을 현혹하는 행위에 대해서도 '물에 가라앉은 돌을 떠오르라고 주문을 외우는 것과 같은 짓'이라고 선언하였다. 그러나 현재 한국 불교계에서는 사주 관상을 봐 주고 점을 쳐 주는 일이 비일비재하며, 신도들도 이사 날짜와 방향에서부터 가정 대소사를 절에 물어보고 결정하는 것을 이상하게 생

---

* 신라의 원광과 조선의 서산 등 호국불교의 전통을 내세우거나 "천 명의 목숨을 구하기 위해 한 명을 죽일 수도 있다."는 논리를 내세워 군승 파견을 정당화하고, 20대 초반의 젊은 세대를 서로 자기 종교로 끌어들이기 위한 쟁탈전에서 이웃 종교계에 뒤질 수 없다는 주장을 모르는 바 아니다. 그러나 어떤 경우가 되었든 군승 파송에 대해서는 심각한 고민과 논의가 필요하다. 그리고 각 종교의 포교와 선교 비용을 국방 예산에서 지급하게 되는 현재의 군종 제도 자체에 대한 문제를 제기하여, 이웃 종교계를 설득해 동의를 받아 국가 정책을 바꾸게 할 필요도 있다.

각하지 않는다. 그래서 불자와 비非불자 모두 점집과 사찰을 동일시한다.

얼마 전까지만 해도 절에서 고인을 위한 '49재'나 기제사를 지내는 정도였지만 이제는 49재도 매주 한 차례씩 7재를 모두 지내도록 유도하고, 그것도 모자라 음력 윤달이 있는 해에는 '예수재' 豫修齋라는 명목으로 신도들의 참여를 강권한다. 심지어 해인사와 조계사에서는 '1,029일 천도재'와 '49재 7번'이라는 기상천외한 방법까지 개발하여 여러 차례 이어지기도 하였다.

③ 뿐만 아니라 우리 사회에서 매장을 피하고 화장을 하는 추세가 이어지면서 사찰들이 납골納骨 사업을 주 수입원으로 삼아 문제가 일어난다.* 사찰 신도와 그 가족들만을 위한 순수한 납골 시설이라도 문제가 발생할 수 있는데, 가야산 국립공원 안의 900m 고지에 세운 납골당은 심지어 다단계 판매망까지 동원한 것으로 드러나고 있으며, 조계종 종정 이름으로 세운 대구 팔공산 도림사에도 대규모 납골 시설을 세워 영업 활동을 펼치는 등 전국에 이와 비슷한 사례가 매우 많은 것으로 추정된다. 이 납골 사업은 앞으로 신도가 줄어들 수 있다는 위기감을 느끼고 있는 사찰들에게 새로운 수입원으로 각광을 받고 있지만, 이 때문에 곳곳에서 사찰 내 구성원들 사이에 불화가 일어나거나 지역 주민과 마찰을 빚어 그들이 불교를 외면하게 하고 그래서 불교의 쇠퇴를 앞당길 수도 있다.

이런 비非불교적 행위가 두 사찰에 그치지 않고 전국 사찰로 퍼져나갈 가능성이 농후하다.[18] 그 뒤에 도사리고 있는 '돈金 신'神의 힘이 너무나도 크

---

*불교에서는 본래 화장을 한 뒤에 유골을 모아 법당에 모시고 49일이 지난 뒤에 산에 뿌리는 산골(散骨) 방식을 취하였다. 납골, 특히 대규모 납골 시설은 붓다의 가르침에도 어긋나고 생태 환경에도 심각한 문제를 야기하고 있는데, 불교계가 여기에 앞장서고 있다는 사실은 이해하기 어렵다.

기 때문이다.

④ 몇 해 전 MBC PD 수첩을 통해 공개가 되어 세상 사람들의 주목을 받은 적도 있지만 실제로, 일부 승려들이 토굴土窟이라는 이름으로 개인 주택을 소유하거나 에쿠스·체어맨 등 최고급 국산 승용차와 벤츠·BMW·볼보 등 값비싼 외제 승용차를 타는 일이 낯설지 않게 된 것은 이미 오래 되었다.

그리고 성지 순례를 명분으로 불필요한 호화 해외 여행이 유행하고, 골프와 스키를 즐기는 승려들이 너무 많아 일일이 열거할 수 없을 정도가 되었다.[19] 심지어 엄청난 판돈을 걸고 도박을 하다가 적발되거나 해외 카지노 등지에서 문제를 일으키는 사례도 적지 않다.**

⑤ '옷 한 벌과 발우 하나' 一衣一鉢을 내세우면서 무소유를 주장해 온 승려들 중에 막대한 사유재산을 소유하고 사망하고 난 뒤에 이를 둘러싼 법정 다툼이 이어지면서, 이 문제의 심각성을 인식한 조계종 총무원에서 "사후에는 일체의 재산을 종단과 본사에 귀속시킨다."는 각서를 써서 분한신고승적 신고 때에 제출하도록 하자, 주로 선방 수좌들과 비구니 쪽에서 반발이 크게 일어났다. 그들은 "우리가 힘들게 재산 모을 적에 종단에서 도와준 것이

**이런 여러 가지를 빗대어 필자가 2004년 9월에 인터넷신문 〈불교정보센터〉(현재 불교포커스)에 한국 승려들의 문제점 36가지를 '승병僧病' 이라 칭하며 글을 쓴 적이 있는데 그 중 몇 가지를 들면 다음과 같다. 外戚病(믿을 곳은 핏줄뿐이다. 돈과 관련된 일은 친정[俗家]의 형제와 일가친척들에게 맡긴다.), 祭祀病(이런 저런 명목으로 제사를 지내도록 열심히 권한다.), 符籍病(입시 부적·사업 성공 부적·결혼 성공 부적 등등을 열심히 팔아 거금을 모은다.), 好大病(큰 것을 좋아한다. 가능하면 모든 것을 동양 최대·세계 최대로 만든다.), 大乘病(대형 고급차만 탄다.), 燦樓病(휘황찬란하고 으리으리한 집에서 산다.), 嗜檄病(막대기[골프 채] 휘두르기를 즐긴다.), 優曇病(우담바라 꽃 장사를 해서 돈을 번다.), 大師病(모두 '큰스님' 소리를 듣고 싶어 한다.), 冠子病(감투 쓰기를 좋아한다.), 外遊病(일 년에 한두 차례는 꼭 외국 구경을 간다.)

있느냐? 속가 부모·형제에게 물려받은 재산인데 왜 종단에서 욕심을 내느냐?"며 항변하지만, 이에 대해서 세상의 여론은 곱지 않다.

⑥ 불교계 내부의 기준을 바깥 세상에 강요한다. 혹 불교계를 비판하는 언론 보도가 있으면 신도들을 동원해 해당 언론사 앞에서 시위를 하고 심지어 담당 기자와 편집국장 등에게 조직적으로 전화 폭력을 행사하기도 한다. 바깥 세상과 불교계가 관련된 사안이 발생했을 때 자신들만의 기준을 외부에 강요하는 것이다. 한 가지 구체적인 사례를 들어보자.

2007년에 곳곳에서 사회 저명·유명 인사들의 학력 위조와 속이기 사례가 드러나 세상이 시끄러운 가운데 9월 11일 MBC 뉴스데스크에서는 당시 '조계종 총무원장의 학력도 위조'라고 보도하였다. 나는 당시 총무원장의 중고등학교와 대학 학력이 진짜인지 위조인지에 대해, 그것을 제대로 확인할 방법이 없기 때문에 아직까지 확실한 입장이 없다. 그러나 이 문제에 대한 조계종의 해명 방식에서 '불교 내부 기준을 바깥 세상에 강요한다.'는 느낌을 받았고 그래서 이 사건이 매우 중대하다고 여긴다.

조계종은 MBC의 보도가 나간 당일 밤에 긴급하게 해명서를 발표하였다. 본래 특정 사안에 대한 해명을 하려면 그 사안이 해당되는 집단의 기준을 가지고 합당한 근거를 제시하여야 한다. 따라서 총무원장의 학력 위조 문제는 그가 교육 관련 법령에 정해진 절차를 제대로 밟아 학교를 다니고 정상적으로 학위를 받았느냐 아니냐를 밝혀야 한다. 학력 위조 의심을 받고 있는 사람의 키가 크든 작든, 그의 인격이 훌륭하든 아니든, 그가 사회적으로 존경을 받든 욕을 얻어먹고 있든, 아니면 돈과 권력을 많이 가졌든 그렇지 않든 그런 것들은 아무 관련이 없다. 그러나 조계종에서 발표한 해명서에서는 "큰스님께서는 우리 시대의 큰 스승, 불교계의 독보적 존재, 타의 추종

불허…" 등등의 추상적인 표현을 나열하였는데, 이 해명서를 읽고서 학력 문제가 뚜렷하게 해명되었다고 느낀 사람은 거의 없을 것이다.[20] 의혹의 당사자가 '이 나라 최고의 학승'인 것과 세속 사회의 학위·학력 문제에 대한 점검은 별개의 일이기 때문이다.[21] 당시 조계종이 내세운 논리를 그대로 따른다면, 인기 높은 스포츠 스타와 연예인들의 경우에는 그 인기를 이유로 학력 속이기와 위조를 해도 괜찮고, 그런 일을 문제 삼는 것은 세상의 잘못된 흐름이라고 주장해도 괜찮을 것이다.

⑦ 과도한 애국주의가 넘쳐나고 있다. 정부의 예산 지원을 받아 '올림픽 유치기원 법회'·'월드컵 성공기원 법회' 등을 개최하고, 국제 대회가 열릴 때에는 일반인들과 다름없는 열광적 응원을 하는데, 지난 2006년 월드컵 축구대회 때에는 당시 조계종 총무원장이 붉은 악마 티셔츠를 입고 응원을 하는 모습이 언론에 보도되기도 하였다. 응원이란 본래 '내 편'과 '상대편敵'을 나누고 내 편이 상대를 누르고 승리하기를 열망하는 적극적인 행위인데, 평정심 유지를 주요 덕목으로 여겨야 할 승려들이 흥분된 상태로 소리를 지르고 "대한민국~!"을 열창하는 장면은 '호국불교의 전통(?)에 투철하기 때문일 것'이라고 보아 넘기려 해도 이해하기 어렵다.

이웃 종교와의 갈등 풀기

① 우리 사회가 다종교 사회에 접어들면서 종교들 사이의 갈등을 평화롭게 극복하는 것은 모든 종교에 공통으로 주어진 과제가 되었다. 이를 위해 갖가지 대화 모임이 있고 불교계에서도 명분으로는 이런 종교 간 대화에 적극 동참하고 있다.

그러나 불교계는 이웃 종교, 특히 개신교에 대한 피해의식과 강박관념을 극복하지 못하는 경우가 매우 많다. 이것은 1945년 이후 미군정 3년과 개신교 장로인 이승만·김영삼 집권 시기에 더욱 깊어졌고, 이명박 정권이 들어선 뒤로는 종교 편향의 구체적 사례가 드러나면서 '돌아올 수 없는 강'을 건너갔다는 느낌까지 들고 있으며, 그래서 불교게 일각의 개신교에 대한 노골적인 불만을 한편으로는 이해할 수 있다.

그러나 지도적인 위치에 있는 승려들까지 공개된 자리에서 "장로 대통령이…"라는 말을 거침없이 쓰고, 언론에서도 이를 거르지 않고 보도하는 사태는 우려하지 않을 수 없다. 국가 지도자, 그 중에서도 유력한 종교의 지도자라면 "우리가 그동안 인재 양성에 소홀하지 않았을까? 혹 재가자들을 이용과 활용의 대상으로만 삼고 그들이 훌륭한 국가 지도자가 될 수 있도록 지원, 후원하지 못했던 것이 아닐까?" 등등을 돌아보아야 당연하겠지만, 현재 한국 불교계의 지도급 승려들 중에서 이런 인사들을 만나기는 아주 어렵다.[22]

② "내가 하면 로맨스고 남이 하면 불륜"이라는 옛말이 있듯이, 이웃 종교의 행위를 비판하면서 이중 잣대를 사용한다. 김영삼·이명박 정권의 개신교 우대 등 종교 편향 정책 집행을 비판하면서도, 불교계에 도움을 주는 인사에 대해서는 심지어 '불심대신' 佛心大臣이라는 표현까지 써 가며 옹호하였다.[23] 이와 비슷한 현상은 황우석 박사를 둘러싸고 벌어진 논쟁에서 "불자 과학자를 보호해야 한다."는 논리로 이어지기도 하였고, 논문 조작 사실이 밝혀진 뒤에도 그에 대한 열풍은 승·재가와 학력의 고하를 불문하고 가라앉지 않았다.

③ 대부분의 승려와 재가 불자들이 이웃 종교를 피상적으로 알고 있으며,

진지하게 이해하려는 노력도 기울이지 않는다. 그러므로 겉으로 드러난 이웃 종교, 특히 개신교 일부의 잘못된 신행 형태를 갖고 '기독교 전체'의 문제인 듯이 여기는 경우가 많다. 그리고 서구에서 리처드 도킨스 등을 비롯한 여러 학자들이 『만들어진 신』·『신은 위대하지 않다』 등을 써서 기독교와 이슬람 등 유신론 종교의 행태를 신랄하게 비판하면서 불교에 대해서는 비판을 제기하지 않았고, 그의 서적이 국내에서도 베스트셀러 대열에 오르자, 불교계의 지도층 인사들 중에서 "이제 기독교의 시대는 막을 내리고 불교의 시대가 오고 있다."는 식으로 제멋대로 해석하는 일까지 있다.[24]

세상의 아픔 외면

① 겉으로는 우주에 가득한 일체 중생에 대한 자비를 내세우면서도 실제에 있어서는 이웃의 아픔을 외면하고 있다.

경전에 나오는 붓다 당시의 '급고독장자'給孤獨長者에 대해서 황금을 깔아 기원정사를 지을 땅을 구입하고 절을 여러 채 지어 승단에 보시한 '돈 많은 사람 - 장자'로만 기억하고 이를 신도들에게 강조할 뿐, 어려운 사람들을 적극적으로 도와주어서 '급고독'이라는 이름까지 얻게 된 사회사업가 이력에 대하여는 무관심하다. 최근 이웃 종교계의 자극을 받아 다양한 사회사업을 펼치는 사례가 많아지고 있지만 이웃 종교계와 비교하면 미흡하고, 이에 대한 불교계 전반의 의식 수준도 낮다.

② '청정 수행 환경'을 말하지만, 사찰 건축과 통행로 포장 등으로 오히려 생태 환경을 파괴하는 경우가 있다. 산중의 청정한 환경을 망가뜨리는 첫 사례가 불필요하게 거대한 건물을 무분별하게 짓고 깊은 산중까지 승용

차가 불편 없이 다니는 도로 확장과 포장 등이라는 점을 외면하는 것이다. 그리고 대부분의 사찰에서 건축법이나 공원법 등 현행법 위반 사례가 빈번하게 발생하고 있는 것도 불교계의 이중적 태도를 보여 주는 것이다.

3. 바람직한 불교의 발전 방향 - 결론을 대신하여

이 글을 시작하면서 언급했지만 나는 어머님 뱃속에서부터 붓다의 제자이고 앞으로도 붓다의 제자로 살아갈 것이다. 불교에 대한 애정과 안타까움에서 현재 불교계의 문제점을 거론하고 비판하였지만, 실상 한국 불교계에는 칭찬해 줄 일도 많이 있다. 그러나 그 칭찬은 이번 콜로키움의 범위 밖의 일이라 언급하지 않았고, 그래서 글을 쓰는 데 고민이 많았다.

또 한 가지 언급해야 할 것은, 많은 사람들이 "그래, 그런 문제점들이 있다는 것도 잘 알겠고 네 비판도 이해가 가는데 그러면 대안이 있느냐? 대안을 제시해야 될 것 아니냐?"며 비판 자체를 비판하지만, 대안 제시 또한 내 몫이나 이번 콜로키움의 목적이 아니라고 생각한다. 다른 이웃 종교나 정부와 민간 기업의 경우도 그러하겠지만, 나는 교단 외부에서 문제점을 지적하고 비판을 하면 그에 대해 대안을 찾아 실천에 옮기는 일은 교단 내부의 몫이라고 여기고 있고, 교단 내부의 많은 인사들이 실제로는 문제점과 그 해답까지도 잘 알고 있다고 믿는다. 그들은 다만 실천에 옮기기를 짐짓 꺼리거나 두려워할 뿐이다.

진정한 불교 포교는 인구 통계상의 불교인 숫자를 증가시키는 일이 아니라 '붓다의 가르침'을 좇아 세상을 지혜롭게 그리고 자비 정신을 구현하며 살아가는 사람들이 많아지고, 그래서 세상이 평화로워지게 하는 일이라고 생각한다. 이런 관점에서 글 서두에 올린 달라이 라마의 발언에 100% 동감하고, 한국 불교계가 이 방향으로 나아가기를 간절히 바란다.

종교학자 찰스 킴볼은 다음 다섯 가지를 종교가 사악해지는 징후로 제시하면서 현재 세계의 거대 종교 중 다수가 이 중 여러 조건에 해당한다고 말한다.[25]

① 자기들만 절대적인 진리를 알고 있다고 주장한다. ② 맹목적인 복종을 요구한다. ③ "지금은 타락한 시대末法時代이고, 그 가운데 우리만 깨끗하다."고 주장한다. ④ "목적이 모든 수단을 정당화한다."는 믿음을 절대화한다. ⑤ '성전'聖戰이라는 이름을 내세우며 폭력을 정당화한다.

과연 한국 불교계는 이 다섯 가지 징후 중 몇 가지에 해당될까?

조준호 │ 고려대 연구교수

1910년, 일찍이 만해 한용운 스님은 『조선불교유신론』朝鮮佛敎維新論을 저술하여 당시 처한 불교계의 개혁을 부르짖었다. 이 책은 불교의 부흥을 위하여 일대 혁신을 단행하여야 한다는 의도를 바탕으로 집필된 것이다. 이 저서 안에도 파괴와 혁신이라는 말이 많이 언급되지만 그의 시詩 가운데에서도 "혁신은 파괴의 아들이고 파괴는 혁신의 어머니다."라는 구절은 현재에도 널리 회자된다. 혁신하려는 파괴는 불교계가 처해 있는 현실에 대한 비판적인 검토로부터 출발해야 할 것이다. 이러한 점에서 이병두 선생의 발표문은 불교가 새로워지려면 한국 불교에서 가장 시급하게 버려야 할 문제점들을 비판적으로 잘 검토해 주고 있다. 사실 발표자는 불교에 대한 깊은 신앙과 애정을 바탕으로 현 불교계의 문제를 가장 신랄하게 들이대는 날선 칼날로 이름이 널리 알려진 인물이다. 그렇기에 발표자의 비판 수위 이상은, 그리고 넓이는 아마 다른 곳에서 찾을 수 없을 것이라 생각된다. 따라서 본 토론자는 발표문의 요지를 따로 정리할 필요는 없다고 생각되며 대신 발표문에 대해 부연하는 말을 몇 가지 덧붙이는 것으로 논평을 대신한다.

1. 발표문 주석(15?쪽)에 언급되고 있는 것처럼 사찰들이 급속하게 사설사암으로 사유화하고 개인 소유화하고 있는 추세이다. 전통적인 공찰 개념이 무너지고 더 극단적으로는 발표자의 언급처럼 "외척병 - 믿을 곳은 핏줄뿐이다. 돈과 관련된 일은 친정俗家의 형제와 일가친척들에게 맡긴다."라는 언급이 바로 이를 잘 말해 주고 있다. 성스러운 도량으로서 사찰이 결코 '가족 사업의 장'場으로 전락해서는 안 될 것이다. 나아가 사찰 운영에 있어 투명한 재정 관리도 불교계의 발전을 위한 큰 숙제일 것이다. 마찬가지로 대중 생활을 기피하여 출가자가 세인들과 같이 아파트나 단독주택에서 생활하는 경우도 지적될 수 있을 것이다.

2. 현재 불교계에는 조계종의 이름을 빌린 유사상품과 같은 종단이 난립하고 있다. 이는 특별하게 종지宗旨가 있어 분종分宗하거나 창종刱宗하는 것이 아니다. 다만 종지 없는 허울뿐인 종단이 이해관계로 나뉘어 있을 뿐이다.

3. 발표문에서 현재 불사佛事가 대형화되고 주변 경관과 조화를 이루지도 못하고 시대 정신을 담아 내지도 못하는 단순 모방에 그치고 있음을 지적하고 있다. 분명 현 불사에 있어 종교 문화적인 창조력이 없는 경향은 문제이다. 심지어는 불사를 위한 불사로 공장에서 기계적으로 찍어 내고 아예 싼 가격으로 외국에서 수입해 오는 행태까지 있는데 이는 반성되야 할 것이다.

불교에서 출가 스님은 도덕적 권위를 갖춘 스승이자 지도자이다. 석가모니 붓다는 이러한 도덕적 권위가 추락하지 않도록 장치한 것이 바로 계율이다. 출가 스님들이 불교의 지도자로 도덕적 권위를 가지고 존경을 받으면서 교화를 하기 위해서는 발표자의 지적처럼 출가자의 자질 향상을 위한 교육 투자에 집중해야 할 것이다. 또한 작금에 있어 출세간의 세속화 현상은 출가자와 세인이 이해관계로 경쟁하고 충돌하는 모습으로까지 나아가기도 한다는 점이 문제다. 구조적으로 이러한 지경으로 나아가는 것을 차단해야 할 것이다. 이해관계로 출가자와 재가자가 경쟁하는 가운데서는 재가자로부터 출가자에 대한 존경심은 일어날 수 없을 것이다.

발표문 중간 중간에 언급되고 있는 출가-재가 간의 문제에 있어 아직까지도 재가자에 대한 출가자의 강요된 권위가 문제점으로 지적될 수 있다. 이는 인도 달람살라에서 오랫동안 티벳 불교 공부를 하고 있는 청전 스님이 최근 국내의 한 강연에서도 한국 스님이 고압적인 자세로 신도들에게 군림하려고 하는 태도가 새삼 비교된다는 언급을 하였지만, 국내에서도 육지와 제주도 간의 현격한 차이를 이야기를 하는 것을 토론자는 올 1월의 한 불교학회 워크숍에서 또한 직접 들은 적이 있다. 즉 오랫동안 육지에서 활동했던 스님이 제주도에서 사찰 운영과 신도 관리를 하다 보니 자연스럽게 육지 불교와 비교되면서 제주도와 차이를 알 수 있는데, 이때 육지의 스님들이 재가자에게 권위적이고 더 나아가서는 고압적인 자세까지 보여 주고 있음을 발견했다고 한다. 그리고 육지의 재가자는 스님들의 이러한 태도를 당연하게 받아들이는데 반해 제주도는 그렇지 않다고 한다. 때문에 장점으로 제주도 재가불교인들이 육지부보다 훨씬 자생적이고 자율적인 신행 활동을 보여 준다는 것이다.

마지막으로 언급해야 할 점은 본 발표문이 주로 출가 스님을 중심으로 그

문제점을 지적하고 있다는 것이다. 이 때문에 현 한국 불교계의 모든 문제
의 소지와 책임이 마치 출가자에게만 있는 것으로 오인할 수도 있을 것이
다. 이에 재가불교와 형평성이 맞지 않는다고 지적될 수 있을지 모르나 아
무래도 불교권은 아직까지도 출가 수행자가 중심이 되어 있는 구조는 부정
할 수 없다. 이러한 점에서 출가자와 맞물려 있는 재가자에도 여러 문제점
과 그리고 해결해야 될 과제도 또한 많지만 먼저 출가 불교를 거론한 것으
로 이해해야 할 것이다.

개교 100년, 원불교의 과제

Consulting

김경일 | 원불교100년기념성업회 사무총장

원불교는 아직 100년이 채 안 된 어린 교단이다. 최근 '4대 종단'의 하나로 이름하고 상대적으로 잘 정돈된 교단이라고 하는 칭송을 받는 경우도 간혹 있지만, 기성종단에 비하여 아직 교세의 규모나 사회적 역할에 있어서는 감히 비교할 수 없다.… 날이 갈수록 심화되는 시대의 문제를 원불교는 어떻게 대면할 것인가. "물질이 개벽되니 정신을 개벽하자!" 이 말은 원불교 개교開敎정신을 집약한 핵심 표어이다. 원불교가 이 시대 대중이 필요로 하는 종교로 자리매김하는 참된 길 찾기는 가능할 것인가.

1. 시작하는 말

'종교의 자리 찾기'라는 뜻깊은 주제 발표를 통해 우리 시대 종교계의 현재 모습과 안고 있는 과제들에 깊이 공감할 수 있었다. 같은 맥락으로 원불교를 들여다보고 발표를 준비하면서 몇 가지 걱정이 앞섰다. 우선은 발표를 준비한 본인의 활동 범주가 연구와는 다소 거리가 있는 처지여서 전문적 분석과 접근에는 한계가 있겠다는 것이고, 무엇보다 원불교는 아직 그 역사가 100년도 된 신생 종교라는 점 때문에 그러하다.

혹간 언론에서 원불교를 '4대 종교' 운운하는 경우가 없지 않지만, 내가 보기에는 과한 평가다.* 원불교는 불교나 가톨릭, 기독교에 비하여 교세도 현저히 작을 뿐 아니라 인지도나 우리 사회에 대한 기여도 역시도 크게 부족하다. 아직 많은 대중들이 원불교를 잘 알지 못할 뿐더러[1] 원불교가 대중적 관심사로 크게 부각될 계기도 없었다. 어쩌면 이 글을 보시는 분들에게도 원불교라는 종교는 궁금한 것이 매우 많은 미지의 종교이지 않을까 하는 생각이 든다.

때문에, 변명일 수 있겠으나 이 글은 우선 원불교에 대한 최소한의 궁금증을 해소하면서 개교 100년을 앞둔 원불교 고민의 일단을 드러내 보이는 형식을 취하려 한다. 오늘의 원불교가 안고 있는 문제에 대한 공감이 이뤄지기 위해서는 원불교에 대한 기본적 이해가 선행되어야 하겠기 때문이다. 원불교의 탄생 배경과 기본적 지향, 지난 100년 동안 원불교가 걸어온 과정에 대한 이해는 오늘의 주제인 '원불교의 자리 찾기'에 대한 보다 진지하고 심도 깊은 논의의 토대가 되어 줄 것이라 생각한다.

2. 원불교 출현의 시대적 배경

한 종교 사상을 연구함에 있어서 그 시대적 배경을 이해하는 것은 필요불가결하다. 종교는 창시자의 독자적인 창조물일 뿐만 아니라 그 사회의 역사적 배경과 당대 사회 구성원의 심층의식까지를 포괄하기 때문이다.

모든 종교 발생의 배경이 그러하듯 원불교가 출현한 19세기 역시 매우 복

＊2005년 정부의 종교 인구 조사 통계에서 불교와 개신교, 가톨릭에 이어 원불교는 13만명(전체 인구의 0.3%)의 교도로 이른바 4대 종교가 되었다.(자체에서는 약 34만 교도에 120만 신도 주장)

잡다단한 역사적·사회문화적 배경을 가지고 있다. 이 시기는 동서양을 막론하고 기성종교의 쇠락과 신흥종교의 발생 현상이 현저하게 나타나는 시기다.[2] 조선 사회도 예외는 아니었다. 조선의 정신적 중심축을 이루고 있던 유교 세력은 붕괴 과정에 있었다. 유학자들의 공리공론과 당파 싸움, 삼정三政의 문란 등 관료 사회의 부패로 인해 백성들의 삶은 곤궁에 처해 있었지만 이러한 백성의 고통은 유교 세력의 안중에 있지 않았다. 정약용 등 일부 지식인들이 성리학의 개혁을 도모하여 이른바 실학實學운동[3]을 전개하였으나 민심 이반의 대세를 뒤집기에는 역부족이었다. 홍경래의 난 등 40여 차례에 달한 민중 봉기[4]는 봉건적 질서와 제도가 새로운 세상을 갈망하는 민중의 염원을 담아내지 못하고 있음을 반증한다. 서구 제국주의 침략과 더불어 새로 유입된 서양의 종교사상 역시 조선 민중의 기대를 채우지 못했다.

　이러한 위기 상황은 기존 사상과 질서를 근원적으로 해체하여 재구성하려는 혁명적 민중종교 운동을 촉발시킨다. 수운, 증산 등의 후천개벽 운동이 대표적이다. 동학의 수운 최제우는 당시 정치와 종교의 사회상을 다음과 같이 절망적으로 표현하고 있다.

> 아서라 이 세상은 요순堯舜의 다스림으로도 부족하고 공맹孔孟의 덕이라도 모자라네….[5]
>
> …유도儒道 불도佛道 누천년累千年에 운運이 역시 다했던가….[6]

　원불교의 창건사에도 도탄에 빠진 민중과 당시 종교 상황에 대한 적나라한 기술이 보인다.

유·불·선 삼교三敎는 혹은 무당들의 미신 무대로 화하였으며 혹은 유교 세력에 밀려 산중에 숨어들었으며 혹은 허례와 공론으로 형식만 남게 되고 혹은 일없는 이의 양생술養生術로 그림자만 남았으며, 서교西敎는 박해를 받아 겨우 명맥을 유지하였고, 동학東學은 갖은 경란經亂 끝에 숨을 돌리지 못하고 있었으며, 기타의 여러 교파들은 혹세무민惑世誣民으로 민심의 혼란에 부채질을 더할 따름이었다.[7]

이 시기의 정치 종교 사상이 얼마나 총체적 혼란을 겪고 있었는지, 민중들의 혼란과 고통이 얼마나 극심했는지, 무기력한 시대 상황을 극복하려는 새로운 문명의 출현이 얼마나 절박했는지를 짐작해 볼 수 있다.

3. 원불교의 유래와 성립 과정

소태산의 구도와 깨달음

원불교는 소태산 박중빈[8]에 의해서 전라남도 영광에서 시작되었다. 유년기부터 자연 현상과 삶의 문제에 대한 깊은 의문을 품어 왔던 소태산은 구도를 염원한 오랜 고행 끝에 마침내 1916년병진 3월 26일음력 새벽, 우주와 인생의 근본 진리에 대한 큰 깨달음, 즉 대각大覺*을 얻는다. 소태산은 대각의

---

*소태산이 대각을 이룬 4월 28일을 원불교는 〈대각개교절〉이라는 이름으로 기념한다. 이 깨달음으로 원불교가 시작되었기 때문이다.

심정을 다음과 같이 기술했다.

> 만유萬有가 한 체성體性이며 만법萬法이 한 근원이로다. 이 가운데 생멸 없는 도와 인과(因果報應)하는 이치가 서로 바탕하여 한 두렷한 기틀을 지었도다.[9]

교법의 연원

대각 후 소태산은 자신이 터득한 진리를 동양의 유불선을 비롯한 기타 종교 교의와 대조해 볼 요량으로 여러 경전을 구하여 열람한다. 유교의 사서四書와 소학小學, 불교의 금강경金剛經과 불교대전·팔상록八相錄, 선가의 음부경陰符經과 옥추경玉樞經, 동학의 동경대전東經大全과 가사歌詞, 기독교의 구약舊約과 신약新約 등이었다. 소태산은 경전을 열람한 후 "나의 안 바를 옛 성인들이 먼저 알았다." 하시고 "모든 경전의 뜻이 적절하여 버릴 바가 적으나, 그 중에도 진리의 심천深淺이 없지 아니한 바 근본적 진리를 밝히기로는 불법佛法이 제일이라, 석가모니불은 진실로 성인들 중에 성인이라."[10] 하셨다. 또 "내가 스승의 지도 없이 도를 얻었으나 발심한 동기로부터 도 얻은 경로를 돌아본다면 모든 일이 은연중 과거 부처님의 행적에 부합되는 바가 많으므로 나의 연원을 부처님에게 정하노라." 하시고 "장차 회상을 열 때에도 불법으로 주체를 삼고 모든 교법도 마땅한 바를 따라 응용하여 완전무결한 큰 회상을 건설하리라."[11] 하여 자신의 교법과 회상이 불법佛法을 모태로 하고 있음을 작정하였다.

최초 법어

소태산은 여러 종교들의 경전을 열람한 후 다시 밖으로 시국의 상황을 면
밀히 관찰하였다. 그는 무엇보다 미래 종교의 사회적 역할로서 과학 문명의
발달과 물질 문명의 풍요로 예상되는 인간의 정신 문명의 개벽이 필요함을
간파하고 "물질이 개벽되니 정신을 개벽하자"는 표어로서 원불교 개교 정
신을 집약하였다. 그는 또 최초 법어라는 이름으로 시국에 대한 감상과 새
문명 세상 건설의 요체를 발표하였다. 수신修身의 요법, 제가齊家의 요법, 강
자와 약자의 진화상 요법, 지도인으로서 준비할 요법 등이 그것이다. 훗날
이러한 문헌은 원불교 교법의 결집 과정에 깊이 반영되었다.

9인 제자와 원불교 교단의 정초

소태산은 자신이 이미 도덕의 정체正體를 깨달아, 창생을 구원하고자 하
였으나 마땅한 방책을 찾지 못하여 고심하던 끝에 9인 제자를 최초의 단團
으로 조직하였다. 제자들에게 신통묘술로 민심을 현혹하는 사도를 경계하
게 하였고, 생활 공동체인 저축조합을 창설하였다. 저축조합을 통해 술 담
배를 끊고, 의복과 음식을 줄여 그 대액을 저축케 하며, 재래의 긴 명절을 줄
여 노동수입을 저축케 하며, 부엌에서는 시미匙米, 보은미를 저축케 하며, 천재
도 폐지하여 저축된 금액이 상당하게 되었다.[12]
　소태산은 또 다시 제자들을 설득하여 당시 길룡리의 갯벌을 막는 간척사
업을 하였다.[13] 당시 일반 농민들이 갯벌을 막아 논을 만든다는 것은 전혀
상상조차 할 수 없는 일이었으나, 대종사의 지도력에 대한 깊은 신뢰로 결

원불교 중앙총부 정문

집된 원력이 이를 가능케 하였다. 이는 경제 활동뿐만 아니라 장차 새 회상의 영육쌍전靈肉雙全[14]의 실지 표본을 시범 보인 것이었다. 또한 '제자들에게 솔성率性하는 법을 단련하는 공부 도량이며 복록福祿이 어디로부터 오는가를 깨우치는 교화의 장이었다.'고 훗날 술회하였다.

소태산은 정관평 방언공사의 성공으로 제자들의 신심은 더욱 굳어지고 일심단결의 결사체가 되었다. 그는 제자들에게 다음과 같이 설법하였다.

지금 물질 문명은 그 세력이 날로 융성하고 물질을 사용하는 사람의 정신은 날로 쇠약하여 개인·가정·사회·국가가 모두 안정을 얻지 못하고 창생의 도탄이 한이 없게 될지니 세상을 구할 뜻을 가진 우리로서 어찌 이를 범연히 생각하고 있으리요. 옛 성현들도 창생을 위하여 지성으로 천지에 기도

하여 천의天意를 감동시킨 일이 없지 않나니 그대들도 이 때를 당하여 전일한 마음과 지극한 정성으로 모든 사람의 정신이 물질에 끌리지 아니하고 물질을 사용하는 사람이 되기를 천지에 기도하여 천의의 감동이 있게 하여 볼지어다. 그대들의 마음은 곧 하늘의 마음이라 마음이 한번 전일하여 조금도 사私가 없게 되면 곧 천지로 더불어 그 덕을 합하여 모든 일이 곧 마음을 따라 성공될 것이니 그대들은 각자의 마음에 능히 천의를 감동시킬 마음이 있음을 알아야 할 것이며 각자의 몸에 창생을 제도할 것을 명심하라.[15]

이로부터 삼순일의 기도가 시작되었다. 4개월이 지났을 무렵 소태산은 제자들을 불러 창생을 위하여 살신성인의 죽음의 기도를 부촉하였다.* 마침내 9인 제자가 스승이신 소태산의 제안을 받아들여 자결을 결심하였다. 이후 10일간의 치재를 더한 후 1919년 7월 26일 아홉 제자가 자결에 사용할 단도를 청수상에 진설하고 사무여한死無餘恨, 죽어도 남은 한이 없습니다라는 최후의 증서를 써서 백지장白紙章을 찍어 상위에 올리고 마지막 죽음을 각오한 채 엎드려 천지에 기도하였다. 이때 백지장이 혈인으로 변하였다. 이른 바 법인성사**였다.

* 불법연구회 창건사. "그대들이 지금까지 기도해 온 정성이 심히 장한 바 있으나, 나의 증험한 바로는 아직도 천의를 움직이는 데는 그 거리가 먼 듯하니, 이는 그대들의 마음 가운데 사념(私念)이 남아 있는 연고라. 그대들이 사실로 인류 세계를 위한다고 할진대 그대들의 몸이 죽어 없어지더라도 우리의 정법이 세계에 드러나서 모든 창생이 도덕의 구원만 받는다면 조금도 여한이 없이 그 일을 실행하겠는가?"
** 9인 제자가 파란고해의 창생을 구원하기 위하여 사무여한의 기도를 올림으로써 진리계의 감응을 받은 것을 법인성사(法印聖事)라 하고 매년 7월 26일을 법인절로 정하여 기념하고 있다.

그대들의 마음은 천지신명이 이미 감응하였고 음부공사가 이제 판결이 났으니 우리의 성공은 이로부터 비롯하였다. 이제 그대들의 몸은 곧 시방세계에 바친 몸이니 앞으로 모든 일을 진행할 때에 비록 천신만고와 함지사지를 당할지라도 오직 오늘의 이 마음을 변하지 말고 또는 가정 애착과 오욕의 경계를 당할지라도 오늘 일만 생각한다면 거기에 끌리지 아니할 것인즉 순일한 생각으로 공부와 사업에 오로지 힘쓰라.[16]

소태산은 제자들에게 법호와 법명을 주시며 다시 당부하였다.

그대들의 전날 이름은 곧 세속의 이름이요 개인의 사사 이름이었던 바 그 이름을 가진 사람은 이미 죽었고 이제 세계 공명인 새 이름을 주어 다시 살리는 바이니 삼가 받들어 가져서 많은 창생을 제도하라.[17]

4. 불교와 원불교의 관계

불법佛法의 계승

소태산이 불교를 처음 접한 것은 대각 이후 『금강경』을 통해서다. 금강경 이외에도 불교의 몇 몇 경전을 접한 것은 앞에서 이미 언급한 바 있거니와 그는 금강경을 열람한 후 '근본적 진리를 밝히기로는 불법佛法이 제일'이라고 찬양하고 석가모니불을 성중성聖中聖이라고 칭송하였다. 그는 자신이 '스승의 지도 없이 도를 얻었으나 발심한 동기와 도 얻은 경로를 돌아본다면 모든 일이 은연중 과거 부처님의 행적과 말씀에 부합되는 바가 많다.'고 말하고 스스로 석가모니불을 본사本師로 삼아 깨달음의 연원을 삼았다. 또 그는 '장차 회상을 열 때에도 불법으로 주체를 삼고 모든 종교의 교법도 마땅한 바를 따라 응용하여 완전무결한 회상을 이룰 것'을 천명하였다. 이와 같은 석가모니불과 불교에 관한 소태산의 태도는 훗날 그의 행적에서 구체화되었다.

득도 후 자신의 고향인 영광에서 제자들과 '저축조합'이란 이름으로 방언공사와 법인성사를 이룬 소태산은 일제의 감시와 탄압으로 부안 변산의 실상사 석두암으로 거처를 옮기고 5년간 은거하게 된다. 이 과정에서 월명암에 주재하던 학명 스님과 교류하며 수제자인 정산 송규를 그의 시자로 보내 불교의 경전과 수행을 비롯한 제도 전반에 대하여 살피게 하고 이를 토대로 「조선불교혁신론」*을 저술하게 된다.

「조선불교혁신론」은 훗날 원불교 경전의 기초가 되었으며 소태산의 석가모니불과 조선 불교에 대한 구체적 입장과 태도를 살필 수 있는 자료로 평가된다. 소태산은 불법을 무상대도無上大道[18] 또는 천하의 큰 도道[19]라 말하며 불법의 호대浩大함을 찬양하였으며 과거 칠불七佛의 게송偈頌 또는 미륵불과 용화회상龍華會上을 담론하며 새로운 불교의 도래를 꿈꾸었다.

---

*소태산의 불교 혁신 구상을 담은 저술로 흔히 만해의 '불교유신론'과 비유되나 만해의 경우는 불교의 틀 내의 개혁을 주창한 것이라면 소태산의 경우는 불교의 틀을 벗어나 새로운 불교 운동을 제창한 것으로 혁신이 깊이와 내용은 전혀 다르다고 할 수 있다.

불법의 혁신

　그러나 위에서 살펴본 바와 같이 소태산은 불법을 찬양하면서도 「조선불
교혁신론」에는 불교의 교리는 물론 제도와 문화 전반에 대하여 근본적 변
혁을 주장하였다. 그 중 요점을 추려 정리하면 아래와 같다.

　① 불상 신앙을 일원상 신앙으로
　소태산은 그의 깨달음을 일원상○으로 상징하고 전통 불교의 불상 숭배
신앙을 일원상 신앙으로 혁신할 것을 제안하고 있다. 일원상은 진리의 상징
으로서 훗날 그의 정전에서 '우주만유의 본원이며 제불제성諸佛諸聖의 심인
心印이며 일체중생의 본성'으로 설명하였다. 일원상은 뒤에 법신불일원상法
身佛一圓相으로 표기하여 그가 설파한 일원상 진리와 불법과의 근본적 회통
관계에 있음을 드러냈다.
　소태산은 신앙의 대상에서 불상을 대신하여 일원상을 표방하면서 '진리
적 종교의 신앙과 사실적 도덕의 훈련'을 강조하였다. 그는 불상 대신 일원
상을 모시는 이유에 대하여 '석가모니 불상이 우리에게 죄 주고 복 주는 중
거를 사실적으로 해석하여 가르치기가 어렵다.'고 말하고 '돌아오는 세상
에는 인지人智가 크게 밝아지게 되므로 법신불 일원상의 신앙으로서 진리적
이고 사실적인 가르침이라야 세상을 구원하는 불교가 된다.'고 말한다.
　불상 신앙과 일원상 신앙에 대하여 묻는 제자에 대하여도 '불상 신앙은
거룩하신 부처님의 인격에 국한하여 추모 존숭함에 머무르게 되나 일원상
신앙은 우주만유를 다 법신불의 화현으로 모시고 신앙하여 모든 죄복과 고
락을 우주만유에서 구하게 할 뿐 아니라 이를 직접 수행의 표본으로 삼아

일원상과 같은 원만한 인격을 양성하게 하는 점이 다르다.' 고 설파하였다.

그는 불상 숭배가 과거에는 열리지 못한 인심을 따라 교화하는 방편으로서 불가피한 일이었음을 인정하였으나 지금으로부터 미래를 전망할 때 인심이 그게 개벽되는 세상을 따라 진리 당체를 신앙하는 것이 타당함을 역설하였다. 그는 일원상 신앙이 왜 타당한가를 '허수아비와 참새'의 비유*를 들어 역설하기도 하였으며, 며느리의 불효함을 고치기 위하여 부처님께 불공하러 가는 노부부를 설득하여 며느리에게 직접 불공하는 법을 가르치기도 하였다.** 그는 사찰의 신앙을 위한 장엄과 갖가지 방편에 대하여도 묵은 시대의 잔재로서 혁신할 것을 주장하였다. 결국 소태산은 불상과 방편

---

* 「조선불교혁신론」. 소태산은 불교의 수천 년 불상 숭배의 문화를 참새와 허수아비 비유를 들어 그 허무함을 설명하였다. 가령 참새가 처음에는 허수아비를 사람으로 알고 무서워하나 오랜 세월을 경험하게 되면 결국 허수아비의 실체를 알아 허수아비를 무서워하지 않는 것은 물론 머리에 앉아 쉬기도 하고 노래도 하며 똥도 싸는 등으로 허망하게 알게 되는 것처럼, 앞으로의 세상에는 인지가 더욱 개명되어 죄복을 진리 당체를 통하여 구하게 하지 않고는 중생을 구원하기 어렵다고 말하고 있다.

** 「원불교 전서」, 대종경 교의품 15장. 소태산은 노부부와 다음과 같은 문답으로 전통불교의 불공(佛供)에 대하여 혁신하고자 하였다. 「그대들은 어찌 등상불에게 불공할 줄은 알면서 산 부처에게는 불공할 줄 모르는가?」 「산 부처가 어디에 계십니까?」 「그대들의 집에 있는 자부가 곧 산 부처이니 그대들에게 효도하고 불효할 직접 권능이 그 사람에게 있는 연고라. 거기에 먼저 공을 드려봄이 어떻하겠는가?」 「어떻게 공을 드려야 합니까?」 「그대들이 불공할 비용으로 자부의 뜻에 맞는 물건도 사다 주며 자부를 오직 부처님 공경하듯 위해 주어 보라. 그러하면 그대들의 정성을 따라 불공한 효과가 나타나리라.」 노부부가 집에 가 그대로 시행하였더니 몇 달 후 과연 효부가 되었는지라 찾아와 감사를 올리었다. 대종사 옆에 있는 제자들에게 「이것이 곧 죄복을 직접 당처에 비는 실지불공이니라.」하였다. 이는 훗날 처처불상(處處佛像) 사사불공(事事佛供), 즉 "곳곳이 부처이니 일마다 불공하자"라는 표어로 자리매김되었다. 이는 마치 동학의 해월(海月)이 어느 동학 접주의 자부를 보고 인내천(人乃天), 즉 '사람이 한울이다' 라고 설한 경우와 매우 흡사하다.

신앙에 대한 일반 신자들의 우상적 태도를 개선하여 광명한 시대에 합당한 진리 당체에 대한 신앙과 죄복고락에 대한 사실적 불공으로서 근본적 불교 혁신을 추구한 것으로 판단된다.

② 종파 불교를 통합 불교로

소태산은 또 전통 불교의 큰 폐단으로 시대와 인심을 따라 각종 각파로 분립한 불교들이 오랫동안 제도와 방편을 달리해 오면서 근본 진리를 잊고 교파들 사이에 서로 융통하지 못함을 크게 비판하였다. 선禪과 교敎가 서로 배척하고 화엄과 천태가 소의경전을 고집하여 서로 우열을 논하면서 융통하지 못하는 불교의 편벽된 분열상을 지적하였다. 따라서 그는 흩어진 각종 각파의 불교를 통합하되 번거한 경전과 복잡한 수행법들의 요지를 남녀노소 선악귀천을 막론하고 누구나 쉽고 원만한 대도에 들게 하고자 하였다. 계정혜 삼학三學의 수행 원리를 크게 원융하게 하되, 천칠백 공안을 20조목의 의두요목으로 정리하고, 팔만사천의 번잡한 법문의 강령을 뽑아 간결하게 하였다. 그의 통합 불교 운동은 비단 불교에만 국한된 것이 아니라 유불선의 회통과 나아가서는 기독교***와 동학까지를 포함한 종교 간 회통을 시도하였다. 오늘날 원불교가 종교 간 대화와 소통의 시도에 특별한 관심을 갖는

***『원불교 전서』, 대종경 불지품 21장. 소태산은 찾아온 목사와의 다음과 같은 문답을 하였다. 「널리 살피지 못하는 사람은 항상 저의 하는 일을 고집하며 저의 집 풍속에만 성습되어 다른 일은 비방하고 다른 집 풍속은 배척하므로 각각 그 규모와 구습을 벗어나지 못하고 드디어 한편에 떨어져서 간격이 은산철벽(銀山鐵壁)같이 되나니 나라와 나라 사이나 교회와 교회 사이나 개인과 개인 사이에 서로 반목하고 투쟁하는 것이 다 이에 원인함이라. 어찌 본래의 원만한 큰 살림을 편벽되이 가르며, 무량한 큰 법을 조각조각 나누리오.」

배경이 된다.

③ 불법의 시대화·대중화·생활화

또한 소태산의 불교 혁신의 중심 사상은 시대화·대중화·생활화였다. 그는 당시 산중에 은둔하는 출가 중심의 승려 생활을 크게 비판하였다.

> …풍진 세상을 벗어나 정결한 사원을 건축하고 존엄하신 불상을 모시며 사방에 인연 없는 단순한 몸으로 몇 사람의 동지와 송풍나월松風蘿月에 마음을 의지하며 새소리 물소리 자연의 풍악을 사방에 둘러놓고 … 부처님의 무상대도는 세상에 알려지지 못하고 승려들은 독선기신獨善其身의 소승小乘에 떨어졌나니 이 어찌 부처님의 본회本懷시리오.[20]

그는 불교가 시대와 역사에 부응하여 대중과 유리되지 않으면서 불법 실현의 장을 산중에서 일상생활의 속으로 옮겨 내고자 하였다. 그는 과거의 불교가 출가 위주의 제도와 조직으로서 대부분 세간 생활하는 일반 신자들에게는 맞지 아니하여 대부분의 신자 경우에는 출가 승려가 아니고는 참 수행도 할 수 없을 뿐만 아니라 설사 수행을 갖추었다 하더라도 예우를 받기가 어렵게 된 점을 지적하였다. 이를 위해 시주와 탁발托鉢 제도를 폐지하고 의식주를 자력으로 조달하거나 출가의 경우도 직업을 갖도록 권장하였으며, 결혼도 각자의 발원發願에 따르도록 개방하였다.

교당寺刹을 대중이 많이 사는 거주지에 설치할 것과 함께 일반 대중이 쉽게 읽을 수 있도록 우리말로 경전을 편찬할 것, 또는 세간 생활하는 재가 신자를 위한 생활예법生活禮法을 제정하는 노력들은 모두가 이런 취지이다.

신앙과 수행에 있어서도 출가·재가의 차별을 두지 아니하고 오직 신행의 실적에 의해 대우하게 하였으며, 교단의 운영도 출가와 재가는 물론 남녀가 함께 운영하도록 제도화하였다. 이러한 지향은 영육쌍전과 이사병행, 동정일여, 생활시불법 불법시생활, 과학과 종교·정치와 도덕의 병진, 물질이 개벽되니 정신을 개벽하자 등의 다양한 표어로 표출되었으며 무시선 무처선, 처처불상 사사불공 등 교리에도 고스란히 반영되었다.

미륵불과 용화회상

불교에는 설사 정법이라 하더라도 세월이 지나면서 따라 법구생폐法久生弊함을 따라 정법의 등불이 희미해지고 중생이 고해 중에 들게 되면 새로운 세상을 주장하는 주세성자主世聖者가 출현한다고 한다. 미륵불은 이와 같은 설을 따라 오신다는 미래의 부처님이며 용화회상은 미륵불이 주장이 되어 건설되는 세상을 말한다. 석가는 이미 스스로 3천년 후 자신의 정법이 쇠하고 말법 시대가 돌아오면 새로운 정법을 주장하는 부처님이 오실 것을 예언하였는데, 이로써 미처 구원받지 못한 중생들을 제도하여 불국정토를 이룬다고 알려져 있다. 예컨대 성경에서 말하는 예수의 재림과 유사한 이야기다.

소태산의 재세시 사회 모습은 전통 가치가 무너지고 아직 새로운 가치는 정립되지 못한 극심한 아노미Anomie 상태로 민중의 고통은 극에 달하였다. 자연스럽게 일반 민중의 인심은 새로운 메시아–미륵불의 출세를 기다리고 있었다. 소태산에 앞서 후천개벽을 주창했던 수운도 미륵불의 출세에 대하여 많은 담론을 남겼고 증산은 직접 자신이 미륵불의 화현임을 주장하기도 하였다.

김대중 전 대통령 국장에 열반 축원을 드리고 있는 교무들. 근래 새만금, 원전, 4대강 등 사회적 이슈에 원불교의 참여가 늘어나고 있다.

소태산의 제자들 중에도 미륵불의 출세와 용화회상의 건설에 관심을 가진 이가 많았으므로 소태산과 미륵불에 대해 주고받은 문답 내용이 전해지고 있다. 소태산의 견해는 전래의 미륵 설화의 수준에서 벗어나 미래 인류 사회가 음미할 만한 새로운 미래 불교의 모습 또는 종교 이상理想을 담고 있다고 생각된다.*

*『원불교 전서』 제14 〈전망품〉 16장-22장 요약. 「이 세상에 미륵불의 출세와 용화회상의 건설을 목마르게 기다리는 사람이 많으니 어떠한 분이 미륵불이며 어떤 회상이 용화회상입니까?」 「미륵불이라 함은 법신불 일원상의 진리가 크게 드러나는 것이요 용화회상은 크게 밝은 세상이 되는 것이니 곧 처처불상 사사불공의 대의가 널리 행하여지는 것이다.」 「그러면 어느 때나 되어야 그러한 세계가 돌아오겠습니까?」 「지금 차차 되어지고 있다.」 「그 중에도 첫 주인이 있지 않겠습니까?」 「하나하나 먼저 깨치는 사람이 주인이 된다.」 「지금 어떤 종교에서는 이미 미륵불이 출세하여 용화회상을 건설한다 하며 주장이 분분하니 어느 회상이

5. 불평등한 사회 혁신을 위한 방안 - 사요四要

소태산은 불교 혁신 외에도 새로운 문명 세상을 꿈꾸었다. 소태산은 돌아오는 세상이야말로 인류가 일찍 경험하지 못한 새로운 문명을 맞게 될 것을 전망하고 후천개벽의 운수를 당하여 우리들의 준비 과제로 '정신개벽'을 제안하였다.

이는 동학의 수운 최제우 외에 증산 강일순, 김일부 등의 후천개벽後天開闢 사상과도 맞닿아 있다. 소태산은 수운을 후천개벽의 문을 연 선지자로 크게 추앙하였으며 증산을 광인狂人이라고 비난하는 제자에 대하여 크게 꾸중하

용화회상입니까?」「말만 가지고 되는 것이 아니니 비록 말은 없을지라도 미륵불의 참뜻을 먼저 깨닫고 미륵불이 하는 일만 하고 있으면 자연 용화회상이 될 것이요 미륵불을 친견할 수도 있을 것이다.」「미륵불 시대가 완전히 돌아와서 용화회상이 전반적으로 건설된 시대의 모습은 어떠합니까?」「그 시대에는 인지가 훨씬 밝아져서 모든 것에 상극이 없어지고 허실(虛實)과 진위(眞僞)를 분간하여 저 불상에게서 수복(壽福)을 빌고 원하던 일은 차차 없어지고 천지만물 허공법계를 망라하여 경우와 처지에 따라 모든 공을 심어 부귀도 빌고 수명도 빌며 서로서로 생불(生佛)이 되어 서로 제도하고 서로서로 부처의 권능 가진 줄을 알고 집집마다 부처가 살게 되며 (중략) 이때에는 불법이 천하에 두루 가득하여 법률과 도덕이 서로 구애되지 아니하고 만생이 고루 그 덕화를 입을 것이다.」「근래 어떤 사람들은 이 세상이 말세가 되어 영영 파멸밖에는 없다고 하나 나는 그렇지 않다고 하노니 성인의 자취가 끊어진 지 오래고 정의와 도덕이 희미하여졌으니 말세인 것은 사실이나 이대로 파멸되지는 아니할 것이다. 돌아오는 세상이야말로 참으로 크게 문명한 도덕세계일 것이니, 그러므로 지금 세상은 묵은 세상의 끝이요 새 세상의 처음이 되어 시대의 앞길을 추측하기가 어려우나 오는 세상의 문명을 추측하는 사람이야 어찌 든든하지 아니하며 즐겁지 아니하겠는가」「오는 세상의 인심은 이러하리라. 지금은 대개 남의 것을 못 빼앗아서 한이요 남을 못 이겨서 걱정이요. (중략) 오는 세상은 남에게 주지 못하여서 한이요 남을 위해 주지 못하여 근심이 되리라….」「지금 세상의 정도는 어두운 밤이 지나가고 바야흐로 동방에 밝은 해가 솟으려 하는 때이니 (중략) 그때야말로 큰 도덕세계요 참 문명세계니라.」「과거 세상은 어리고 어두운 세상이라 (중략) 돌아오는 세상은 즐겁고 밝은 세상이라….」

며 먼 훗날 수운과 더불어 크게 칭송받게 될 것을 예언하였다.

김지하는 원불교의 후천개벽 운동은 유불선은 물론 동학으로부터 증산, 일부에 이르기까지 종합 계승하고 집성하여 실천적으로 재구성된 종교 실천 운동임을 말한 바 있다.[21] 후천개벽이란 이른바 선천의 묵은 세상과거세상의 가치 질서가 물러가고 후천의 새로운 문명 세상이 열린다는 것으로 문명 패러다임의 새로운 변화를 주장한다. 따라서 이들이 주창하는 변화는 매우 근본적이며 전반적이라는 특징이 있다.

앞서 소태산의 불교 혁신 운동 또한 이와 같은 후천개벽 사상의 기저 위에 성립하였다고 보여진다. 미륵불과 용화회상 역시 그런 관점에서 이해되고 해석되었다. 뿐만 아니라 소태산은 조선 후기 봉건 사회 전반에 대한 획기적인 혁세 이념을 교리에 반영하고 민중에게 직접 교육 훈련을 통하여 실천하였다. 특히 그는 사요四要, 즉 평등한 세상 구현을 위한 네 가지 요긴함이라는 이름으로 다음 네 가지를 제시하였다.

첫째, 자력 양성 운동이다. 특히 소태산은 여성의 삼종지의三從之義[22] 등 오랜 관습의 의뢰 생활을 남녀 불평등의 근본 요인으로 지목하여 '남녀 권리 동일'이라는 이름으로 이를 혁신하고자 하였다. 이를 위하여 여성의 교육받을 권리를 주장하고 여성의 직업 갖기를 권장하였다. 부부 간에도 경제 자립을 요구할 만큼 그의 양성평등 의지는 혁신적이었으며 재산 상속과 사교 권리 등 생활의 자유를 주장하였다.*

*미래에는 부부가 따로 집을 가지고 경제생활은 물론 문패도 따로 달고, 별거하다가 서로 시간이 있을 때 초대하여 동거하며 자녀의 성(姓)도 남편과 아내의 성을 합의하에 갖게 된다는 등의 현대사회에서도 수용하기 쉽지 않은 많은 이야기들이 전해지는 것으로 보아 그의 남녀 평등 의지는 획기적인 것임에 틀림이 없다.

둘째, 지자 본위智者本位 운동이다. 이는 사회 발전을 위하여, 관행으로 굳어진 잘못된 차별 제도를 타파하고 다만 지우智愚 차별을 두어 지자가 우자를 가르치는 사회를 만들어 가되, 이 역시 세습적 신분의 차별이 아니라 사회 발전을 위한 일시적 방편적 차별에 한하자는 것이다. 그는 우리 사회의 오랜 차별의 잘못된 관습으로 반상班常 차별, 적서嫡庶 차별, 노소老少 차별, 남녀 차별, 종족種族 차별 제도를 꼽았다. 차별 없는 가운데 솔성率性과 인사人事의 덕행, 정사政事, 생활, 학문과 기술, 상식 등을 구할 때에 불합리한 차별 제도에 끌리지 말고 우자가 지자에게 배우는 사회만이 사회를 진화시킨다고 주장하였다.

셋째, 타자녀 교육 운동이다. 소태산은 과거 우리 사회가 크게 발전하지 못한 이유로 교육기관이 편소偏少하고 우리들의 정신이 자타自他의 국한을 벗어나지 못한 혈통 중시 때문이라고 말하고, 교육기관 확장과 자타의 국한 없는 교육을 주장하였다. 그는 당시 정부나 사회가 정부나 교육에 대한 적극적 성의가 없는 등의 우민愚民 정책과 여성들의 교육 기회를 가로막은 여성 불평등 정책을 비판하였다. 또한 일부 양반층의 교육 수혜자들이 혈연과 문중의 틀에 갇혀 공익에 이바지하지 못함과 언론 통신의 미발달로 인한 국민적 의견 교환이 부족함을 지적하기도 하였다. 이를 극복하기 위하여 자타의 국한을 벗어나 유산자有産者들의 타자녀 교육과 장학재단 형성을 권장하고, 국가와 사회의 교육에 대한 적극적인 배려를 촉구하기도 하였다.

넷째, 공도자公道者 숭배 운동이다. 세계는 물론 국가 사회와 대중의 공익 위하여 헌신하는 사람들을 사회가 적극적으로 존경하고 모시는 풍토를 조성하자는 것이다. 과거 사회는 왕조 봉건사회로서 권력 중심에 충성하는 사람 이외에 다양한 국민 생활 여건의 증진과 공익에 힘쓰는 이들에 대해서는 국가와 종교가 무관심했다고 지적하였다. 국민의 생활 증진을 위한 사농공상의 실업 교육이 부족하고 종교조차 교리와 제도가 대중적이지 못하여 혈연 중심의 인심을 가르칠 여건이 부족하였음을 지적하였다. 소태산은 공도에 헌신하는 사람은 부모와 같은 예로서 존중하고 숭배하면 자연스럽게 세계는 물론 국가와 사회 공익을 위한 인물들이 많이 배출되어 자연스럽게 대중의 생활이 고르게 된다고 가르친다.

후일 대산종사[23]는 사요四要를 인권 평등, 지식 평등, 교육 평등, 생활 평등으로 「평등 세계를 건설하기 위한 네 가지 요긴한 길」이라는 제목으로 유시하기도 하였다.

이상으로 원불교의 탄생 배경과 기본 교리를 살펴보았다. 원불교 100년의 역사에는 한국 사회가 '근대'로 진입하면서 겪었던 고뇌와 그 고뇌를 해소하기 위해 감행했던 시대적 돌파 노력이 담겨 있다. 또한 불법을 기초로 삼았으되 역대의 종교사상을 통합하였으며 거기에 민중들의 역사적 열망과 근원적 문명운동의 열망이 투영되어 있음을 짐작할 수 있다. 역사가 짧은 반면 종교가 지닌 생명력에 있어서는 새로운 평가가 필요하다고 한신대 신광철 교수는 지적한 바 있다.[24]

원불교의 자리 찾기는 위에서 언급된 원불교 초기 교단의 출발과 지향이 100년이라는 짧은 역사 속에서 어떻게 유지되어 왔고, 개교 정신이 어떻게 구현되어 왔는가 하는 관점에서 오늘의 원불교 교단을 살펴보는 것이 타당하리라 여겨진다.

6. 원불교의 자리 찾기

교세 확장에 대한 강박증세는 타당한가

길지 않은 역사 속에서도 원불교는 한국의 '4대 종단'으로 자리매김되는 쾌거를 이뤘다는 호평도 있다. 하지만 교단 내부에서는 어느 시점에서부터 교화가 제자리에 머물고 있다는 교화 정체 현상에 대한 지적이 많았다. 앞에서 이미 살펴본 바와 같이 2000년과 2005년 정부의 종교 인구 조사 결과 발표[25]로 교단은 큰 충격을 받았다. 이후 교화의 영세성 문제는 매년 열리는 총회의 주요 의제가 되었으며 이에 대한 대책이 집중 논의되었다.

2006년 교정원은 전국 교당별 교도 증가 목표를 시달하고 이를 평가 항목에 반영하는 등 범교단적인 교세 확장 운동을 전개하였으나 그 실효성 문제가 제기되어 결국 닻을 내리고 말았다. "요즘 교회의 가장 큰 문제점은 예수 결핍 장애이다. 교회에 예수의 말씀은 없고 교회의 경영만 있다."는 세계적 신학자 레너드 스위트[26]의 지적처럼 원불교 역시도 자본주의 사회에서 경영 중심의 논리가 내부 조직의 주요한 갈등 의제가 되고 있다. 교당의 영세성, 교무의 후생복지급여, 건강, 노후생활의 어려움 등으로 인하여 경제 안정의 현실적 필요가 점증하고 있는 가운데, 직접 수익 사업 운영에 나섰다가 실패한 사례 등으로 인하여 많은 홍역을 앓고 있기도 하다.

2010년 새로 출범한 교정원은 원불교 100년 기념성업회와 보조를 맞추어 자신성업봉찬自身聖業奉贊*과 더불어 10인 1단 교화단으로 2만 교화단 육성의 비전을 제시하며 새로운 방향의 교화운동을 전개하고 있다. 그러나 전국 교당의 약 60%가 재정적으로 아직 미자립 교당에 머물고 있는 현실에서 교화 현장의 실무자들에게는 큰 부담으로 작용하는 측면이 있다.

교화를 규모적 성장의 측면에서만 보는 것은 아닌가 하는 데 대한 이견이 있을 뿐 아니라, 이렇듯 교화 성장을 목표로 삼다 보면 원불교가 세상의 문제에 관심을 갖고 시대와 호흡하기보다는 기성종교의 문제를 고스란히 답습하게 되리라는 우려가 나오고 있다.[27] 이러한 때에 '원불교 사람들은 세상문제보다는 원불교 문제에만 급급한 측면이 있다.'는 조현 한겨레신문 종교전문기자의 지적은 많은 점을 시사하고 있다.

교무 지원자의 감소 현상, 어떻게 볼 것인가

원불교의 성직자인 교무를 지망하는 지원자가 감소하고 있는 것도 최근 원불교가 안고 있는 큰 고민 중에 하나다. 지원자 감소는 단순한 인원 감소에 그치는 것이 아니라 성직자의 전반적인 자질 부족의 원인으로 작용하고 있다는 지적도 있다. 현재 원불교는 원광대학교 원불교학과 이외에 영산선학대학교, 원불교대학원대학교, 미주 선학대학원대학교 등 총 네 군데의 교무 양성 과정을 두고 있지만 특히 영산선학대학교의 경우 전국 최하위 입학정원 충원율로 인하여 언론에 보도되는 등 그 심각성을 더하고 있다.

교단적으로 교육기관의 통합을 통한 영세성 극복이 논의되고 있기는 하지만 교육기관 간의 이해관계 상충으로 인하여 이 또한 해결이 쉽지 않다.

＊내 자신에 갖아 있는 거룩한 불성을 드러내는 신앙과 수행으로서로서 원불교100년성업을 기리자는 취지의 법문으로 대산종사가 처음 제창하였으며 현 경산종법사에 이어져 교단 운영의 핵심 방향이 되고 있다.

그렇다면 10년 이상 거듭되어 온 교무 지망자 감소 혹은 정체의 원인을 어디에서 찾아야 할까. 절대인구 감소로 인한 자원의 부족이라는 외부 변수가 있긴 하지만 교무의 최소 생활 보장 문제가 중요한 원인의 하나로 꼽히고 있다.[28] 시대는 변화하고 있는데 결혼한 남자 교무들의 경우 대부분 가정 경제를 정토正土, 부인에게 의존하고 있는 실정이다.

또한 원불교 교화 전망에 적신호라고 할 수 있는 청소년 교화의 부진을 그 원인으로 꼽기도 한다. 원불교가 문화적인 전근대성을 극복하지 못하여 새로운 세대와 소통이 되지 못하는 것이야말로 매우 심각한 문제임을 최준식 교수는 지적한 바 있다.[29]

그 밖에도 원불교학의 낙후 등도 교무 지원자 감소의 원인으로 지적되고 있다. 특히 원불교학의 낙후는 원불교 교화가 한국 사회에 정착하는 데 큰 장애가 되고 있다는 지적을 받고 있으며, 그 원인으로 원불교학 연구 풍토의 폐쇄성이 지적되고 있다.[30] 이찬수 목사한국종교문화연구원장는 원불교학 진흥을 위해서는 신학이나 불교학 연구의 경험이 축적된 이웃 종교학자들에게 문호를 개방하고, 원불교 연구자들이 이웃 종교에 대한 연구에도 적극 나설 것을 주문한 바 있다.

원불교는 불교인가 아닌가 - 애매모호한 불교와의 관계

'원불교는 불교다'라는 교단의 공식 입장에도 불구하고 이 문제는 불교 사회에서 여전히 뜨거운 감자다. 주지하는 바와 같이 원불교는 '한국불교종단협의회'에 가입되어 있지 않다. 원불교는 종파 불교가 아니라는 원칙에 의해서다. 국가적으로도 불교재산관리법의 적용을 받지 않으며, 별개의 교단으로 간주되고 있다. 그러나 해외에서의 원불교는 불교로서 활동을 한다. 원불교는 해외에서 Won Buddhism으로 표기된다.

이 점은 불교와 원불교 간의 갈등 요소가 되고 있다. 30여 년 전 『불교신문』은 「원불교는 카멜레온인가」라는 칼럼을 통해 원불교의 '이중성'에 대한 논쟁을 벌인 적이 있다. 불교면 불교종단협의회의 일원으로 들어와야 하고 불교가 아니면 해외에서 불교 행세를 하는 것은 위선이라는 게 그 요지다. 또 한편에서는 '불상을 모시지 않고 소의경전을 원불교 교전으로 하는 것 등으로 보아 원불교는 불교가 아니다.'라는 주장도 있다.

이 문제와는 별개로 원불교를 민족종교로 분류하는 경우도 있다. 일부 학자나 언론의 자의적 구분이긴 하지만 이 또한 원불교의 입장과는 다르다.

원불교는 세계 종교를 지향한다. 한국으로부터 시작된 종교인 점에 자부심을 갖지만 민족종교라는 틀로 규정하는 것에 대한 거부감이 있다. 아마도 이런 점 때문에 국민들 사이에 원불교는 불교 종파, 민족종교 또는 정체성이 모호한 종교라는 인식이 퍼져 있는 것이 아닌가 추정된다.

종교 간의 화해와 협력을 위해 교단적 노력을 거듭해 온 원불교가 이러한 논란과 오해를 불식시키지 못한 채 갈등의 원인을 제공하고 있는 것은 바람직하지 않다. 이러한 갈등과 오해를 해소하기 위해서는 원불교 스스로 이러한 논란에 대한 보다 명쾌한 정리를 해야 할 것이다.

출가 중심의 교단 체제, 교화 현장의 보이지 않는 갈등

출가와 재가, 성직자와 평신도의 바람직한 관계 설정은 이미 불교나 기독교에서도 쟁점이 되었던 사안들이다. 앞에서 본 것처럼 원불교는 출가와 재가의 차별 없는 혁신을 지향했음에도 불구하고, 여전히 이 문제에 관하여 자유롭지 못하다.

결혼도 포기하고(?) 급여도 거의 받지 않는(?) 출가교무들의 자부심은 재가 교도들 앞에서 독선獨善이 되고, 이런 분위기가 재가교도들의 분위기를 위축시켜 미묘한 종속관계를 낳고 있다.

재가의 교당 운영 참여를 위한 많은 제도적 장치들이 있음에도 불구하고 사실상 교당 운영에 있어서 재가자가 배제되는 비민주적 독단이 많이 발견 되는 이유는 전통 종교 일반에서 찾아볼 수 있는 관행으로 치부할 수 있겠지만, 한편 재가에 비하여 상대적으로 더 많이 헌신하는 출가에게 부여되는 권위에서 비롯되는 자연스러운 현상일 수도 있겠다.[31]

더 나아가 교무들이 가지고 있는 교화권법위승급사정, 사업성적사정, 법호수여 등 은 교무와 교도 사이를 종속의 관계로 심화시키는 역할을 크게 하고 있는 것으로 보인다. 다만, 교무의 교당 운영에 있어서 재정 관리권은 제도적으로 재정 상황을 공개하도록 법제화되어 있어 문제 해결의 가능성은 있는 것으로 판단된다.

원불교, 양성평등의 종교인가

한국 근대사에 있어서 여성의 지위 향상은 천주교의 전래로부터 비롯되었다는 평가가 있다.[32] 천주교 교도가 됨으로써 쓰개치마 장옷 따위로 얼굴을 가리고 외출하던 여성들이 남성과 함께 예배를 볼 수 있게 되었다는 것이다. 이후 동학 사상이 확산되면서 여성의 지위 향상에 대한 보다 혁신적 사상들이 보급되고, 기독교의 자유·평등 사상은 여성 인권에 대한 자각을

축구하기에 이른다.[33]

　원불교의 경우, 교단 초창기에 이미 대종사가 남녀에게 같은 권리를 부여하여 원기 16년(1932년)에 원불교 수위단에 여자 교무들이 시보단을 조직하기에 이른다. 이후 교단의 구국 활동에도 여성들이 적극적으로 참여하는 등 초기 교단에서 남녀 평등의 문제는 매우 혁신적으로 이뤄졌다.

　현재에 이르러서도 교무의 남녀별 신분 차이가 없고 전체 구성원도 오히려 여자 교무가 많은 편이다. 교단의 최고결의기관인 수위단회는 지금도 남녀 동수로 구성하도록 법제화되어 있다. 여성이라고 하여 직급이나 직책 수행에 차별 여지는 없다고 할 수 있다. 단, 교단의 최고 지도자인 종법사 지위에 오른 여성의 경우가 한 번도 없었으나 이는 선거라는 민주 절차에 의하여 선출되는 결과인 만큼 차별이라 말하기는 어려운 측면이 있다. 교단의 핵심 보직이라고 할 수 있는 임명직인 교정원장, 감찰원장, 교구장의 경우 지금까지 대부분 남녀 차별이 있었다고 할 만한 사례가 거의 없다.

　하지만 교무들의 결혼 제도를 두고 세간의 문제 지적이 많다. 남녀를 불문하고 교단의 법으로 결혼을 제한한 경우는 없으나, 사실상 여성의 경우 결혼하면 교무 직책 수행이 불가능한 초창기 시대 상황의 유습으로 인해 여성 교무의 결혼 문호가 막혀 있는 것이 현실이다. 제도상으로야 출가 교무로서 결혼은 각자의 처지와 발원에 따라 선택할 수 있을 뿐 아니라, 남녀 교무가 서로 결혼하여 함께 활동이 가능한 제도의 방향까지 제시되어 있으나 그 실천이 요원한 상태다. 이와 같은 제도 문제 외에 한국 사회가 가지고 있는 가부장적 봉건 문화의 관습은 원불교라고 해서 예외가 아닐 것이다.

　더 주목해서 살펴야 할 문제는 교단에서 교도 가정의 양성평등을 위한 교육이나 프로그램 운영을 하는 사례도 많지 않다는 점이다. 남녀노소의 평등

을 말했던 혁신 의지가 초기 교단에 비하여 현저하게 적어진 것이 아닌가
싶다.

원불교는 사회적 실천에 앞장서는 종교인가

원불교가 가장 뼈아프게 지적 받는 문제 중 하나로, 소외된 약자에 대한
배려가 너무 부족한 것 아닌가, 사회 참여가 부족한 것은 아닌가 하는 문제제
기가 있다. 원불교는 1980년대 민주화운동 과정에 자기 목소리를 내지 못함
으로써 많은 청년과 대학생들의 외면을 받았다는 평가도 있었다. 사회개벽
교무단이 출범하여 천주교의 정의평화구현사제단이나 개신교의 목회자정
의평화회의, 조계종의 실천승가회 등과 연대하고 있으나 여러 면에서 역부
족을 느끼고 있다.[34] 특히 사회정의와 관련하여 독자적이고 날선 행보가 없
다는 점도 많이 지적을 받는 내용이다. 최근 교단의 지도부에서 '원불교의
좌파 성향'을 언급하여 교단 내 젊은 교무들로부터 성토가 되기도 하였다.
  근래 제도 교육에서 일탈한 학생들을 위한 대안교육의 문제라든지, 탈북
자 새터민 학생 교육을 위한 한겨레학교의 운영, 다문화가정에 대한 관심,
은혜심기운동의 활성화, 환경과 통일운동 참여, 국제 빈민구호운동을 위한
다양한 조직들이 생겨나고 있으나 아직은 미약하다는 평가를 면할 수 없다.

7. 마무리의 말

소태산은 100여 년 전 이 땅에서 지금까지 인류가 경험하지 못했던 새로

운 삶의 방식과 문명 운동을 제안하면서 그 가능성을 다시 종교에서 찾았다. 그것이 불교요 유·불·선과 기독교다. 종교무용론을 말하는 많은 사람들의 주장에도 불구하고, 종교는 문명의 근원이요 희망이라는 생각을 바꾸지는 않았다. 종교는 문명의 체體요 문명은 종교의 용用이다. 엄밀히 말하면 종교 자체가 문제가 아니라 종교의 본질體이 흐려지는 것이 문제일 것이다. 종교의 본질이 흐려지면 그 위신을 세울 수 없고, 종교가 시대를 따라 변화하지 못하면 그 역할을 다할 수 없다.

원불교는 아직 100년이 채 안 된 어린 교단이다. 최근 '4대 종단'의 하나로 이름하고 상대적으로 잘 정돈된 교단이라고 하는 칭송을 받는 경우도 간혹 있지만, 기성종단에 비하여 아직 교세의 규모나 사회적 역할에 있어서는 감히 비교할 수 없다.

초기 교단 시기 소태산의 혁신 의지와는 달리 교단 역사 100년이 지난 지금에도 전근대적이고 봉건적인 잔재가 교단 구석구석에 자리하고 있다. 아직 종교 조직으로 성공적인 정착을 하지 못했다는 위기감은 교세 확장에 대한 강박증을 낳았고, 이러한 조급증들이 오히려 진정한 교화의 걸림돌이 되고 있음을 인정하지 않을 수 없다.

외부적으로는 어중간한 성장에 따른 견제로 어려움을 겪고 있기도 하다. 실제로 군종과 방송 교화가 이웃 종단의 심한 견제로 진출이 지연되고 있다. '4대 종단'이라고 하는 위상을 가시적으로 보여 주었던 김대중, 노무현 국장 종교의식 참여는 그 이후로 기성종단 이외의 여러 군소종단의 항의로 그 처신은 갈수록 어려워지고 있다. 이와 같은 어려움을 돌파하는 것이 어찌 능숙한 외교와 처세로 가능한 일이겠는가. 시대적 대의大義와 대중이 공감할 만한 명분만이 원불교가 처한 어중간한 위치를 넘어서는 일이자 미래를 열어 가는 열쇠가 될 것임을 안다.

소태산은 미래 인류가 도전에 직면할 가장 큰 위협으로 물질 문명에 대한 인간의 탐욕과과 집착을 꼽았다. 이미 이런 조짐은 인류 문명 전반에 나타나고 있다. 물신物神 사회, 돈 중심의 가치관, 환경과 생태계의 위기, 유전자의 조작과 생명 경시의 문제, 강자와 약자의 반목과 대치, 자본주의와 신자유주의의 위험천만한 행보들…. 이 시대를 불행으로 이끌고 있는 심각한 문제들이다. 이렇듯 날이 갈수록 심화되는 시대의 문제를 원불교는 어떻게 대면할 것인가. "물질이 개벽되니 정신을 개벽하자!" 이 말은 원불교 개교開教 정신을 집약한 핵심 표어이다. 원불교가 이 시대 대중이 필요로 하는 종교로 자리매김하는 참된 길 찾기는 가능할 것인가. 개교 100년을 맞는 원불교의 고민이 깊다.

이찬수 | 종교문화연구원장

원불교에 대한 애정을 담은 김경일 교무의 진지한 글을 읽고 느낀 바가 많았다. 원불교의 현 위상과 문제점을 내부자의 시각에서 충분할 정도로 솔직하게 묘사해 주서서 감사드린다. 김경일 교무의 고백과 희망과 열정이 어떤 형식으로든 결실을 맺을 수 있게 되기를 바라마지 않는다.

교도도 아닌 마당에 원불교에 대해 논평할 처지가 전혀 아니지만, 그래도 원불교에 대해 품었던 평소 애정의 일부나마 살짝 표현해 보고자 한다. 원불교에 대해 소개하고 개관해 주신 부분은 소태산 대종사님의 천재성을 공부하는 객관적 자료로만 삼고, 논평의 대상에서는 제외하겠다. 김경일 교무가 진단한 원불교의 현재 문제점을 중심으로 정리식 논평을 해 보고자 한다.

원불교와 불교의 관계에 대하여

외부자의 시각에서 보면 원불교는 충분히 불교적이다. 불교가 없었다면 교리에서든 제도에서든 원불교는 오늘의 원불교가 되지 못했을 것이다. 그럼에도 불구하고 한국에서 불교와 관계없이 자생했고, 불교에 의존하기는 했지만 독자적 경전과 종교적 상징을 지닌 독립 종단이다. 원불교가 '한국불교종단협의회'에 가입할 이유는 전혀 없다고 본다. 같은 히브리 성서를 경전으로 쓰면서도 유대교와 그리스도교가 다르듯이, 그리스도교의 성경과 상당 부분 비슷한 내용을 공유할 뿐만 아니라 예수를 무함마드 못지않게 존경하면서도 이슬람이 그리스도교가 아니듯이, 원불교와 불교의 관계도 그렇다고 본다.

물론 한편에서 원불교는 충분히 불교적이지만, 다른 한편에서는 그럼에도 불구하고 충분히 독자 종단일 수 있다고 본다. 원불교에게 불교종단협의회에 가입하라고 한다면, 그것은 도리어 불교계의 '오만'이 아닐까 싶다.

교세 확장 강박증에 대하여

정도의 차이는 있겠지만, 교세 확장에 대한 강박증은 어느 종단에든 있다. 그것은 필연적일 것이다. 그런데 논평자가 보기에 원불교는 양적 확대가 쉽지 않은 종교라고 생각된다. 그것은 원불교의 종교적 수준이 낮아서가 아니라, 도리어 높아서이다. 정교일치적 사회에서 국가적 권력의 보이지 않는 비호가 있거나, 특별한 시대적 요청이 있거나 한 것이 아닌 다음에야, 교세는 주로 민중의 기복적 욕망을 충족시켜 줄 때에야 확장된다. 기복적 욕망의 종류에도 여러 가지가 있겠지만, 교세는 기본적으로 내 생명이 어떤 식으로든 연장된다든지, 몸이 건강해진다든지, 물질적으로 풍요로워진다든지, 앞선 문명이나 사유에 편승하는 것이라고 생각되든지, 지금까지 보지 못하던 신선한 세계관으로 간주되든지 해야 교세가 확장된다.

물론 기복성만으로 교세가 확장될 수는 없다. 그것을 비판적으로 뒷받침하는 정교한 이론도 가지고 있어야 한다. 그런데 원불교는 교리, 제도, 언어 등에서 불교와 크게 다르지 않은데다가, 불교에 비해 비교적 점잖고 합리적인 성향도 강하다. 세가 커지기 힘든 성향을 고루 갖추고 있다고 생각된다.

이럴 때 성장 강박증에 빠질 것이 아니라, 도리어 원불교의 질적 우수성에 대한 자부심의 근거로 삼아야 할 것 같다. 일당백의 교무나 교도가 되도록 교육할 필요가 있다.

그리고 교세를 확장하고 싶다면 국내에서보다는 동양 종교에 대한 환상이 있는 서양 선진국이나 한국에 대한 환상이 있는 개발도상국가의 포교에 힘을 쏟을 필요가 있다. 현각 스님 같은 분이 불교 이미지를 바꿔놓듯이, 원불교가 외국에서 성공하면 한국 내 원불교의 이미지도 높아지고 교세에도 자연스럽게 변화가 있을 것이다.

교무 지원자 감소에 대하여

교무 지원자 감소도 원불교만의 현상이 아니다. 아시는 대로 가톨릭도 신학생 지원자나 수도원 성소자가 급격히 감소하고, 불교도 출가자가 줄어들고 있다. 개신교도 장신대 같은 최대급 교단 신학교나 연세대 같은 유명세 있는 사립대 신학과를 제외하고는 지원자가 줄고 있고, 목사 후보생도 줄고 있다. 이 마당에 원불교 교무 지원자가 늘어난다면 기이한 현상일 것이다. 게다가 원불교 교도 숫자도 적고, 교육 시스템에 딱히 앞선 이미지가 있는 것도 아닌데, 늘 리가 없다는 것이다.

교세 확장은 종합적인 현상이지, 단순히 기술적으로 해결될 수 있는 문제가 아니지만, 그래도 정말 교세의 확장을 추구한다면, 다소 파격적일 필요가 있다. 교무 복장이 대종사 당시에는 신여성 패션이었다거나 실용적이고 간결한 복장이었다거나 하는 회고적 발상에서 벗어나, 현재 복장에 대한 여론조사를 통해 과거를 이으면서 무언가 시대성과 종교적 깊이를 느끼게 해주는 복장으로의 전환이 필요하다. 때로는 굳이 그런 '종교적' 복장이 필요한가 의심해 볼 필요도 있다. 또 대단히 주제넘은 발언이지만 의도적으로라도 여성 종법사의 출현을 시도할 필요가 있다고 생각된다. 수위단이 남녀 동수로 이루어져 있다는 것만으로도 양성평등 문화와 관련해 대단히 선구적이지만, 도리어 여성 수위단이 더 많아지는 것도 괜찮다고 생각된다. 게다가 여성 종법사는 앞으로 더욱 커져 갈 여성의 에너지에 대한 예언자적 선택이라는 차원에서도 의미 있는 일이라고 생각된다. 물론 그만한 여성 교무가 있는지는 잘 모르겠지만….

여성 교무들 결혼 문제와 관련해서는 원불교도 교구 신부와 수도회 신부를 구분하는 가톨릭을 벤치마킹할 만하다. 이렇게 구분한 뒤 교당 교무는 남녀 불문하고 결혼은 정말 자율에 맡기고, 수도 교무는 독신 서원을 거쳐 종교성을 닦는 수도 중심으로 전환하는 것을 생각해 봄직하다.

제도의 경직화에 대하여

원불교는 문중이 파벌을 이루다시피 하는 불교에 비하면 파벌 싸움은 상대적으로 약해 보이지만, 제도가 점점 더 경직되어가는 것은 분명해 보인다. 종교 경험이 사회화 또는 제도화되는 것은 필연적이지만, 그 과정에 자칫 내면은 사라지고 오히려 제도가 사람을 굴러가게 만드는 순간이 오는데,

그 지점이 바로 종교의 타락과 성숙의 분기점이다. 초기 종교 운동이 확장되어 가는 과정에서 어느 정도의 제도화는 필연적이지만 형식과 제도를 유지하기 위해서 주로 에너지를 쓰게 되는 순간 더 이상의 성숙과 성장은 없다. 현재 원불교가 그런 분기점에 있다고 생각된다. 제도적 측면에 있어서는 매우 유연하고 느슨하되 개인의 독창성과 에너지를 존중할 수 있어야 한다. 경직성이 더 확고해지기 전에 돌파구가 필요하다고 본다.

원불교학의 세계화를 위하여

원불교학도 짚어 보아야 할 문제이다. 교도가 아니면서 원불교학을 해보고 싶다는 사람이 과연 몇이나 있을까? 원광대 학생 중에 '종교와 원불교' 과목을 수강하고 원불교도가 되거나 원불교학을 해 보겠다고 할 만한 사람이 몇이나 있는지 궁금하다. 논평자가 보건대 원불교학의 세계는 불교학의 세계와 다르지 않다. 단적으로 말해 원불교의 특수 용어 몇 가지를 제외하고 현대적 기민함을 제외하면 원불교학의 세계는 불교학과 크게 다르지 않아 보인다. 이럴 때 원불교학의 독특성을 위해서는 도리어 서양철학이나 신학에서 배울 필요가 있다고 생각된다. 신학은 매우 치열한 학문적 세계이다. 특히 서양신학은 2천 년 이상 신과 인간, 추구하는 것과 추구자의 관계 문제 등을 논리적으로 깊게 파고들어 왔다. 기독교를 근간으로 하는 서양 문명이 근대 세계를 제패하지 않았는가. 그 안에 무언가가 있다는 뜻이다. 원불교학의 독창성과 보편성 확보에 기독교 신학을 벤치마킹할 필요가 있다. 신학을 전문으로 하는 교도나 교무도 나와야 한다. 서양철학자나 신학자들에게 연구비를 제공해, 한국어로는 물론 외국어로도 원불교를 연구하게 할 필요도 있다. 그런데 원광대 원불교학과에 타종교 신자는커녕 원불교

재가자도 없다는 사실은 원불교학이 그런 학문적·제도적 변화를 도모할 수 있는 능력이 있는지 의심스럽게 만든다. 교무 교육이 아니라 재가자 교육이 어디까지 이루어져 왔는지 돌아볼 때이다. 서양신학과 철학에 대한 투자는 당장은 소모적인 것 같지만 분명히 성과가 있을 것이다.

어디까지나 원불교 외부자로서 비전문가로서 드는 생각의 일단을 피력해 보았다. 그 밖에 원불교에 대해 고민하던 내용이 있었지만, 발표자가 언급하지 않은 내용까지 다루는 것은 외부자로서 주제넘게 느껴져서 표현을 삼가기도 했다. 그럼에도 불구하고 주제넘은 발언들이 있다면 양해와 용서를 구한다.

천도교의 위기, 한계와 기회

onsulting

김용휘 | 고려대 민족문화연구원 HK연구교수

문제는 하나로 요약된다. 수행과 사회 참여가 함께 가지 못했다는 점이다. 수행의 목적이 제대로 제시되지 못하였고, 사회 참여는 마음 깊은 곳에서 우러나오지 않았고 거친 이데올로기의 주변에서 맴돌았다.… 그런데 무엇보다 중요한 것은 실제 몸의 변화이고 생활의 변화이다. 정신 개벽과 생활 개벽이 동학 개벽의 핵심이다. … 가장 중요한 것은 조급증을 내지 않고 그저 묵묵히 가야 한다는 것이다. 결과에 연연하지 않는 의연함이 중요하다. 결과에 연연하지 않아야 실패에도 좌절하지 않고, 마음의 평화를 유지하며 끝까지 주어진 길을 갈 수 있기 때문이다.

1. 동학·천도교의 창도와 역사적 전개

동학·천도교는 수운 최제우水雲 崔濟愚, 1824~1864 선생의 '보국안민' 輔國安民을 위한 구도求道 동기와 1860년철종11년 4월 5일 경주 용담에서의 결정적 종교체험이 계기가 되어 창도되어 올해 150주년을 맞고 있다. 역사는 길지 않지만 한국 근현대사에 큰 영향을 끼친 종교로서 동학농민혁명, 갑진개화혁신운동1904, 3·1운동, 문화계몽운동, 남북분열저지운동 등 한국의 근대화와 일제 강점기 민족운동에 큰 자취를 남겼다. 천도교라는 명칭은 1905년 12월 1일 의암 손병희 선생이 교단을 개편하면서부터 사용하게 되었다.

'동학'은 원래 19세기 중엽 당시 고통받던 우리 민중에 응답한 '동국의 학문'이라는 의미였다. 서학과도 다르고 또 중국의 유학과도 다른, 이 땅의 백성들에게 맞는 새로운 삶의 길을 제시한 우리의 학문이자 종교라는 의미이다. 흔히 동학을 '유불선 삼교 합일'이라고 하지만 그것의 수평적 종합을 의미하는 것은 아니다. 동학은 1860년 수운 선생이 한울님과 문답하는 신비체험이 중요한 계기가 되어 탄생하였다. 물론 유불선과 서학의 영향도 있지만 무엇보다 중요한 점은 동학은 수운의 신비체험과 그 체험에 대한 반성적 성찰을 통해 '시천주'를 자각함으로써 성립될 수 있었다는 점이다.

흔히 동학·천도교의 종지를 '인내천'으로 알고 있지만, 실상 수운 선생의 깨달음의 핵심은 '시천주'侍天主다. 시천주는 "모든 사람의 내면에 거룩하고 신령한 존재, 즉 한울님을 모시고 있다."는 수운 선생의 자각적 표현이다. 여기서 한울님은 반드시 인격적인 신을 의미하는 것은 아니다. 우주 만물의 근원인 '한울'을 높여서 님이라고 표현한 것이다. 한울은 모든 만물의 생성의 근원이라는 의미에서 우주의 근원적 기운이자 우주의 본원적 생명이라고 할 수 있다. 그것을 수운 선생은 지기至氣라고 표현하기도 하였다. 그런데 수운 선생의 자각은 그 존재가 저 하늘에 계신 것이 아니라, 내 안에서 밝은 빛으로, 신령한 영으로, 또는 신성한 지혜, 본래의 성품 등으로 내재·임재하고 있다는 것이다. 이는 사실 수운 선생만의 독특한 까달음이라기보다는 동서양의 많은 신비주의적 전통에서 이야기되어 왔던 것인데, 수운 선생은 그것을 동양의 비인격적인 '기' 개념에다가 서양의 인격적 '천주' 개념을 통합함으로써 새로운 '시천주'라는 철학적 명제로 만들어 내었던 것이다.

선생은 사람들이 자기 내면에 있는 또는 잊고 있는 이 거룩한 빛과 지혜·신성을 발견·자각함으로써 새로운 사람으로 거듭날 수 있다고 외쳤다. 그동안 천대받고 멸시받고 차별받던 보잘 것 없는 주체가 아니라, 우리 모두는 우주의 근원적 생명에서 나온 거룩한 존재이며, 자기 안에는 그 본래적 생명이 씨앗처럼 내재해 있는 동시에, 다른 일체의 생명과도 보이지 않는 기운으로 연결되어 있다는 것을 천명하였다. 선생은 이 '시천주'를 통해 참된 인간의 길은 나의 이기적 욕망을 좇는 삶이 아니라 본래부터 인간의 내면에 모셔져 있는 거룩하고 신령한 한울님을 발견하여 그 한울님을 나의 삶의 주체로 모시는 삶이라고 보았다. 동시에 다른 사람들도 역시 한울님을 모신 존재이므로 한울님처럼 공경해야 한다事人如天고 강조하였다. 여기서 한 걸음 나아가 그 한울님이 '본래의 나', '참 나'라는 것을 발견하게 되면 '인내천'人乃天이 된다. 그러므로 인내천은 시천주의 체험과 실천의 결과로 한울과 내가 둘이 아닌 하나라고 하는 자각, 즉 신인합일 또는 천인합일의 경지를 표명한 궁극적인 표현이라고 할 수 있다.[1]

한편 선생은 '개벽'의 세상이 곧 도래한다는 점을 강조하였다.* "십이제국 괴질운수 다시 개벽 아닐런가 태평성세 다시 정해 국태민안 할 것이니

---

*이는 예수의 '회개하라 천국이 가까웠느니라.'라는 천국복음과 상통하는 점이 있다. 물론 '천국'을 어떻게 해석해야 할 것인가의 문제는 남는다. 오강남은 『또다른 예수』에서, '회개하라'는 표현은 단순히 윤리적 반성을 의미하는 것이 아니라, '근본의식을 바꾼다'라는 말이라고 한다. 우리 말에서 회심, 개심과 같은 전인격적인 변형의 의미이다. 또 '천국'은 주권, 하느님의 다스리심, 통치 원리, 임재 등을 의미하는 것으로 본다. 그러므로 '천국이 가까웠다'는 의미는 임박한 종말을 의미하기보다는 "하느님의 나라가 손 닿는 데 있다. 가슴속에, 마음속에 있다."는 의미라고 한다. 즉 "네 속의 하나님의 나라가, 하나님의 임재하심이 있다. 이것을 깨달아라."라는 것이다.[오강남, 『또다른 예수 - 비교종교학자 오강남의 도마복음 풀이』, (예담, 2009) 참조.] 이렇게 되면 이 표현은 동학의 '시천주'와 매우 상통하게 된다. 수운의 개벽도 곧 세상이 바뀐다는 예언적인 성격이라기보다는 내면에 시천주적 자각을 통해 새로운 인격으로 바뀐 사람들이 만들어가는 세상의 의미로 해석할 수 있다. 실제로 수운 이후로 갈수록 종말론적인 해석보다는 시천주를 깨닫는 것, 즉 정신개벽을 의미하는 것으로 바뀌고 있다.

개탄지심 두지 말고 차차차차 지냈어라. 하원갑 지내거든 상원갑 호시절에 만고 없는 무극대도 이 세상에 날 것이니…"[2]라고 하여 하원갑의 혼란 시대가 지나면 상원갑 호시절이 다시 온다고 하면서, 당시가 '다시 개벽'의 시기임을 강조하였다. 이는 사회적 혼란에 신음하던 많은 민중들에게 희망의 등불이 되었다. 이처럼 수운 선생은 낡은 질서가 물러가고 새로운 세상이 도래한다는 '희망의 원리'로서 '개벽' 사상을 내놓았다. 개벽사상은 이후 한국 신종교의 사상적 주축이 되었다.

선생이 도를 편 지 겨우 3년 만에 좌도난정의 억울한 죄목으로 참수를 당하자 동학은 일대 붕괴의 위기를 맞았다. 이 위기를 수습하고, 36년간 관의 추적을 피해 다니면서 동학을 다시 일으킨 이가 해월 최시형海月 崔時亨, 1827~1898 선생이다. 동학에 있어서 해월 선생의 역할은 수운 선생 못지않게 크다. 동학의 세력을 회복하고, 교세를 삼남 지방에까지 확대했기 때문이라기보다 그분의 서민적인 가르침 때문이다. 해월 선생은 스승의 고원한 가르침을 한결 쉬운 어조로 서민들의 일상적인 삶에 스며들게 하였다. 시천주를 계승하여 구체적인 윤리인 '사인여천'事人如天·사람을 한울님같이 섬기라을 내놓았는가 하면, '일용행사가 도아님이 없다日用行事莫非道也고 하여 일상에서의 실천待人接物을 가장 중시하였다.

그는 또 사람만이 한울님을 모시고 있는 것이 아니라 모든 만물이 다 한울님을 모시고 있다고 하여 물물천·사사천物物天 事事天과 경물敬物, 이천식천以天食天의 탁월한 생태적 삶과 세계관을 제시하였다. 이는 지금 한국 생명운동의 이론적 기초로서 새롭게 주목받고 있다. 또한 앞으로의 시대에는 여성의 역할이 더 중요하다면서 '일남구녀'의 운을 언급하였고, 유명한 '베 짜는 며느리'의 일화를 통해 당시 삼종지도의 힘겨운 삶을 감내하던 며느리도 한울님으로 공경할 것을 역설하였다. 또한 이제는 부인이 집의 주인이라고 하면서 부인의 주체적 역할을 중시하였고, 부인수도婦人修道와 부화부순夫和婦順을 강조하였다. 또 어린이도 한울님을 모셨으니 소유물로 생각하지 말고 한울님으로 대해야 한다는 점을 강조함으로써 이후의 어린이 운동의 이론적 기초를 마련하기도 하였다.[3]

한편, 해월 선생의 30여 년의 노력의 결실에 의해 그 세력이 충청도, 전라도까지 미치게 되었다. 교조신원운동으로 시작된 집회는 점차 민중을 역사의 주체로서 일깨움으로써 당시의 학정과 현실의 모순, 불평등을 개혁하자는 자발적이고 근대적인 민중운동으로서 동학농민혁명을 촉발시켰다.

그러나 일본의 개입으로 동학농민혁명이 패배로 끝나고, 해월 선생을 비롯하여 수많은 동학 지도부와 수십만의 동학농민군이 희생됨에 따라 동학은 엄청난 타격을 입었다. 풍전등화 같은 동학교단을 다시 재건한 이가 의암 손병희義菴 孫秉熙, 1861~1922 선생이다. 선생은 뛰어난 리더십으로 교단을 재정비하고 교인들을 재결속하는 한편, 근대적인 교단으로 면모를 혁신하고자 하였다. 선생은 일본 외유를 계기로 문명 개화를 통한 근대화와 자강의 필요성을 절감하였다. 이는 진보회를 통한 갑진개화혁신운동으로 연결되었다. 그러나 이용구의 변절로 동학교단 전체가 친일단체로 전락할 위기에 처하게 되었다. 이에 선생은 용단을 내려 동학을 천도교로 개편하고, 이용구 세력을 출교하는 한편, 근대적 교단 체계의 정비와 함께 일제로부터 민족의 위기를 구하고자 하는 민족운동을 전개해 나갔다. 그런 역량이 결집되어 나타난 것이 1919년 3·1운동이었다.[4]

한편, 교리 측면에서는 수운의 시천주侍天主, 해월의 심즉천心卽天, 인시천人是天을 계승하여, '인내천人乃天'을 가장 대표적인 표어로 내세움으로써 의타적인 신앙보다는 자력 신앙을 중시하는, 인간 중심적인 근대적 교리로 탈바꿈시켜 나갔다. 이후 야뢰 이돈화夜雷 李敦化, 1884~?는 이를 더욱 체계화하여 서양사상과 과학적 진화론을 수용하여 천도교 교리를 '인내천주의' 人乃天主義로 이론화하였다.

한편 3·1운동의 실패로 교단 지도부가 와해되자, 이돈화를 비롯한 청년들을 중심으로 1920년대에는 문화계몽운동이 벌어졌다. 이는 문명 개화와 근대적 계몽을 통한 실력 양성 운동이었다.* 천도교청년회가 중심이 된 문화계몽운동은 『개벽』지를 비롯한 언론 활동을 통해 가장 활발하게 진행되었다. 이를 통해 천도교는 1920년대 민족운동 진영의 담론적 주도권을 견지해 나갔다.[5]

해방 이후에는 좌우익의 사이에서 천도교의 전위단체인 청우당을 다시 부활시켜 남북 분단을 막기 위한 좌우 합작 운동과 남북 분열 저지 운동 등의 통일운동을 벌이기도 하였다. 그러나 남북 분단의 고착화와 한국전쟁의 여파로 천도교인의 8-90%를 차지하던 이북 지역을 잃어버리면서 천도교의 역량은 급속도로 줄어들었다. 이후 70년대와 80년대 초·중반까지 다소 세력을 회복하는 듯했지만, 그 이후로는 시대에 부응하지 못하고 점진적인 하락세를 면치 못하고 지금에 이르고 있다.

---

*천도교청년회는 그 산하에 포덕부·편집부·지육부·음악부·체육부·실업부 등의 6개 부서를 갖추고, 월간 잡지 『개벽』을 창간했다. 천도교청년회는 『개벽』과 부문단체의 활동을 통해 여성운동, 소년운동, 농민운동, 체육운동을 전개하는 동시에 순회강연으로 대중 계몽을 선도해 나갔다. 이후 천도교청년회는 1923년 9월 2일 이돈화, 김기전, 박사직, 박래홍 등이 주도해 이념 정당으로서의 면모를 갖추기 위해 '천도교청년당'으로 통합된다. 천도교청년당의 활동에서 가장 중시된 것은 의식개혁과 문화적 각성의 문화계몽운동이었다. 『天道教青年黨小史』(한국학문헌연구소편, 『東學思想資料集 3』, 亞細亞文化社, 1979), 참조.

이처럼 천도교의 역사는 한국 근현대사의 사회운동, 정치운동과 그 궤를 같이 해 왔다. 이는 동학 천도교가 낡은 사회를 개벽하여 새로운 사회를 건설하겠다는 '보국안민'輔國安民의 현세주의적 종교였기 때문이었다.

2. 현실 진단

날개 없는 추락

현재 천도교의 가장 큰 문제는 끝없는 쇠락이다. 천도교인의 숫자는 갈수록 줄어들고 있다. 동학 천도교는 창도 초기부터 정부의 가혹한 탄압을 받아 많은 희생을 치르면서 부침을 거듭하여 왔다. 이를 흔히 '삼은삼현'三隱三顯이라 칭하기도 하고, 또 수운 선생의 표현을 빌려 '삼절운'이라고도 하였다.

1864년 수운 선생의 순도 당시 동학교도는 약 3천 호 정도라고 추정되는데, 이후 정부의 집중적인 탄압으로 거의 절멸하다시피 한 것을 해월 선생이 쫓기는 와중에서도 각지에 흩어진 교도들을 찾아다니며 회유해서 다시 1871년 무렵 약 2천 호로 일으켰다. 그런데 이필제의 영해 교조신원운동**

** 1871년 3월 영해(寧海)에서 이필제(李弼濟)가 주도한 교조신원운동(敎祖伸寃運動)에 해월 선생과 약 500여명의 동학교도들이 함께 가담하여 영해부 관아를 습격한 사건. 결국 실패하여 200여 명이 체포되어 처형되거나 귀양가게 되고, 해월 선생은 체포는 모면하였으나 처절하게 쫓기는 신세가 되었다. 이 사건의 의의는 억울하게 순교(殉敎)한 '교조 최제우 선생의 신원(伸寃)'과 '지배층의 부정부패의 척결'로의 방향을 전환하게 된 민중변혁운동으로 이후 동학농민혁명에 지대한 영향을 미친 사건이라고 할 수 있다.

에 가담, 실패함으로써 또 다시 엄청난 탄압을 받고 지하로 들어가게 된다. 그후 20년의 간난신고 끝에 1893년 보은집회 때는 약 5만 호, 1894년 동학농민혁명 때는 약 20만 호까지 동참하였다가, 이후의 가혹한 탄압으로 교세는 다시 폐허화되었다.

갑오년 동학농민혁명 이후 다시 지하로 들어갔던 교세는 1900년 무렵에야 재건되어 1904년 러일전쟁을 계기로 갑진개화운동이 전개되면서 다시 확대된다. 이때 민중시위에 참여한 인원은 약 13만으로 추정된다. 삼남 지

천도교중앙대교당. 서울특별시 유형문화재 제36호, 1921년 준공, 천도교의 총본산 교당이며, 일제강점기의 항일운동의 거점이었다.

역은 혁명의 상흔이 너무 깊어 '동' 자도 꺼낼 수 없는 상황이 되었으므로 어쩔 수 없이 이때부터 교세의 주력은 평안도와 함경도까지 북쪽으로 뻗기 시작하였다.

1905년 동학을 천도교로 개명 선포하고 1906년 2월부터 서울에 천도교중앙총부를, 지방에는 교구를 설치하면서 교세가 점차 확장, 1910년에 약 15만 호에 이르렀다.[6] 한일합방 이후 좌절에 빠져 있던 상황에서, 동학농민혁명의 기억과 함께 정서적으로 외래종교인 기독교를 수용하기 어려웠던 지식인과 민중에게 천도교는 귀의할 수 있는 유일한 단체로 인식되었다.[7] 1911

년 한 해 입교한 총 호수는 16만 6,314호라고 한다.[8] 이때부터 흔히 '삼백만 교도'라는 말이 심심찮게 나오기 시작하는데, 실은 1919년 3·1운동 때, 교세는 최대로 늘어나 약 30만호, 교인수 110만 명 정도였던 것으로 파악된다.[9] 그러나 3·1운동 이후 일제의 집중 탄압을 받으면서 1923년에는 20만호로 줄어들고, 이후 신구파의 내부 분열로 계속 교세가 위축되어 1930년에는 15만 호로 줄었다. 1934년 오심당 독립운동 사건, 1938년의 무인멸왜戊寅滅倭 기도 사건을 거치면서 일제의 탄압으로 교세는 더욱 떨어져 3만 호에도 미치지 못하게 되었다. 그나마도 80% 이상이 이북 지역에 분포했다.

8·15 광복과 더불어 북한 지역의 교세가 급격히 증가하여 1947년에는 40만 호에 달했다고 한다. 이때의 교세는 북한의 모든 지역에 군·면 종리원을 두지 않은 곳이 없을 정도로 퍼져 있었다. 그런데 1948년 3·1재현운동과 영우회 운동으로 많은 천도교도들이 희생되었다.* 이러한 과정을 겪으며

*남북의 청우당은 분단 정권의 수립을 인정하지 않고, 분단을 현실적으로 수용하는 남북한 좌·우익을 모두 비판하고 나섰다. 1948년 남북총선거의 실시가 무산되자 남북한 청우당은 3·1절을 기해 남북한 청우당은 물론 천도교인 전체가 총궐기하는 남북 분열 저지 운동을 계획하였다. 이를 흔히 '3·1재현운동'이라고 한다. 그러나 남북 분열을 저지하고 통일 정부를 수립하기 위한 이 운동은 사전에 발각되어 북한 전 지역에서 1만7천여 명이 체포되었다. 최종적으로 재판에 회부된 인원은 87명이며, 그 중 유은덕, 김일대, 김덕린, 주명득 4인은 사형에 처해졌다. 그 후 천도교는 재거사의 기회를 대비하기 위하여 조직을 재정비 '영우회(靈友會)'라는 비밀 결사를 통하여 수십만의 조직망을 확보하였다. 그러나 이 역시 포덕 91년(1950) 4월경 비밀이 탄로되어 평양 감옥에서는 165명(입수된 재판기록에 의함)이 처형되고, 해주 감옥에서 47명, 수안 감옥에서 44명 등 확인된 것만 각지에서 515명이 처형되는 등 북한 전역에서 수만 명의 희생을 낸 것으로 알려지고 있다.(이에 대한 자세한 내용은 신인간사, 『남북분열저지투쟁 3·1재현운동지』, 1969년 초판 ; 정용서, 「북조선천도교 청우당의 정치노선과 활동」, 『한국사연구』, 125호 ; 박연수, 「옥중기」, 『남북분열저지투쟁 삼일재현운동지』, 1981 참조)

이북 지역 천도교와 청우당은 거의 와해되었다. 그나마 1950년 한국전쟁을 계기로 북한 지역의 교세는 완전히 흩어졌고 월남한 교인들이 많았으나 지도자의 부족으로 이를 수습하지 못했다. 1957년부터 겨우 자리를 잡게 되었으나 1963년 들어서도 6만 호약 20만 명의 교세 확보에 그쳤다. 1967년 독립운동가 최동오의 아들이자 전 외무부장관인 최덕신이 교령에 당선되면서 교구를 정비하고 수도원 건립과 수운회관 건립, 구미용담의 성역화 등 중흥의 계기를 마련하면서 교세는 약 10만 호약 30만 명까지 회복되었다.[10] 그런데 최덕신 교령의 월북과 이후의 가속된 서구화의 물결 속에서 시대정신에 부응하지 못하고, 교역자 양성에도 소홀하고, 포덕 교화에 실패하면서 끊없는 추락을 면치 못하고 지금은 겨우 5만 명 수준에 머물러 있다.[11]

그나마도 이들 모두가 교회 활동을 하는 것이 아니기 때문에 문제는 더욱 심각하다. 이는 젊은 사람들일수록 심하다. 교회에 와도 어울릴 사람이 없고 재미가 없는 등의 이유로 시일식侍日式, 일요일 오전 11시 집단 교화 행사 참여가 매우 저조하다. 이는 교리적으로 '시천주' '인내천'이라고 하여 내 안에 한울님을 모셨는데 굳이 교구를 나가야 하느냐는 인식 때문이기도 하지만, 무엇보다도 지금의 젊은이들을 끌어들일 만한 매력을 상실하고 있다는 점이 가장 큰 이유일 것이다. 또 신앙 활동과 수도 생활의 괴리 문제도 있다. 일 년에 몇 차례 수도원에는 가도 교구 시일은 거의 참석 안 하는 사람도 제법 있다.

이런 천도교의 현상은 기성종단의 성장주의와는 반대의 현상이지만, 그렇다고 성장주의를 극복해서 그런 것이 아니기 때문에 성장에 대한 열망과 조급증은 더 강렬하다고 할 수도 있다. 때문에 앞으로 다시 성장을 시작하게 된다고 해도 '성장의 조급증'으로 인해 또 다른 문제가 생기지 않을까 하는 우려도 있는 게 사실이다. 여전히 성장주의의 자장 속에 있기 때문이다.

교화와 포덕 문제

이렇게 끝없이 추락하는 것은 신입교인, 특히 젊은 사람들이 들어오지 않기 때문이다. 교구에 가 보면 연로하신 분들만 앉아 시일식을 진행하고 있다. 어쩌다 신입교인들이 들어와도 체계적인 교화가 이루어지지 않고, 어울릴 사람들이 없으므로 적응하지 못하고 떨어져 나가는 경우가 많다.

지방교구의 쇠락과 노쇠화는 더욱 심각한 실정이다. 천도교는 주로 농촌 지역을 기반으로 성장하였는데, 근대화와 더불어 시작된 이농 등으로 갈수록 교인수가 줄어들어 시일식조차 진행하기 어려운 경우도 있다.

지금은 떨어져 나갈 사람은 다 나가고, 천도교에 투철한 신념과 정체성이 있는 분만 남아 있는 것으로 보인다. 그런데, 그렇기 때문에 천도교에 대한 배타적인 애정과 독단을 가진 분들이 많아서 한편으론 신앙의 경직을 초래하고 있기도 하다.

교인수의 지속적인 감소의 제일 큰 원인은 교화와 포덕이 원활하게 안 되기 때문이다. 이는 분단과 전쟁기를 거치면서 많은 지도자가 희생된 탓도 있고, 이후 교역자 양성이 되지 못하면서 제대로 교화가 이루어지지 못하고 대중과의 공감대가 끊어졌기 때문이다.

전문 성직자 제도가 없는 것도 포덕 교화라는 측면에서만 보면 큰 마이너스 요인이다.* 교화 기능과 사제적 기능이 미약하기 때문에 조직관리나 포교가 제대로 이루어지지 못하고 있다. 전문적으로 교인을 교화하거나 신입교인을 안내·지도할 사람이 따로 없고, 신입교인을 위한 프로그램도 따로 없어서 교구의 자체 역량에 맡기고 있는 실정이다.

일제 강점기에 보성전문과 동덕여학교를 비롯하여 많은 학교를 운영했지만 종교 교육을 일절 시키지 않았고 천도교 관련 학과도 만들지 않았다. 때문에 교화를 담당할 수 있는 교역자 양성은 3개월이나 길어도 2년 정도의 단기 코스의 종학원과 사범강습소에서 이루어졌으므로 한계가 많았다. 문맹률이 높았던 시대에는 이 정도의 교육으로도 교화가 가능했지만 지금은 대부분이 고등교육을 이수하는 실정에서 이 정도의 교육으로, 그것도 일제 강점기 때의 교재 수준을 크게 벗어나지 못하는 수준으로는 오늘날 현대인들의 고민에 응답하지 못한다.

현재 천도교의 교육기관으로 종학대학원이 있다.** 그러나 교육부 인가의 대학원 과정이 아니고 입학 자격도 대학 졸업을 요구하지 않기에 전문 인력을 양성하는 데는 어려움이 많다. 입학생도 젊은 사람들보다는 5-60대가 더 많은 실정이다. 또 다른 문제는 그동안 이 과정을 통해 수백 명이 배출

---

*성직자 제도가 없는 것은 아마도 동학의 정신이 모든 사람들이 한울님을 모시고 있다고 하는 시천주와 사인여천의 수평적 평등 정신에 투철해서 따로 한울님의 권능을 대신하는 사제를 두는 것을 심리적으로 받아들이기 힘든 점이 있었던 것으로 보인다. 그래서 성직 제도 대신 종학원의 일정한 과정을 수료한 사람들을 교회기관에 임명하는 식으로 교역자를 양성하는 데 그쳤던 것으로 이해된다. 그러나 취지는 좋지만 조직 운영과 교화에는 한계가 있는 것도 사실이다.

**종학대학원은 교회와 사회를 이끌어 갈 전문 교역자 양성을 목적으로 설립 운영하고 있는 천도교 중앙총부 부설기관이다. 1946년 종학원으로부터 시작하여 1986년 종학대학원으로 개편해서 오늘날에 이르고 있다. 작년부터 대국민 대상으로 인내천강좌를 개설 운영하고 있으며, 정부의 공식인가를 받는 정식 대학원대학으로 발돋움하기 위해 노력중이다. 2년의 정규 과정(매주 토요일 6시간 매학기당 15주) 및 통신 과정으로 운영되며, 교육 내용은 천도교교리, 교사, 세계종교이해, 수련 등으로 구성되어 있다.

되었지만 교단에서 제대로 활용하지 못하고 있다는 점이다.

그 외에 천도교인이 운영하는 대학은 부산예술대학과 가야대학교가 있지만 교단에서 운영하는 종립대학교는 아니기에 천도교 관련 학과는 물론 없고 천도교 교육도 제한적이다.***

언론기관 역시 신인간과 월보사 외에는 공식적인 미디어 매체를 가지고 있지 못하다.

교리의 현대화 문제

교육이나 교화는 물론 연구에서도 역시 많은 문제점을 안고 있다. 그 동안 이 분야에 적극적인 투자가 없었다는 점은 큰 아쉬움으로 남는다. 제일 큰 문제는 경전의 보다 쉬운 한글화 작업인데,『동경대전』은 원래 한문 경전이라 어려운 한자 개념어를 쉽게 풀기가 어려운 점이 있고,『용담유사』는 한

***부산예술대는 1994년 안관성 이사장이 "인내천 진리와 사인여천 윤리, 성경신의 실천 도덕으로 새로운 세기의 도덕성을 확보하고 민족문화의 새로운 기틀을 마련, 새로운 예술문화시대를 열어가고자" 설립하였다. 천도교 관련 학과는 없지만 교양과목에서 1학년은 '인간과종교', 2학년 과목으로 '동학의 이해'가 개설되어 있다. '인간과 종교'에서는 "여러 문화 속에서 발생한 다양한 종교를 이해함으로써 종교 간의 이해와 대화의 폭을 넓히고 종교의 본래 목적인 참된 인생의 의미와 가치를 되새기며, 생태계 위기와 인간성 상실, 물질만능, 빈곤, 핵문제, 인권문제 등의 여러 위기 속에서 그 대안이 될 수 있는 사상과 생명의 참된 가치를 되새겨 보는 것"을 학습 목적으로 하고 있다. 동학의 이해는 "19세기 말 보국안민의 정신에서 나온 수운 선생의 시천주와 개벽사상, 해월 선생의 사인여천, 삼경(三敬), 향아설위 등의 동학의 기본 사상과 개념을 동경대전, 용담유사, 해월신사법설을 중심으로 공부함으로써 이 시대의 문명적 대안을 모색하는 것"을 목적으로 하고 있다. 그나마 가야대학교는 이런 교양과목조차 없는 실정이다.

글 가사체이긴 하지만 오늘날에는 익숙하지 않은 한문투가 많아 학생들은 물론이고 웬만한 성인들도 이해하기 어려운 부분이 많다. 때문에 경전을 보다 쉬운 한글로 번역하는 작업이 시급하다. 또한 현 경전은 세로쓰기라서 지금 세대들이 보기에는 어려움이 있다. 가로쓰기로 시급하게 고쳐야 할 부분이다.

교리 측면에서도 현대인들에게 너무 어렵고 개념 정리가 안 된 부분이 많다. 아직도 일제 강점기 때 해 놓은 틀과 수준에서 크게 못 벗어난 수준이다. 동학 사상이 많은 가능성을 가지고 있다는 데는 여러 사람들이 동의하지만, 아직 신관에 대해서도 정리가 잘 안 되고 있다. 예를 들어 동학은 한울님, 천주라고 하여 인격신적인 모습도 있으면서도 지기至氣라는 비인격적인 요소도 있는데 이런 이중적 요소가 매우 큰 장점으로 작용할 수 있다는 데는 의견을 같이 하면서도 보다 세련된 신학적 개념으로 정립해 내지는 못하고 있는 실정이다.

용어 사전이나 천도교 인물사전도 따로 없는 상황이다. 이런 사정이니 중고생이나 초등학생들을 위한 교리 안내서는 아직 요원하다.

교사敎史 부분도 별반 다르지 않다. 교단 내부의 입장에서 기술한 교사와 역사학계에서 평가하는 부분과의 온도 차이와 관점의 차이를 어떻게 좁힐 것인가도 문제이며, 교단 내부에서도 신구파의 갈등이 아직도 일부 남아 있는 만큼 이를 객관적으로 서술하는 문제는 앞으로도 두고두고 어려운 문제로 남을 것이다.

그나마 1990년대 말에 〈동학학회〉와 경주의 〈한국동학학회〉가 창립되어서 학문적으로 동학에 대한 객관적인 연구의 환경이 조성되고 지금까지 10여 년 동안 꾸준히 동학 관련 연구가 나오고 있어 사상으로서의 동학의 가능성은 인정받고 있는 듯하다. 또한 최근에 교단 내에서도 전문 연구 기관의 설립에 대한 논의가 많이 나오면서 긍정적인 검토가 진행되고 있기 때문에 이 부분은 앞으로 어떤 방식이든 개선이 될 것으로 본다.

동학 초기의 수련, 영성의 부족

실제 천도교 역사는 수많은 운동의 역사로 점철되긴 하지만, 동학은 어디까지나 교조의 신비체험에 의해 탄생된 신비주의 종교이며, '시천주' 체험이 핵심이다. 동학은 어떤 면에서 볼 때 한국 민족 고유의 하늘 모심의 전통을 계승한 것으로 볼 수 있다. 다만 저 멀리 초월적으로 있는 하늘이 아니라 각자의 내면에서 하늘을 모시도록 한 것이다. 하늘은 저 푸른 공간만을 의미하는 것이 아니라 우리에게 무한이고 신비이고 초월이고 신성이다. 그러므로 시천주 경험을 통해 우리의 유한이 무한에 가 닿고, 우리의 일상이 신비를 품게 되고, 조건지어진 삶이 그 울을 깨뜨리게 되며, 얼룩진 삶이 맑게 된다고 한다. 그런 측면에서 동학의 시천주 '한울님 모심'은 우리 민족의 잃어버린 하늘 경험을 되살려 낸 것이라고 평가할 수 있다.[12]

그런데 그런 동학의 '시천주'의 영성이 외세를 만나고 근대의 공간을 만나면서 '근대성'에 그 자리를 내주게 된다. 그런 점에서 동학 시대와 천도교 시대는 '영성에서 근대성'으로의 변화라고 특징지을 수 있다고 한다.[13] 앞서 천도교의 역사적 전개 과정에서도 보았듯이 실제로 천도교로 개편된 이후에는 영성적·수행적 종교로서의 면모보다는 사회운동, 민족운동의 전위단체로서의 성격이 더 강했던 것이 사실이다. 이 과정에서 동학 초기 '시천주' 체험과 '모심'의 신앙을 중시하던 경향에서 '인내천'이라고 하는 다분히 근대적이고 인본주의적 의미가 강조된 개념으로 종지宗旨가 바뀌게 되었다.

그러나 한국전쟁이 끝나고 교단을 수습하는 과정에서 지금까지 지나치게 사회운동에만 열을 올렸던 분위기에 대한 반성이 일각에서 일어났다. 60-70년대 들어 우이동의 의창수도원, 가평의 화악산수도원, 홍천의 가리산수도원, 경주 용담수도원 등 수도원이 건립되면서 다시 수련문화가 일어났다. 다행스런 일이다. 그런데 이 경우에도 문제는 있다. 수련에 관심이 있는 사람들은 대체로 현실에는 무관심하고 모든 문제를 마음의 문제로 돌림으로써 사회 참여나 제도 개선에는 소극적이라는 점이다.

또한 수도법이 지방마다 조금씩 다르고, 수도원마다 조금씩 다름에 따라 이것을 통일시키는 문제가 다시 대두하고 있다. 주문 수련은 간이함, 대중성, 그리고 빠른 체험의 장점도 있지만 경우에 따라 주관적인 체험에 빠져 객관화가 안 되는 문제도 있다. 특히 '강령' 체험*에 대한 객관적이고 학술적인 해명이 미흡함에 따라 논란이 반복되고 있는 것도 커다란 숙제이다. 한마디로 수련의 체계화·전문화가 안 돼 있다는 것이다. 수련 초심자를 위한 오리엔테이션이나 수련 안내, 초보자 프로그램도 따로 없고, 수도의 목적도 추상적이고 원론적이다. 수도의 단계, 방법에 대한 구체적 안내도 부족한 실정이다. 따라서 수도법에 대한 총체적인 정리가 이루어져야 한다. 특히 주문 수련의 의미와 강령신비체험에 대한 학술적인 정립이 무엇보다 선

---

* 1860년 4월 5일 수운 선생이 한울님의 기운을 접하고 가르침을 받은 것처럼, 지금 후학들이 주문 수련 과정에서 한울의 기운을 접하는 일종의 종교체험을 가리킨다. 빠르면 3일 만에 기운에 접하고 강화(降話)의 가르침을 받기도 한다. 주문 21자 중에서 '지기금지원위대강' 8자를 강령주문이라고 하는데, 역시 한울 기운이 접하기를 간구하는 뜻을 담고 있다.

결되어야 하며, 초심자를 위한 수련 안내와 단계별 프로그램, 일반 시민들을 위한 프로그램 등이 다양하게 나와야 한다.

또한 수도원 시설이 낙후되어 젊은 사람들이 이용하기에 불편하고, 성스러운 느낌을 일으키지도 못하고 있다. 수도원은 뭔가 모르게 사람을 숙연하게 만드는 성소로서의 분위기가 풍겨야 한다. 그러기 위해서는 정결하고 쾌적하며, 소박하더라도 생태적이고 한국적 미학이 담긴 수도원을 건립해야 할 것이다.

교령 선거 및 제도적 문제

제도적인 문제를 보면, 1922년 무렵부터 중의제를 실시하여 종무원, 종의원, 감사원의 삼권 분립 등의 체제를 구축하고 교단의 민주적인 운영을 꾀하여 왔다.[14] 그러나 교구제와 연원제, 그리고 지방분권을 놓고 제기된 문제 제기가 신구파 갈등의 빌미가 되어 몇 차례의 분규를 겪었으며 오늘날까지도 그 앙금은 완전히 사그러들지 않고 있다.

연원제도 많은 문제가 노정되어 한때 폐기되었다가 지방 지도자들의 이해관계에 따라 다시 부활하여 오늘날까지 이르고 있는데 오늘날 교단 내 갈등의 큰 원인이 되고 있다.** 교령 선거도 이들 연원들의 이해관계와 세력에 의해 좌우되면서 존경받는 분이 교령이 되기보다는 정치적인 세력과 이

** 동학 당시(포덕 4년 1863년) 접(接)이라는 하부 단위 조직으로 교단을 형성한 이래 천도교 조직은 전교인과 수교인의 인맥을 바탕한 연원조직이 있고, 지역 단위로 조직한 교구 조직이 있다.

해관계에 의해 이루어짐으로써 교내 갈등을 지속적으로 일으키고 있다. 또한 3년 단임제라는 짧은 임기에 따른 잦은 집행부 교체는 장기적으로 필요한 사업을 진행하지 못하는 제도적 한계로 지적되고 있다.

재정 역시 열악하다. 천도교의 성금은 주로 '성미'誠米에 의존하고 있다. 교인들이 하루에 먹는 쌀 한 숟가락을 절약하여 모았다가 교회에 바치는 것이다. 물론 지금은 돈으로 환산하여 매달 5천원씩 낸다. 이 외에 연성年誠과 특별한 기념일 성금이 약간 있을 뿐 타종교처럼 일요일에 헌납하는 성금제도 같은 것도 없다. 그러므로 한 개인이 월성미와 연성을 포함해 1년에 내는 성금은 고작 10여만 원에 불과하다. 따라서 교회 재정이 부족한 것은 말할 것도 없다. 때문에 중앙총부 예산의 많은 부분은 수운회관의 임대료에 의존하고 있는 실정이다.

남녀 평등의 문제에 있어서는, 다른 교단에 비해서 상대적으로 인식이 높고 일제 강점기에 상당히 많은 여성 교역자가 배출되어 교화 활동에 앞장서기도 했지만, 오히려 해방 후에는 활동이 위축되어 있다. 활동도 여성회의 활동에 한정되고 교단의 책임 있는 자리, 특히 여성 교령은 한번도 나오지 않은 상태이다.

의례, 문화예술적인 문제

종교 의례에서도 보면, 천도교로 개편하면서 일본을 통해 서양종교의 의례를 그대로 본딴 것이 많다. 동학 시절에는 수운대신사의 탄신일이나 순도일의 향례, 치제致祭, 구성제九星祭, 인등제引燈祭, 입교식 등에 교인들이 모여서 고천告天, 주문 등의 간단한 절차로 의례를 행할 뿐이었다. 물론 모든 의

레에서 복잡한 유교적 의례 대신 간단한 청수 한 그릇으로 대신하고 간소하게 한 것이나, 지난 시절 벽을 향해 제사상을 차리는 것에 반해 자손을 향해 상을 차리는 향아설위*로 모든 제사법을 바꾼 것은 대단한 상징적 의미를 가지고 있어 한국사상사에 있어서도 크게 주목을 받고 있다.

하지만 천도교 개편 이후 매주 일요일 시일식 의례는 대부분을 개신교의 형식을 본따서 설교 중심으로 진행하고, 설교 앞 뒤로 서양 악보로 만든 천덕송을 피아노 반주로 제창하고 있는 것은 동학 전통을 잘 계승하고 있다고 보기 힘들다. 차라리 설교 대신 수련을 위주로 하고, 천덕송의 경우에도 국악적 요소를 도입하여 장구나 북 하나로 하더라도 한국적 전통을 살리려는 노력이 필요할 것으로 보인다. 신앙의 뿌리를 내리게 하는 데에는 의례, 특히 음악이 중요한데 지금은 거룩한 감정을 이끌어내는 데 부족할 뿐더러 한국의 미학에 대한 인식이 거의 없다.

천도교 교당 역시 천도교 건축으로서의 정체성이 없고, 생태적·미학적 인식이 전혀 없다. 수련 시 복장 역시 통일되지 못하여 수도장의 분위기를 산만하게 하고 거룩하고 정갈한 느낌을 주지 못하고 있다.

사회적 참여의 저조

초창기 천도교의 역사는 한국의 사회운동의 역사라고 할 정도로 많은 자

---

*해월 선생이 포덕38년(1897) 2월에 음죽군 앵산동에서 4월 5일 창도기념일을 맞아 거행한 기념식에서 벽을 향하여 위(位)를 설하는 선천의 법을 고쳐서 나를 향해 위를 설하는 '향아설위' 법으로 고쳤다.

취를 남겼다. 그렇지만 한국전쟁 이후로는 이렇다 할 사회적 실천을 보여 주지 못하고 있다. 70년대의 유신 체제에서도 침묵했고, 80년대의 민주화 투쟁에서도 적극적으로 나서지 못했다. 90년대 이후에 생명운동의 흐름 속에서 동학 사상이 주목되었지만 정작 천도교는 운동의 주체가 되지 못하였다. 삼보일배나 오체투지 등으로 대표되는 종교 환경운동에도 다른 종단에 비해 천도교는 적극적으로 참여하지 못했고, 심지어는 수운 선생이 한때 49일 수도를 했던성지와 같은 적멸굴이 있는 천성산 터널 공사에 대해서도 아무런 목소리를 내지 못하는 무기력한 모습을 보여 왔다. 작년의 용산 참사나 올해 들어 가장 큰 이슈로 떠오르고 있는 4대강 문제에 대해서도 교단 차원의 적극적인 대응은 하지 못하고 있는 실정이다.

유일하게 동학민족통일회가 진보적 성향의 통일운동에 앞장서고 있을 뿐이다. 그러나 통일 운동 외의 다른 사회적 불평등이나 차별, 또는 오늘날의 화두가 된 생명운동, 평화운동에는 아직 여력이 미치지 못하는 실정이다.* 그 외 여성회나 청년회의 부문 조직에서 여성, 생명, 평화 등에 관심을 갖고 애를 쓰고 있지만, 조직이나 자금, 그리고 무엇보다도 초창기 보여주었던 활발발活潑潑한 영성을 잃어버린 채 명맥만 유지하고 있는 실정이다.

3. 원인 분석과 대안의 모색

천도교의 침체와 총체적인 역량의 위축에는 여러 이유가 있을 것이다.

---

*이런 문제의식에서 최근 천도교생명환경단체인 '천도교한울연대'가 창립되었다.

영성과 운동의 통합을 지향하는 천도교생명환경단체인 '천도교한울연대' 발대식

3·1운동 이후의 일제의 집중적인 탄압과 분열 획책도 있었고, 또 더 직접적으로는 분단 이후 80%가 넘는 이북 지역의 천도교인을 대부분 잃어버렸다는 점이 가장 큰 원인이다. 게다가 또 1948년의 남북 분열 저지 운동3·1재현운동이나 영우회 사건, 그리고 한국전쟁을 거치면서 많은 천도교 지도자를 잃어버렸다. 때문에 전쟁 후 교단을 겨우 정비했을 때도 포덕 교화를 담당할 교역자와 사회 참여를 할 지도자가 거의 부재했다.

더 큰 문제는 한국전쟁기를 거치면서 천도교가 보수화되었다는 점이다. 전쟁기에 이북의 천도교인들이 약 10만 명 정도 대거 월남하면서 교회는 새로운 전환기를 맞이하게 되었지만, 이들 대부분이 북한에서 천도교 탄압과 희생을 직·간접적으로 경험했던 사람들이었다. 또 인민군으로 징집되어 참전했거나 피난길에 인민군으로 오인되어 포로가 된 교인들이 수천 명에 달했는데 이들 역시 상처가 컸다. 때문에 월남 천도교인 대부분이 반북 정서가 심했다.

원래 천도교는 일제 강점기의 민족운동과 해방 공간에서의 통일운동에서도 항상 좌와 우 어느 쪽에도 치우치지 않고 중도적 노선을 견지해 왔다. 1946년 3월에 미소공동위원회가 각 정당 사회단체에 임시정부 수립과 관련된 답신서를 제출하도록 요구하였을 때 천도교가 제출한 「천도교 정치이념」에 다음과 같이 밝혔다.

> 우리는 미국식의 자본가 중심의 자유 민주주의를 원치 않는다. 그는 자본 제도의 내포한 모순과 폐해를 미리부터 잘 알고 있기 때문이다. 동시에 소련류인 무산자 독재의 프로 민주주의도 필요치 않다고 생각한다. 그는 조선에는 일찍이 자본 계급의 전횡이 없었기 때문이다. 우리는 오직 조선의 현 단계에 적응한 '조선적 신민주주의' 를 주장한다. 조선의 신민주주의란 어떤 것이냐. 민족해방과 계급해방을 경중선후輕重先後의 차별 없이 동일한 목적으로 취급하는 민주주의이다. 조선의 자주 독립과 아울러 조선 민족 사회에 맞는 민주정치, 민주경제, 민주문화, 민주도덕을 동시에 실현하려는 민주주의이다.[15]

그런데 전쟁 후 교단 수습 과정에서 천도교는 이들 월남 천도교인들이 교단의 주류를 형성하면서 급속히 보수화되었다. 이분들이 온몸으로 체험한 천도교 탄압, 월남하면서 겪었을 온갖 고초를 고려할 때 이해되지 않는 것은 아니지만, 이로 인해 천도교가 본래 가지고 있던 중도적인 균형감각을 잃어버리는 불행을 초래한 것도 사실이다. 이런 이유로 천도교는 진보적 색

채의 어떤 운동에도 가담하지 못하고 침묵해 왔다. 그 이후로는 시대정신과 균형감각을 가지고 시대와 민중의 아픔을 같이 하지 못함으로써 더 이상 대안 세력으로서 천도교가 가졌던 위상을 회복하지 못하고 있다.

그러므로 천도교는 교단 내의 문제에만 매몰되어 있을 것이 아니라 오히려 민중과 함께함으로써 그 정체성을 유지했던 천도교의 역사적 정체성을 회복해야 할 것이다. 동학 시절에는 계급적 모순과 지방관리들의 수탈, 서세동점 등의 봉건과 외세에 대항했고, 일제 강점기에는 민족 독립과 근대를 위해 쟁투했다면, 이 시대에는 금융 자본주의와 신자유주의로 대표되는 비인간화·물신화, 지나친 경쟁으로 인한 정신적 스트레스와 삶의 불안정성, 비정규직 문제, 88만원 세대로 대표되는 세대 간 착취, 남녀 불평등 등의 차별 문제, 외국인 노동자 문제, 그리고 무엇보다 심각해지고 있는 생태계 문제, 기후 문제, 그리고 이 이면에 깔려 있는 시장 만능과 경제 성장 이데올로기의 문제를 직시하고 이에 적극적으로 대응해 나가야 할 것이다. 그렇지 못한다면 천도교가 내세우는 '보국안민'과 '개벽'은 한낱 구두선에 지나지 않을 것이다.

그러나 모든 문제를 사회 참여의 부족으로만 돌릴 일은 아니다. 천도교는 정치 정당이 아니고 일차적으로 종교이다. 그러므로 천도교 침체는 다른 한편에서 보면 천도교 개편 이후 종교적 신앙 단체로서 뿌리를 확실히 내리지 못한 데 따른 결과이기도 하다. 종교는 일차적으로 고통받는 민중들의 정신적 위안, 개인적 차원에서의 삶의 문제에 대한 적실한 해결이 중요한 부분이기 때문이다.

그런데 1920년대에 천도교 청년들은 '한울님'을 다분히 범신론적으로 해석하면서 '초월성'을 탈각시키고, 일본을 통해 수입한 서양철학과 진화론을 통해 천도교 교리를 합리적으로 해석하려는 움직임이 주류를 형성하였다. 때문에 1910년대에 강조되었던 영성이나 영적靈迹에 대한 논의는 1920년에 들어와서는 극도로 제한되었다. 대신 문명 개화의 근대적 종교로서 민족운동·사회운동을 이끌려고 하였다. 때문에 동학 초기의 영성은 고갈될 수밖에 없었고, 모든 사람들 안에 신령한 한울님을 모시고 있고, 수련을 통해 그것을 발견·체험함으로써 모두가 한울사람으로 거듭날 수 있다는 '시천주'의 영성은, 체험이 빠진 '인내천'이라는 이념적 표어로 대체되었다.

1955년 이후 교단이 어느 정도 정비되고 1960년대에는 이런 각성이 일각에서 일어나면서 다시 수련을 통한 신앙심과 종교적 영성을 회복하자는 움직임이 일어나고, 교리적으로도 '한울님'의 초월성과 인격성을 부각시키는 움직임이 나타나기 시작했다. 수운 선생의 '시천주' 체험으로 돌아가자는 것이고 깨달음의 종교로서의 면모를 회복하자는 것이다. 또한 개인적 차원에서의 절실한 삶의 문제에 대해서도 응답하고자 하였다.

한편에서는 다행한 일이지만 이 경우에도, 모든 문제를 마음의 문제로 환원시키고 개인적 수련에만 치중하는 현상이 나타나고 있어 또 다른 우려를 낳고 있다. 천도교는 지나친 사회운동 때문에 망했다는 인식이 또 다른 편향을 낳아 사회적 실천을 위험한 것으로 치부하고 개인적 수련에만 매몰되게 하고 있는 것이다.

영성의 고갈도 문제이지만 시대와 짝하지 못하는 영성의 신비화도 문제이다. 영성은 그 자체가 목적이 아니라 어디까지나 새로운 인격이 되기 위한 수행 과정에서 자연히 일어나는 내면의 질적 변화이다. 이런 질적 변화는 지난 날 잘못된 습관과 부적절한 욕망에 의해 야기된 반복된 괴로움에서 벗어나게 하며, 마음을 항상 깨어 집중하게 함으로써 몸과 감정의 주인으로

서게 한다. 또한 고통에 대한 감수성, 심미적 감수성을 증대시킴으로써 주변의 아픔과 시대적 아픔에 더 예민하게 만든다. 그러므로 실천은 의도하지 않아도 자발적일 수밖에 없다. 건강한 영성은 사회의 불의와 차별에 눈감을 수 없는 것이다.

문제는 하나로 요약된다. 수행과 사회 참여가 함께 가지 못했다는 점이다. 수행의 목적이 제대로 제시되지 못하였고, 사회 참여는 마음 깊은 곳에서 우러나오지 않았고 거친 이데올로기의 주변에서 맴돌았다. 이제 다시 동학 초기의 '시천주' 체험으로 돌아가고, 모두가 내면에 하늘을 모신 인격으로 거듭남으로써 지금의 금융자본, 신자유주의의 획일적인 삶의 양식을 대신할 수 있는 새로운 삶의 양식을 내놓을 수 있어야 한다. 그것은 사회주의도 아니고 자본주의도 아닌 우리 방식의 삶의 길, 제3의 길일 것이다. 그것이 원래 수운 선생이 내놓은 '동국의 학'으로서의 동학이었다.

그러기 위해서 가장 중요한 관건은 인재 양성이다. 수도의 목적을 바로 세워서 치열하게 수도하고, 그걸 바탕으로 포덕교화하고 사회적 실천으로 나아갈 수 있는 인재 양성이 가장 시급하다. 이것이 또다시 성장주의로 나가서도 안 된다. 그리고 이것이 반드시 성직자 제도를 도입하자는 것은 아니다. 그러나 사제로서의 성직자는 아니라 하더라도, 전문적이고 체계적인 훈련과 교육을 통해 헌신 봉사할 수 있는 전문적 교역자와 수련 지도자는 반드시 필요하다.

수련을 통해서 마음이나 영의 문제보다는 몸에 대해 정확하게 알고, 몸 속 깊이 각인된 잘못된 습관을 바꿈으로써 내면의 욕망과 자본주의적 소비 문화에서 벗어날 수 있는 사람, 그리고 이 땅의 구체적인 문제에 바탕해서 이 시대 우리 사회가 나아갈 바를 치열하게 고민하고 그것을 용기 있게 실천할 수 있는 사람이 절실하게 요구되는 것이다.

4. 결과에 연연하지 않는 의연함으로

이대로는 안 된다는 각성은 도처에서 일어나고 있다. 수련 문화靈性의 활성화 움직임도 도처에서 확인된다. 동학학회 등 학계에서의 활발한 움직임과 시민운동·생명운동 진영에서 한국적 생명사상의 뿌리로서 동학, 특히 시천주모심과 살림에 주목하고 있는 것도 하나의 가능성으로 보여진다. 교리의 현대화와 포덕 교화를 위한 전문 연구 기관의 설립 움직임과 대학 설립을 통한 인재 양성의 필요에 대한 논의도 활발해지고 있다. 선거제도 개선을 위한 교헌 개정의 논의도 수면 위로 올라왔고, 사회 참여를 위한 시민단체 발기도 가시화되고 있다.

그런데 무엇보다 중요한 것은 실제 몸의 변화이고 생활의 변화이다. 정신개벽과 생활 개벽이 동학 개벽의 핵심이다. 무욕과 청정의 삶으로의 변화가 우선되어야 한다. 당시 수운 선생의 과제가 밖으로는 제국주의와 안으로는 정치적 부패와 혼란이었다면, 이 시대의 과제는 신자유주의로 대표되는 무소불위의 자본의 힘에 대항하여 삶의 양식을 바꾸고 문명의 방향을 바꾸는 것이다. 이것이 이 시대의 개벽의 과제라고 생각한다. 자본의 논리에 의해 돌아가는 시대의 흐름을 생명과 영성이 중시되는 사회로 만드는 것이다. 그러기 위해서 세상의 욕망을 논하기 앞서 먼저 자기 안의 욕망의 문제부터 해결해야 하며, 세상의 평화를 논하기 앞서 자기 내면의 평화부터 회복해야 한다. 그러나 이는 시간적 선후를 의미하는 것은 아니다. 본말本末을 의미하는 것일 뿐, 실생활에서 이는 동시적으로 진행되어야 할 것이다.

　마지막으로 가장 중요한 것은 조급증을 내지 않고 그저 묵묵히 가야 한다는 것이다. 결과에 연연하지 않는 의연함이 중요하다. 결과에 연연하지 않아야 실패에도 좌절하지 않고, 마음의 평화를 유지하며 끝까지 주어진 길을 갈 수 있기 때문이다. 결과는 하늘에 맡기고 나는 그저 최선을 다할 뿐이라는 '진인사대천명'盡人事待天命, 또는 '경천명순천리' 敬天命順天理가 신앙과 영성의 핵심이 아닐까. 천도교의 갈 길은 멀지만 그럴수록 돌아가고 천천히 가는 영성과 내공이 필요한 때이다.

정혜정 | 인천대

오늘날 천도교의 상황을 돌아보고 그 문제점과 원인을 분석하고자 하는 한 시론으로서 김용휘 선생의 글은 현재의 천도교를 이해하는 데 많은 도움을 주었다. 필자는 그 문제점들을 반공적 보수성에 문제의 초점을 두어 진단하고 나름의 대안을 제시하였다. 이에 토론자는 내용의 흐름을 따라 독자로 하여금 필자의 글을 다양한 측면에서 볼 수 있고 보다 폭넓게 이해될 수 있도록 하는 선에서 토론을 전개시켜 보고자 한다.

동학·천도교의 역사적 자리매김

발표자가 언급한 바와 같이 "동학·천도교 역사는 짧다." 할 것이다. 그러나 질적 시간으로는 오래 된 역사라 할 수 있을 것이다. 동학은 조선 역사를 통해서 창출된 조선혼이다. 한국 고유사상인 풍류도에 유불도가 전래되어

오랜 기간 동안 형성된 사상 지형들을 서세동점의 위기 속에서 조선적 사유로 창출해 낸 조선의 학^學이요 민중의식이었다. 동학·천도교의 가치는 조선의 역사와 사유가 빚어낸 우리의 정신이라는 점과 끊임없이 타 문화와 호흡하면서 조선 정신을 계승하고 발전시켜 온 개방성에 있다 할 것이다. 유불도 삼교 합일의 새로운 창도, 개화기 국민국가 건설 운동, 일제하 사회주의와의 결합, 진화론·개조주의·합리주의 등 서구 근대사상의 주체적 수용 등이 그러하다. 특히 이돈화는 3대 개벽 안에 계급투쟁물질개벽을 넣고 있고, 구파 천도교는 사회주의자들과 더불어 일본 자본 제국주의 대 조선 프롤레타리아의 대결 구도로 독립 투쟁과 계급 투쟁을 결합시켜 나갔다. 당시 사회주의는 민족주의요 민족주의가 사회주의인 시대로서 사회주의의 수용은 시대 인식에 따른 독립 전략이었다.

한국 근현대사와 동학·천도교

발표자는 동학·천도교는 "동학농민혁명, 갑진개화혁신운동, 3·1운동, 문화계몽운동, 남북분열저지운동 등 한국의 근대화와 일제강점기 민족운동에 큰 자취를 남겼다."고 그 역사적 의의를 기술하고 있다. 토론자의 견해로는 그 흐름에 하나의 큰 축이 빠진 듯하다. 그것은 천도교와 사회주의 운동의 결합 관계이다. 1925년 조선공산당, 1926년 6·10만세, 1927년 신간회 운동, 문화운동에서 『개벽』 창간과 조선농민사 창립, 그리고 1937년 조국광복회 결성 등에 사회주의자와의 결합 관계도 짚어 보아야 할 것이다. 특히 조국광복회는 한국현대사를 이해함에 있어서 중요한 단서를 제공한다고 본다.

1936년 박인진 도정은 김일성을 방문하여 조국광복회의 정강과 모든 주장("전민족의 계급, 성별, 지위, 당파, 연령, 종교 등의 차별을 불문하고 백의동포는 일치단결하여 구적(仇敵) 일본놈과 싸워 조국을 광복시킬 것. … 돈 있는 자는 돈을, 양식이 있는 자는 양식을, 기술과 재기를 가진 자는 그것으로 봉공(奉公)하여 2천 3백만 민중이 일심동체로 반일광복전선에 총동원될 때만 놈들은 대타격을 받고 우리들의 신성한 민족적 독립해방은 완수될 수 있는 것이다. - 조국광복회창립선언서 중에서)")에 대해서 찬성을 표시하였다. 아울러 천도교 청년당원 일백만을 한국독립전선에 출동시킬 의향을 명시하였다. 그리고 이어 인일기념식에 참가하기 위해 서울에 간 박인진 도정은 최린을 만나 조국광복회 결성에 대해 설명하고 참가를 제의한다. 그러나 최린은 "김일성 등의 주의는 천도교의 주의에 반하는 것이기 때문에 제휴할 수 없다."고 말했다. 이렇게 되자 박인진 도정은 서울의 천도교총부와 별개로 함경도 지방의 교인들과 조국광복회 활동에 나서게 되었다. 당시 조국광복회의 무장투쟁에는 체력적으로 완강한 많은 청년들이 유격대원으로 참여하였다. 삼수, 갑산, 풍산 등지에 많은 청년교인들이 무장항일투쟁의 대열에 참여하게 된다. 백금철, 이창선, 이경운 등이 좋은 예이다. 천도교는 북부 지방에 교세가 집중되어 있었는데 당시 우수한 청년교인들을 선발하여 항일유격대에 보냄으로써, 무장투쟁에서 가장 중요한 인적 자원을 공급하는 역할을 담당하였다. (『신인간』, 1995.12)

이러한 역사는 해방 후에도 김일성 체제에 적극 협조했던 천도교 세력이 존재하게 되고 김일성 역시 동학·천도교를 애국·애족의 종교로 높이 평가하며 현재에도 이북에 제2당으로서 청우당이 현존하게 하는 분위기를 조성하는 배경이 된다.

동학·천도교 종지는 인내천/시천주, 타력신앙/자력신앙?

발표자는 시천주와 인내천을 구분하여 다르게 보고자 하는데, 왜 굳이 다르다고 보아야 하는 것인지 의문이 든다. 시천주 사상이 사인여천, 양천주, 인내천으로 다양하게 표현된 것으로 보면 안 되는 것인지? 발표자의 의도는 '시천주' 하면 보다 인격적 한울로 이해되고 '인내천' 하면 비인격적 한울의 의미로 생각하는 듯한데, 이 역시 서구 중심적 사고가 아닐까 한다. 성령 출세의 영성을 말하고 정성과 수련을 통해 성령을 온전히 함으로써 세상을 빛내고자 하는 천도교의 인내천주의에 초월성이 없다고 볼수는 없을 것 같다. 시천주 또한 '인간이 곧 한울'이라는 인내천 사상이 없지는 않을 것이다. 한울이 허령창창 무사불섭 무사불명한 至氣와 병칭되고 있고 天道가 無爲而化임을 말했으며 '오심즉여심/천심즉인심(심즉천)', '무궁한 나 무궁한 한울'로 노래되고 있음이 아닌가?

발표자는 "근대 공간에서 시천주 체험의 영성이 근대성에 자리를 내주고 인본주의적 의미가 강조되었다."고 기술하고 있다. 또한 "천도교가 한울님을 다분히 범신론적으로 해석하면서 초월성을 탈각시켰다."고 하였다. 그러나 이돈화의 신론은 분명히 범신론을 넘어서고 있고, 의암의 사상 역시 영성이나 영적靈迹과 무관하게 보이지는 않는다.

의암이나 이돈화가 말하는 인내천은 한울격주의로서 서구가 신본주의를 내세우고 동양의 것을 폄하하여 인본주의라 규정하는 것에 귀속될 수 없을 것이다. 그리고 동학과 천도교를 애써 구분할수록 천도교에는 불리할 것이다. 동학 없이는 천도교도 없고 천도교 없이 동학도 없다. 그리고 해월에 와서는 발표자도 언급했듯이 심즉천心卽天, 인시천人是天, 사사천물물천事事天物

物天, 이천식천以天食天으로 표현되고 있는데 해월은 또 어떻게 볼 것인지 궁금하다. 해월 사상 역시 서구 인본주의적 맥락으로 필자는 보고자 하는 것인지?

또한 의암이 '인내천'을 가장 대표적인 표어로 내세움으로써 의타적인 신앙보다는 자력신앙을 중시하는, 인간 중심적인 근대적 교리로 탈바꿈시켜 나갔다고 발표자는 말하는데 그러면 수운의 가르침을 타력신앙이라 주장하고자 하는 것인지? 오늘날 천도교에서 행하는 주문 수련을 타력으로 보아야 하는지, 아니면 자력으로 보아야 하는지? 동학은 자력이나 타력의 범주에 넣을 수 없을 것 같은데 필자는 이를 너무 간단히 구분하는 듯하다.

1920년대 천도교 문화운동을 바라보는 관점

익히 알려진 바와 같이 1920년대 천도교 문화운동은 어린이, 학생, 청년, 여성, 농민, 노동자를 대상으로 한 6개 부문운동으로 전개되었다. 이는 10년 후를 기약하고 독립운동을 염두에 두면서 식민지 상황에서 비제도권 운동으로 전개될 수밖에 없는 운동이었다. 현재 일부 학자들은 천도교 문화운동을 자유주의자들의 개량주의 운동과 함께 묶어 축소시키고 있는 있는데 이 자리를 빌어 짚고 넘어갔으면 한다. 토론자가 보기에 천도교의 문화운동의 성향은 사회운동에 가까운 것이었다. 그리고 『개벽』지가 민족운동의 담론지였다고 하지만 보다 정확히 말하면 『개벽』지는 민족 진영과 사회주의 진영을 아우르는 성격이 강했다. 이렇게 볼 때 "1924년을 기점으로 천도교가 사회주의에 밀렸다."거나 "내외적인 역량을 잃어 갔다."고 하는 것도 적절해 보이지 않는다. 『개벽』지는 사회주의자들과 결합하여 발간한 것이고 사회주의와 사상 논쟁을 벌인 것은 1930년대 초반이기에 1930년 이후 점차 노동운동에서 천도교가 밀렸다고 보는 것이 더 구체적인 기술이 될 것 같다.

천도교가 해방 후 민족노선을 취하면서 좌우 모두에게 박해를 받았다 하지만 엄밀히 말하면 외세와 민족 세력의 대립으로 볼 수 있을 것이다. 천도교는 해방 공간에서 좌파에 속했다. 그 당시 좌파연합체인 민주주의민족전선에 이돈화, 김기전 등이 가담했고 김형준은 남로당에 들어가 박헌영과 함께 활동했다. 그 당시 좌파란 이념적 색채를 띠기보다 친미·친이승만 정권에 반대하거나 그들의 이익과 배치되면 빨갱이였던 것이었고, 이들에 대한 탄압은 암살과 학살로 자행된 것이 그 시대이다.

북쪽에서 김일성과 소련의 관계는 남쪽의 이승만과 미국 관계하고는 다른 배경이 있다. 또한 한국전쟁기에 대부분의 천도교 지도자들이 북한에 의해 희생되었다고 발표자는 말하지만 이 역시 사료로 검증된 것은 아니라 보여진다. 김기전이나 이돈화의 경우를 보면 미군정의 탄압으로 월북을 했고 이돈화는 전쟁 당시 미군 폭격에 의해 사망했다.

"어쩌면 천도교는 한일 합방의 최대 수혜자" 라는 표현에 대하여

토론자가 보기에는 수혜자라는 표현이 논란의 소지가 있다. 수혜자라는 말 자체가 비난성을 내포하는 듯하다. 수혜자라는 말을 '혜택받은 자' 라는 말로서 글자 그대로 이해한다면 기독교야말로 한일 합방의 최대 수혜자라고 보여진다. 동학혁명이 끝나고 잔당 색출이 이어지자 탈출구의 하나로 동학도가 기독교인으로 개종한 사례가 많고 1910년 유사종교로 천도교를 몰아넣고 취체법을 강행한 결과 그나마 자유로울 수 있는 공간이 기독교였기에 젊은이들이 기독교로 모여든 시대적 배경이 있기 때문이다. 그러나 의식 있는 젊은이들은 곧 기독교를 떠나게 된다. 대표적인 사람이 주시경 같은 사람이라 할 것이다.

1948년 천도교 3·1재현운동과 관련한 역사 서술 문제

토론자는 발표자가 3·1재현운동을 천도교 제자리 찾기에서 굳이 이를 거론할 필요가 있나 하는 생각이 든다. 최린의 지령에 의한 이 운동은 남과 북 모두 동시에 3·1재현운동을 하기로 해놓고 실제 남한에서는 거행하지 않았고 북한에서만 일으켜 저지를 받은 사례이다. 현재 천도교 내부에서 발간된『영우회 비사』는 통일 후 좀 더 객관적으로 검증해야 할 사료라 할 것이고, 3·1재현운동을 언급하여 천도교의 반공 보수성을 말하는 것은 그 원인을 북한에만 돌리는 듯한 느낌이 든다. 북한 천도교 내부에서 처음부터 김일성 체제에 적극 협조한 부류도 적지 않았다.

천도교는 내유신령하고 외유기화하는 생명운동이다. 오늘날 천도교가 제자리를 찾기 위해서는 한울의 영성과 합하는 '가장 지고한 내면으로의 생명운동' 과, 역사적 맥을 계승하여 세상을 변혁하는 개벽 운동을 다시금 일으켜 가야 할 것이다. 내면으로의 생명운동은 스스로 그러한 자연이 되고 밖으로 기화하는 역사 운동은 남북을 잇는 통일운동으로 표출될 것이다.

한국 종교, 어디까지 왔나? | 최준식

1 이 두 기사는 필자 편의대로 축약한 것임.

2 Harper & Row , *The Perennial Philosophy*, Harper Colophon Books, 1944.

3 이 부분에 대한 설명은 Ken Wilber의 설명을 많이 따랐고 특히 다음의 책을 참조하였다. Ken Wilber, *Up From Eden–A Transpersonal View of Human Evolution* (에덴으로부터의 도약 – 인간 진화에 대한 초개인적인 견해)(1981년에 초판, 1996년에 Quest Books 출판사에서 다시 찍음). 더 쉬운 설명은 필자의 다음 책에서 찾아볼 수 있다. 최준식(2005), 『종교를 넘어선 종교』, 사계절.

4 마찬가지로 이 때문에 인간은 자신이 죽는다는 것을 알게 된다. 그래서 인간은 자신이 죽는다는 것을 알 뿐만 아니라 죽음의 공포를 아는 유일한 동물이라고 할 수 있다. 이 외의 복잡한 설명은 약한다.

5 이것이 외적으로 표현될 때에는 언어로 나타난다. 다시 말해 동물 가운데 인간만이 언어를 갖고 있다는 것이다. 언어의 소지 유무도 인간과 동물을 구별하는 좋은 수단이다.

6 이 상태를 두고 폴 틸리히는 자신의 책 『조직신학』에서 '꿈꾸는 천진함(dreaming innocence)' 라고 불렀다. 이것은 아담과 이브가 순진무구하기는 하지만 현실적이 아니고 몽환 상태와 같다는 것을 의미하는 것이리라.

7 인간의 이러한 사정을 잘 설명한 이가 있는데 그는 죽음학의 고전이라 일컬어지는 『*The Denial of Death*』(죽음의 부정)을 쓴 어니스트 베커이다. 그는 이 책에서 인간이 하는 거개의 일은 죽음의 공포로부터 벗어나려는 (처절한) 시도라고 주장했다.

8 이 3단계에 대한 설명도 매우 복잡하다. 비전되어 내려오는 힌두교나 티베트 불교 전통을 보면 앞의 2단계보다 이 세 번째 단계에 대해 훨씬 더 복잡한 설명을 해놓은 것을 알 수 있다. 그러나 우리의 주제가 그것이 아니기 때문에 여기서는 모두 약한다.

9 이 뒷부분은 이화여대 한국문화연구원에서 나오는 『한국문화연구』 제16집에 실린 논문을 수정 보완한 것이다.

10 이 주제에 대해서는 『한국의 종교, 문화로 읽는다』1, 2, 3(사계절 출판사)와 같은 필자의 졸저에 상세하게 밝혀 놓았다.

11 나이 따지는 모습 가운데 가장 진귀한 것은 언론에, 특히 신문에, 사람 이름이 나올 때 그 옆에 나이를 병기하는 것 아닐까? 이런 예가 한국 말고 또 있는지는 과문한 탓인지 잘 모르겠다.

12 이 점에 관해서는 졸저,『무교-권력에 밀린 한국인의 근본신앙』(모시는사람들, 2009)에서 상세하게 논의한 바 있다.

13 그런데 이것은 공자가 초자연적인 영역에 대해서 잘 모르고 있었던 데에서 비롯됐을 가능성이 높을 것 같다.

14 초기 유교의 천 개념과 비교해 볼 때 신유학의 이(理) 개념은 훨씬 초월성이 강조된다. 이 이는 세상과 관계없이 독존할 수 있고 시간적 개념이 아니라 논리적으로 볼 때 세상이 생기기 전부터 있기 때문이다. 그러나 여기서는 본문의 설명에 포함시키지 않았다. 이러한 신유학의 철학은 유교 사회에서 거개의 대중들이 갖고 있는 규범이 형성되는 데에는 별 영향을 끼치지 못했기 때문이다.

15 유교에는 이 두 교리, 즉 천 사상과 제사 외에는 초월성과 관계되는 교리가 없다고 해도 과언이 아니다.

한국 천주교회 성장의 빛과 그늘 ㅣ 박영대

1 「2005년 인구 센서스를 통해서 본 한국 천주교회」는 2009년 9월 25일 한국천주교주교회의 복음화위원회 주최로 열린 심포지엄 '한국 천주교회의 새복음화 현실과 전망'에서 발표된 연구 논문을 간추려 정리한 것이다. 이 연구는 우리신학연구소 이미영 연구실장의 책임 연구, 박영대·경동현의 공동연구로 진행되었다. 전문은 우리신학연구소 홈페이지(www.wti.or.kr)의 '행사자료' 게시판에서 내려받을 수 있다.

2 한국천주교주교회의는 해마다 교회 통계를 집계해서 발행하고 있다. 이 통계는 각 본당에서 교구로, 교구에서 주교회의로 보고해서 집계된다.

3 「평화신문」 2008년 4월 27일자 기사.

4 「한국 천주교 사목 지침서」 제54조.

5 평균 교육 연수는 18세 이상 인구의 교육 수준을 수치화하기 위하여 학력별 교육 연수를 환산한 수치이다(무학은 0년, 초등졸업은 6년, 중졸은 9년, 고졸은 12년, 대졸은 16년, 대학원졸은 19년, 그리고 중퇴, 재학 등은 중간값을 취하여 계산함): 조순기 외, 위의 글, 435쪽 각주 6.

6 「시사IN」 2009년 4월 25일자(제84호), 「부모의 집값이 자녀의 학벌을 결정하는 나라」 기사 표 1, 2 참조. 기사에 인용된 민주노동당 권영길 의원의 보고서 「명문대 진학률의 지역간 격차 분석」에 따르면, 지역별 주택 평당 가격 기준은 2008년 4/4분기 공시지가 기준(국토해양부)에 따른 것이다.

7 2007년에 서울대교구가 거주 미상 냉담신자를 대거 정리하여 전체 냉담신자 수가 크게 줄었다. 2008년 가을에 개통된 통합 양업 시스템 덕분에 전국 본당에서 교적 관리가 유기적으로 이루어지게 되면 앞으로는 거주 미상 냉담신자가 크게 줄어들 가능성도 있다. 그러나 냉담신자가 증가하는 현실이 달라지는 것은 아니다.

8 강인철, 「종교권력과 한국 천주교회」, 『우리신학』 제2호, 2003년, 144-145쪽.

9 강인철, 같은 글, 145-146쪽.

10 오경환, 「가톨릭 신자의 괄목할 만한 증가와 그 요인」, 조성돈 · 정재영 엮음, 『그들은 왜 가톨릭 교회로 갔을까?』, 예영커뮤니케이션, 2007년, 47쪽 참조.

11 김진호, 「천주교의 양적 성공이 우려스러운 이유」, 『가톨릭뉴스 지금여기』 2008년 3월 21일자 참조

12 「교구장 사목교서를 통해서 본 한국 천주교회」는 이미영 연구실장의 책임연구로 진행해 『갈라진 시대의 기쁜 소식』에 연재한 2010년 사목교서 분석 글 3편을 수정 보완하였다.

13 천주교 달력(전례력)은 해마다 대림 제1주일(성탄절부터 4주일 전 주일)에 새해를 시작한다.

14 『가톨릭대사전』에 따르면, 사목교서는 "교구장 주교가 교리 · 신앙 · 규정 등에 관하여 자신의 교구 내 모든 신자들, 즉 성직자 · 수도자 · 평신도에게 내리는 서한 형식의 공식 문서"로서 "주교 고유의 사목권과 교도권의 표현"이다.

15 신치구, 『한국천주교 교구장 연두 사목교서의 역할』, 가톨릭신앙생활연구소, 19쪽.

16 이제민, 「한국 교회의 미래를 생각하며: 한국 천주교회와 소공동체」 참조. 우리신학연구소 홈페이지 '사목자료실' 게시판에서 글을 내려받을 수 있다.

한국 개신교, 자리 잡기와 자리 찾기 | 김진호

1 가노 마사나오, 「오키나와, 주변으로부터의 발신」, 『주변에서 본 동아시아』, 문학과 지성사, 2004.

2 프란츠 파농, 『대지의 저주받은 사람들』, 그린비, 2004, 제1장.

3 로이 쉬어러가 예외적으로 러일전쟁과 평양대부흥을 연계시키고 있다. Roy E. Shearer, *Wildfire: Church Gorwth in Korea* (Grand Rapids, 1966).

4 잭 런던, 『잭 런던의 조선 사람 엿보기』, 한울, 1995 참조.

5 http://blog.daum.net/eastory/17161433

6 이덕주, 「한국 초대교회사에 나타난 오류와 한계」, 『기독교사상』 564(2005.12), 220쪽.

7 1905년 미국인 선교사이자 산정현교회의 담임목사인 찰스 번하이셀(C.F. Bernheisel)은 1905년경에 뚜렷한 양적 변화를 수 차례 언급하고 있다.

8 대부흥운동의 진원지인 평양의 장대현교회를 포함해서 거기에서 분립하여 설립된 평양의 주요 교회들은 매코믹신학교 출신자들이었다. 박용규, 「평양대부흥운동과 산정현교회(1901-1910)」, 『신학지남』 293(2007 겨울).

9 이 장은 졸고, 「한국개신교의 친미성 그 식민지적 무의식에 대하여」, 『역사비평』 70(2005 봄)의 3장 「해방 후 한국기도교의 미국주의—부적절한 모방이라는 식민지적 무의식」에 의존한 것이다.

10 강인철, 「남한의 월남 개신교인들—반공주의와 민주주의에 미친 차별적 영향」, 『종교문화비평』 13(2008).

11 사회운동에서 중위동원의 개념과 그 의의에 관하여는 Jurgen Gerhards & Dieter Rucht, "Mesomobilization", *American Journal of Sociology* 98(1992) 참조.

12 네비우스 선교정책과 평양대부흥운동의 상관성에 관하여는, 김성태, 「네비우스 선교정책과 평양 대부흥운동의 상관성 연구」, 『신학지남』 288(2006 가을) 참조.

13 김상태, 「평안도 기독교 세력과 친미엘리트의 형성」, 『역사비평』 45 (1998 겨울)의 195쪽에 인용된 황은균, 「8·15 해방과 평양의 교계」, 『기독교계』 창간호 (1957.8)의 글 참조.

14 김상태, 「평안도 기독교 세력과 친미엘리트의 형성」, 『역사비평』 45(1998 겨울) 참조.

15 강인철, 앞의 논문 참조.

16 미국 근본주의 운동의 역사에 대해서는 홍철, 「20세기 미국 근본주의 운동의 역사적 고찰—미국 장로교를 중심으로」, 『역사신학논총』 13 (2007) 참조.

17 Thomas T. Scheff, *Microsociology: Discourse, Emotion, and Social Structure* (University of Chicago Press, 1990) 참조.

18 전체 수록곡의 60%가 미국 복음성가에서 유래하였다.

19 통계청의 인구 센서스에 따르면 1960년 개신교의 성장률은 28%였는데, 1970년에는 41.%, 80년에는 57.3%, 그리고 1985년에는 무려 65.4%나 되었다. 홍영기, 「한국사회의 근대성과

교회성장—리더십을 중심으로」, 『기독교사회연구』 2(2004), 90쪽.

20 2003년 통계를 보면 규모에 있어 세계 10대 교회에 한국의 교회들이 1위인 여의도순복음 교회를 포함 5개가 순위에 들어가 있고, 50대 교회 순위에는 23개 교회가 올라 있다.

21 염기석은 1960~1985년 사이의 급속한 교회 성장을 한국 사회 근대화 과정에서 발생하는 상대적 박탈의 관점에서 해석하고 있다. 염기석, 「한국교회 성장에 대한 경험적 연구」, 감 신대 목회학 박사논문, 1991 참조.

한국 불교, 문제와 발전 방향 | 이병두

1 이 글에서는 내가 쓴 「한국불교, 여기에 문제 있다」(계간 『불교평론』 2010년 봄, 통권 제42 호 특집)를 각주 없이 인용한 곳이 많다.

2 달라이 라마 외 지음, 김승욱 옮김, 『리더스웨이』, 문학동네, 13쪽.

3 물론 이것은 기성 교단의 특정 사찰에 적(籍)을 두고 인등(引燈)을 켜거나 신도 회원으로 활 동을 한다는 것과는 다른 이야기이다.

4 2004. 11. 15, 「동아일보」.

5 2004. 12. 15, 「한겨레신문」.

6 이는 이런 저런 신들을 모신 만신전(萬神殿; Pantheon)과 다를 바 없는데, 전통 사찰에서 억 지로 비슷한 예를 찾는다면 다양한 모습을 한 나한(羅漢)상을 봉안한 '나한전·응진(應眞) 전' 등이 있을 것이다.

7 당시 해인사의 청동대불 건립을 반대하는 글의 필자(현 불교환경연대 대표, 화계사 주지 수 경)가 머물던 남원 실상사에 해인사의 일부 대중이 흉기를 들고 난입하여 행패를 부린 사 건은 아직도 유명하다.

8 오대산 월정사의 부도전에 모아놓은 옛날 부도들과 그 위쪽 상원사에 최근에 새로 조성한 부도·부도비들을 비교해 보면 누구라도 그 차이를 쉽게 실감할 수 있을 것이다.

9 따로 언급하지 않는 한 이 글에서 말하는 종단은 조계종을 가리킨다. 그러나 여타 종단들은 대개 조계종의 형식과 내용을 따르고 있어 크게 다르지 않다.

10 조계종 중앙종회를 참관해 보면, 종단 집행부에서 "여러 의원 스님들의 도움으로 …"라고 하고, 종회의원들도 "본 의원은…" 이라고 발언하여, 국회나 지방의회를 그대로 좇아 하는 모습을 누구든지 눈치 챌 수 있다.

11 심지어 2급인 종무관(宗務官)의 영어 표기를 'Religious Affairs Officer' 로 직역을 해서 어리

등절하기까지 하다.

12 종단 관계자의 증언으로는, 종단이 관련된 소송의 70% 이상이 이런 종류의 민사 소송이라고 한다.

13 2010년 승려 교육 정책을 담당하는 조계종 교육원에서 전통 교육기관[강원 등]의 교육 과정과 교과목을 대폭 바꾸고, 한문 위주의 교육을 한글 위주로 바꾸겠다고 하자 전통 강원의 교직자들이 '전통을 고수하겠다'며 반발하고 있다.

14 대한불교조계종, 『불기 2553(2009)년도 세입세출예산안』(2008).

15 불교계에 비하여 교육기관 설립과 운영에 상당히 앞서 있는 가톨릭에서 거듭 "개신교에 비하여 이 부분이 미흡하다."는 고백을 할 적마다 나는 너무 부끄러운데, 불교계 지도층 인사들은 이런 사실 자체를 모르거나 혹 안다고 해도 부끄러워하지 않을 것이다.

16 모 종단에서는 '전통'을 내세우며 음력 정월 초하루부터 보름까지 여성 신도의 사찰 출입을 금하고 있다.

17 이 점에서는 스스로의 권익에 대해 외면하고 개인적으로 편안한 삶을 누리면서 차별에 따른 불만을 풀어나가는 일부 비구니들의 책임도 적지 않다.

18 해인사에서는 띠[干支]별로 전생의 죗값을 매기고 그에 따라 천도재 동참금을 징수하는 '1,029일 천도재'를 3회째 이어오고 있다.

19 몽골에서 골프를 치다가 국내 언론에 포착된 승려들도 있고, 불교와 아무 관계도 없는 필리핀 여행길에 불상사가 일어나 현지 교민의 카메라에 잡혀 문제가 된 적도 있다.

20 당시 조계종에서 발표한 「총무원장 스님 학력에 대한 설명문」은 조계종 홈페이지 (www.buddhism.or.kr)와 2006년 9월 12일 『불교포커스』를 비롯한 불교계 언론 기사에서 확인 가능하다

21 1988년 '5공비리와 광주 청문회'가 열렸을 때, 장세동이라는 사람은 전두환 씨 이야기를 할 때면 옷매무새를 바로 잡고 '용안(龍顔)'·'역린(逆鱗)' 등 전제 왕정 시절 제왕에게만 쓰던 용어를 써서 전두환 씨에 대한 자신의 존경을 드러냈지만 TV를 시청하던 국민들은 크게 웃거나 욕을 했던 것으로 기억하는데, 나는 조계종의 해명도 장세동 씨의 방식과 크게 다르지 않다고 본다.

22 재가자들의 경우도 비슷하여, 이름이 알려진 인사들 중에서도 '개독 정권' 운운하고, 이 말에 사람들이 환호하고 있는 데에서도 문제의 심각성이 드러난다.

23 변양균 기획예산처장관의 경우가 대표적이다. 그에 대해 "불교계에 아주 많은 예산을 배정한 훌륭한 불자"라고 칭송하지만, 만약 개신교나 다른 이웃 종교 인사가 자기 종교에 대

해 비슷한 일을 했다면 '종교 편향' 이라고 비판할 것이다.

24 나는 리처드 도킨스 등이 한국에 살았다면, 아마 불교에 대해서도 신랄한 비판을 퍼부었을 것이라고 생각한다.

25 찰스 킴볼 지음, 김승욱 옮김, 『종교가 사악해질 때』, 에코리브르 , 2005.

개교 100년, 원불교의 과제 | 김경일

1 2010년 원불교 정책연구소가 조사한 원불교의 이미지 조사 통계 자료에 의하면 불교의 종파(50.3%), 정체 불명의 종교(16.4%), 민족종교(11.3%) 등으로 조사되었다.

2 김경일, 「원불교 사상 배경의 연구」, 1987.

3 다산 연구가 이을호는 실학을 탈성리학적 개신유학이라고 정의하였다. 『다산 경학사상연구』, 을유문화사, 1989.

4 이기백, 『韓國史新論』, 일조각, 1984.

5 동학의 창시자 최제우의 순한글체 경전 『용담유사』, 1882, 「몽중노소문답가」 중에서.

6 『용담유사』, 「교훈가」.

7 원불교의 전신 〈불법연구회〉 창건사 중에서, 1924.

8 1891년 전남 영광 백수면 길룡리 출생.

9 『원불교전서』, 「대종경」 서품 1장.

10 『원불교전서』 중 교사 (敎史) 제생의세의 경륜, 1040쪽 참조.

11 『원불교전서』, 「대종경」 제1서품 2장.

12 깨달음을 얻은 후 소태산은 제자들과 저축조합을 조직해 허례허식을 폐지하고 미신 타파 등 생활 개혁 운동을 주도한다.

13 일제하 간척사업이 대부분 일본인 주도로 진행되었으나 소태산은 저축조합 농민들을 주축으로 경제적 자립 기반을 마련하는 간척 운동에 나서 2만 6천평의 농지를 개척, 회상 창립의 기초를 다진다.

14 영육쌍전(靈肉雙全) 정신과 물질의 조화를 이루자는 원불교 기본 교리.

15 『원불교전서』, 「대종경」 서품 11장.

16 『원불교전서』, 「대종경」 서품 14장.

17 『원불교전서』, 「대종경」 서품 14장.

18 『원불교전서』, 「정전」 제1총서편 제2장 교법의 총설.

19 『원불교전서』, 「서품」 3장, 95쪽. 불법이 천하의 큰 도가 되는 이유를 참 된 성품의 원리를 밝히고, 생사의 큰 일을 해결하며, 인과의 이치를 드러내고, 수행의 길을 갖추는 네 가지 조건을 들어 말하였다.

20 『원불교전서』, 「대종경」 서품 16장.

21 김지하는 2009년 1년 동안 원광대학교 석좌교수로 후천개벽에 대하여 강의하였다.

22 여자의 경우 어려서는 부모에게, 장성하여서는 남편에게, 늙어서는 아들에게 의지하여 사는 것을 당연하게 여겼던 조선조 가부장적 봉건사회 여성관이다.

23 대산 김대거 종사. 소태산 열반 후 정산에 이어 3대 종법사를 역임하였다.

24 『신종교연구』 제21집, 2009, 한신대, 신광철.

25 2000년 종교 인구 조사 통계에서는 99,000명이었고 2005년에는 130,000명이었다.

26 세계적인 신학자이며 미래학자. 미국 드루대 석좌교수.

27 조현(한겨레 종교담당 기자), 「원불교 100년기념성업 소식지 - 원불교 100년에 바란다 중에서.

28 독신자(정남, 정녀) 교무의 경우 기본 용금이 월 36만원, 가정을 가진 교무의 경우 월 108만원을 정하고 있으나 그나마 지급을 다 못하고 있는 실정이다.

29 월간 『원광』 주최 좌담회, 〈원불교 100년의 길을 묻다〉, 2010.5.

30 앞의 글.

31 원불교의 경우 출가와 재가의 형식에 구애받지 아니하고 법위승급 등을 사정하게 함으로써 교무보다 법위가 승한 재가교도의 경우가 다반사로 있게 됨으로써 재가위위현상으로 인한 많은 부작용의 사례도 일어나고 있다.

32 정원섭, 『한국여성운동사』, 일조각, 1992.

33 한명희, 「한국근대여성운동의 측면에서 본 원불교」, 원광여고 교사.

34 2003년 새만금 삼보일배와 2004년 영광 부안 핵폐기장 반대운동에 앞장섰으나 이로 인하여 전북 지역과 많은 갈등을 겪으면서 교단 내부에서 보수와 진보가 대립하는 진통을 겪었다.

천도교의 위기, 한계와 기회 | 김용휘

1 그런 점에서 인내천은 시천주의 궁극적 표현이긴 하지만, 자칫 인내천만 강조될 경우 시천주의 구체적인 체험과 '모심' 이라고 하는 그 실천적 과정이 소홀하게 되는 우려가 있다. 그러므로 시천주를 바탕으로 인내천이 표현되어야 할 것이다.

2 『용담유사』, 「몽중노소문답가」(천도교중앙총부, 『천도교경전』, 1997년 개정3판), 184-185쪽.

3 1920년대의 방정환의 어린이 운동은 사실 해월의 이런 가르침에 직접 연유한 것이다. 방정환은 천도교의 3대 의암 손병희의 사위였고, 천도교의 청년회의 중심 멤버로서 어린이 운동을 이끌었다. 방정환과 함께 어린이 운동에서 기억해야 할 인물이 소춘 김기전이다.

4 이 당시 천도교는 당시 최대 종단으로서 3·1운동을 기획했고, 모든 예산을 지원했으며, 지방교구 조직을 총동원하여 실질적으로 주도했다. 1919년 무렵의 종교인구 통계에 의하면 개신교 25만, 불교 15만, 천도교는 110만 정도로 추정된다.

5 천도교는 일제에 의해 종교의 형식을 빌린 정치결사체, 사회운동 단체라는 의미에서 유사종교로 분류되었기 때문에 기성 종교인 기독교, 불교, 신도와 같은 대우를 받지 못하고 통감부령으로 공포한 「보안법」(1907년)과 「집회 취체에 관한 건」(1910년)으로 직접적인 감시와 탄압이 가능했다. 김정인, 『천도교 근대 민족운동 연구』, 한울아카데미, 2009년, 96쪽.

6 호(戶)라는 것은 가족단위를 말하는 것이므로 여기에 4 내지 5를 곱하면 인구수가 된다. 15만호면 인구수로 따지면 약 6-70만명 정도로 보면 된다.

7 김정인, 앞의 책, 87쪽.

8 「교중회보」, 『천도교회월보』, 1913.3.

9 미국에서 발간되던 교포신문 『신한민보』은 1918년 2월에 천도교인수를 108만 2,936명으로 발표하였다.

10 지금까지의 교호수는 다음을 참조하였다. 표영삼, 「천도교가 당면한 포교와 사상문제」, 『전환기의 한국종교』, 집문당, 1986.

11 2005년 통계청의 종교 인구 통계에 의하면 교당수 108개, 교역자수 1500명, 교인수 47,835명.

12 정진홍, 『하늘과 순수와 상상』, 강, 1997년, 26-28 참조.

13 최종성, 『동학의 테오프락시』, 민속원, 2010년.

14 중의제(衆意制)는 포덕63년(1922년)부터 있어 온 제도이나 그때는 4세 도주제를 고수하는 구파와 중의제를 지지하는 신파가 서로 갈리어서 양파간에 이합을 거듭하여 오다 포덕89년(1948)에 완전히 합동되어 단일교회를 이루게 되었고 1955년부터 지금의 교령제를 채택하여 오늘에 이르고 있다.

15 천도교중앙총부교서편찬위원회, 『천도교 약사』, 천도교중앙총부출판부, 2006년, 406쪽.

한국 종교를 컨설팅하다

등 록 1994.7.1 제1-1071
2쇄 발행 2014년 4월 20일

지은이 이찬수 최준식 박영대 김진호 이병두 김경일 김용휘
펴낸이 박길수
편집인 소경희
편 집 조영준
디자인 이주향
펴낸곳 도서출판 모시는사람들
        110-775 서울시 종로구 삼일대로 457(경운동 88번지)
        수운회관 1207호
전 화 02-735-7173, 02-737-7173 / 팩스 02-730-7173

출 력 삼영그래픽스(02-2277-1694)
인 쇄 (주)상지P&B(031-955-3636)
배 본 문화유통북스(031-937-6100)
홈페이지 http://blog.naver.com/donghak21

값은 뒤표지에 있습니다.
ISBN 978-89-90699-89-3

* 잘못된 책은 바꿔드립니다.
* 이 책의 전부 또는 일부 내용을 재사용하려면 사전에 저작권자와 도서출판
  모시는사람들의 동의를 받아야 합니다.

이 도서의 국립중앙도서관 출판시도서목록(CIP)은 e-CIP 홈페이지
(http://www.nl.go.kr/ecip)에서 이용하실 수 있습니다.
(CIP제어번호: CIP2010004441)